Die Zinsstruktur
am österreichischen Anleihemarkt

Europäische Hochschulschriften
Publications Universitaires Européennes
European University Studies

Reihe V
Volks- und Betriebswirtschaft

Série V Series V
Sciences économiques, gestion d'entreprise
Economics and Management

Bd./Vol. 2574

PETER LANG
Frankfurt am Main · Berlin · Bern · Bruxelles · New York · Wien

Marianne Paar

Die Zinsstruktur am österreichischen Anleihemarkt

Schätzung laufzeitbezogener Zinssätze und Überprüfung der Erwartungstheorie

PETER LANG
Europäischer Verlag der Wissenschaften

Die Deutsche Bibliothek - CIP-Einheitsaufnahme

Paar, Marianne:

Die Zinsstruktur am österreichischen Anleihemarkt : Schätzung laufzeitbezogener Zinssätze und Überprüfung der Erwartungstheorie / Marianne Paar. - Frankfurt am Main ; Berlin ; Bern ; Bruxelles ; New York ; Wien : Lang, 2000
(Europäische Hochschulschriften : Reihe 5, Volks- und Betriebswirtschaft ; Bd. 2574)
Zugl.: Wien, Wirtschaftsuniv., Diss., 1999
ISBN 3-631-35882-2

ISSN 0531-7339
ISBN 3-631-35882-2

Zum Geleit

Zinsstrukturkurven und die richtige Prognose ihrer künftigen Entwicklung sind von eminent praktischer Bedeutung, bilden sie doch ein wichtiges Fundament erfolgreichen Portfolio-Managements. Die theoretische Diskussion dieses außerordentlich komplexen Problems befindet sich in einem Entwicklungsprozeß, der zu einer ganzen Reihe von mehr oder weniger befriedigenden Lösungsansätzen geführt hat.

Mit der vorliegenden Veröffentlichung greift Marianne Paar dieses für Praxis und Theorie gleichermaßen interessante Thema auf und untersucht die Zinsstruktur auf dem österreichischen Anleihemarkt für die Zeit nach dessen weitgehender Regulierung. Die Frage nach einer zureichenden Prognose künftiger Zinssätze steht dabei immer im Mittelpunkt der Gedankenführung. Die Autorin stellt auf der Grundlage der Aufbereitung eigener statistischer Prognosen ein alternatives Modell vor, das ebenso gründlich wie praxisnah herausgearbeitet wird.

Dieser Schrift, die auch für weitere Untersuchungen mancherlei Anregungen enthält, wünsche ich eine weite Verbreitung.

Professor Dr. Achim Zink

WIEN - KARLSRUHE

Vorwort

Die gegenständliche Arbeit basiert im wesentlichen auf meiner Dissertation „Zinsstruktur und Zinsprognose: Theoretische Beziehungen und empirische Evidenzen für den österreichischen Anleihenmarkt", die im März 1999 an der Wirtschaftsuniversität Wien angenommen wurde.

In diesem Zusammenhang danke ich dem Erstgutachter, Prof. Dr. Achim Zink, und dem Zweitgutachter, Prof. Dr. Otto Loistl, für die wohlwollende Behandlung meines Promotionsvorhabens. Meinem Arbeitgeber während des Promotionsstudiums, der Oesterreichischen Kontrollbank AG, gebührt Dank dafür, daß mir die notwendige Freiheit für ein berufsbegleitendes Studium gewährt wurde. Meiner Familie danke ich für ihr Verständnis und Dr. Claus Buhleier für seine nimmermüde Bereitschaft zum Zuhören.

Dr. Marianne Paar

INHALTSVERZEICHNIS

Seite

ABBILDUNGSVERZEICHNIS

TABELLENVERZEICHNIS

SYMBOLVERZEICHNIS

Es werden lediglich Symbole angeführt, die in mehreren Kapiteln verwendet werden. Alle übrigen sind im jeweiligen Kapitel erläutert.

a	Gewichtungsfaktor für die Glättung der Terminzinsstruktur
α	Regressionskoeffizient
b	Vektor zur Gewichtung der Abweichungen Δr im Zinsstruktur-Schätzmodell
β	Regressionskoeffizient
BW	Barwert einer Anleihe in % vom Nominalwert
d	Vektor von Diskontfaktoren
d_t	Diskontfaktor für den Zeitpunkt t
Δ	Differenzoperator
Δr	Vektor der quadrierten Differenz jeweils zweier benachbarter einjähriger Terminzinssätze (beispielsweise ${}_{t-1}r_1$ und ${}_{t}r_1$) im Zinsstruktur-Schätzmodell
ET	Erwartungstheorie
$E_t({}_{t+i}R_n)$	in t erwarteter Kassazinssatz für n Perioden beginnend zum Zeitpunkt t + i
${}_{t}\varepsilon_n$	zum Zeitpunkt t geltender Störterm mit Mittelwert Null und konstanter Varianz
n	(Rest-)Laufzeit in Jahren bzw. Zeitpunkt der letzten Zahlung
O1, O2, O3	unterschiedliche Optimierungsvarianten für die Zinsstruktur: O1: Minimierung der Kursdifferenzen, O2: O1 inklusive Schätzung von Liquiditätsprämien, O3: geglättete Zinsstrukturschätzung (a = 0,1)
P	Vektor der Marktkurse inklusive Stückzinsen
R_n	Kassazinssatz für n Perioden
RW	Random Walk
RW_t	Prognosewert aufgrund RW für den in t erwarteten Zinssatz
${}_{t+i}r_{n,t}$	zum Zeitpunkt t geschätzter Terminzinssatz mit Gültigkeit ab t+i für n Perioden, der zweite nachgestellte Index t ist nicht immer extra angeführt, wenn t = 0 gilt
t	Laufzeit
Z	Zahlungsmatrix mehrerer Anleihen (Kupon- und Tilgungszahlungen in % vom Nominale) im Zinsstruktur-Schätzmodell
Z_t, $Z_{n,\,t}$	Zahlungen einer Anleihe (Kupon- oder Tilgungszahlung in % vom Nominale) zum Zeitpunkt t beziehungsweise n

1 Einleitung

1.1 Zielsetzung und Abgrenzung

Prognosemodelle für Zinssätze beschäftigen nicht nur Portefeuille- und Risikomanager, auch Anleihen- und Derivatehändler sowie Emittenten festverzinslicher Wertpapiere haben Interesse an der möglichst treffsicheren Vorhersage zukünftiger Zinssätze. Portefeuillemanager richten ihre Investmentstrategien, Risikomanager ihre Absicherungsstrategien nach ihrer Einschätzung der zukünftigen Zinsstruktur aus. Anleihen- und Derivatehändler unterscheiden sich durch ihren sehr kurzfristigen Prognosehorizont, müssen sich aber nichtsdestotrotz für zahlreiche ihrer Transaktionen eine Zinsmeinung bilden. Schließlich hilft auch Emittenten eine gute Prognose bei der Entscheidung, zu welchem Zeitpunkt Kapitalaufnahmen möglichst günstig durchführbar sind.

Wie aber können Zinssätze prognostiziert werden? Ist dazu ein theoretisch fundiertes Zinsstrukturmodell notwendig oder kann eine naive Prognose vergleichbare Resultate erzielen, die von einer Fortschreibung des aktuellen Zinssatzes ausgeht? Die Beantwortung dieser Fragen ist Ziel dieser Arbeit. Um dies bewerkstelligen zu können, bedarf es allerdings einer Reihe theoretischer Vorüberlegungen, insbesondere zu den Einflußfaktoren von Zinssätzen. Gegenstand dieser Arbeit ist daher vor der eigentlichen Zinsprognose die Darstellung von Erklärungsansätzen zur Zinsstruktur sowie die Diskussion von Berechnungsmethoden für die Zinsstruktur. Diese Zwischenschritte geben Hilfestellung bei der Interpretation der Zinsstruktur sowie bei der Auswahl von Modellen zur empirischen Ermittlung von Zinsstrukturkurven.

Die drei Schwerpunkte der vorliegenden Arbeit - Zinsstrukturtheorien, Zinsstrukturberechnung, Zinsstrukturprognose - sind somit bereits skizziert. Der Interpretation der Zinsstruktur auf Basis von theoretischen Modellen folgt die empirische Ermittlung der Zinsstruktur anhand eines teilweise eigenständig entwickelten Schätzmodells. Die errechneten Zinsstrukturen wiederum dienen zur Vorhersage zukünftiger Zinssätze mittels eines klassischen Zinsstrukturmodells, das in Beziehung zur naiven Fortschreibungsmethode gesetzt wird.

Einen wichtigen Anstoß zu dieser Arbeit gab die in den letzten Jahren zu beobachtende Entwicklung am österreichischen Bundesanleihemarkt. Voraussetzung für die empirischen Berechnungen in dieser Arbeit ist nämlich das Vorliegen eines effizienten Finanzmarktes, eine Bedingung, die bis Ende der achtziger Jahre für den österreichischen Anleihemarkt anzuzweifeln ist. Zumindest auf einem Segment dieses Marktes, nämlich auf jenem für Bundesanleihen führte jedoch der steigende Wettbewerbsdruck in den vergangenen Jahren zu zahlreichen Deregulierungsschritten und förderte die strukturelle Konvergenz mit anderen Märkten. Damit entspricht das Bundesanleihensegment weit eher dem Modell eines idealen Marktes als dies etwa zu Beginn dieses Jahrzehnts der Fall war. Daher ist anzunehmen, daß auch die Aussagen der auf den Annahmen eines vollkommenen Marktes basierenden Modelle zur Preisbildung von Anleihen und zum Verlauf von Zinsstrukturkurven auf die reale Welt des österreichischen Bundesanleihemarktes übertragbar sind. Es erschien somit durchaus lohnend, diesen Markt zur Grundlage für den empirischen Teil dieser Arbeit auszuwählen.

Der empirische Untersuchungsabschnitt endet mit der Einführung der europäischen Einheitswährung zu Jahresbeginn 1999. Die Auswirkungen der Währungsunion auf den österreichischen Anleihemarkt waren zwar bereits in den letzten Jahren des Untersuchungszeitraums nicht zu übersehen und werden daher im einleitenden Teil der Arbeit auch umrissen, dennoch stellt dieser Zeitpunkt wohl eine natürliche Zäsur für die vorliegende Analyse dar. Man könnte daher die gewählte Betrachtungsperiode des empirischen Teils der Arbeit auch als jenen Zeitraum bezeichnen, in dem der österreichische Bundesanleihemarkt zwar bereits in hohem Ausmaß internationale Usancen befolgte, jedoch als eigenständiger Markt einzuordnen war, wenn man vom de facto Währungs- und Zinsverbund mit Deutschland absieht.

Für die vorhin genannten Schwerpunktthemen dieser Untersuchung gelten naturgemäß Einschränkungen. Von den in dieser Arbeit erörterten Zins*struktur*theorien zu unterscheiden sind die hier nicht diskutierten Zins*niveau*theorien, die das allgemeine Zinsniveau in Zusammenhang mit makroökonomischen Variablen (Geldmenge, Inflation, etc.) analysieren.

Weiters beschränkt sich die Analyse auf die *horizontale* Zinsstruktur, welche die Abhängigkeit von Bundesanleihe-Zinssätzen von ihrer Laufzeit darstellt. Hingegen betrifft die *vertikale* Zinsstruktur die Zusammenhänge zwischen den Zinsstrukturverläufen unterschiedlicher

Emittenten- (und somit Bonitäts-)kategorien. Die Beschränkung auf die horizontale Zinsstruktur ergibt sich aus der bereits angesprochenen Struktur des österreichischen Anleihemarktes, wonach lediglich für Bundesanleihen eine zufriedenstellende Datenbasis vorhanden ist und diese am ehesten den Annahmen eines effizienten Marktes entsprechen.

Eine weitere Einschränkung betrifft die Art der Zinsprognose. Für diese sind eine Vielzahl von ökonometrischen und statistischen Verfahren entwickelt worden, auf die jedoch nur am Rande eingegangen wird. Beispielsweise werden Strukturmodelle außer acht gelassen, die Kausalzusammenhänge zwischen den Zinssätzen und den sie erklärenden Faktoren (Wirtschaftsentwicklung, Inflationsrate, etc.) herstellen. Vielmehr wird bei der Zinsprognose auf die zu Beginn der Arbeit erläuterte Erwartungstheorie zurückgegriffen und deren Prognoseeignung (in Relation zu einem Alternativmodell) überprüft.

1.2 Aufbau der Arbeit

Die Arbeit gliedert sich in sieben Kapiteln. Nach dieser Einleitung erfolgt im zweiten Kapitel eine Darstellung der Strukturen des österreichischen Anleihemarktes, um die Basis des empirischen Teils der Arbeit vorzustellen. In diesem Zusammenhang wird zunächst auf die seit Anfang der neunziger Jahre durchgeführten Modernisierungsmaßnahmen einzugehen sein. Neben dem Kassamarkt sind auch die Teilsegmente des Marktes zu skizzieren, die in etablierten Kapitalmärkten als unabdingbar angesehen werden. Zu diesen Segmenten gehören unter anderem der Terminmarkt, der "if, as, and when-issued" - Markt, der Wertpapierpensionsmarkt und der Markt für gestrippte Anleihen. Auch auf den kurzfristigen (unter einem Jahr) und langfristigen Laufzeitbereich (über zehn Jahre) wird eingegangen, da die Verteilung von Emissionen über das gesamte Laufzeitspektrum ein Kriterium für die Vollständigkeit eines Marktes ist und auch für den empirischen Teil der Arbeit eine Rolle spielt. Anschließend werden die wichtigsten Emittenten- und Investorengruppen analysiert. Aufgrund der herausragenden Bedeutung für die weitere Arbeit erfolgt auch eine Erläuterung der wichtigsten Spezifika des Marktes für Bundesanleihen.

Im dritten Kapitel werden verschiedene Ansätze zur Erklärung der Zinsstruktur vorgestellt, um die Einflußfaktoren und den funktionalen Zusammenhang zwischen Zinssatz und Laufzeit herauszuarbeiten. Dazu werden einleitend zunächst die im weiteren Verlauf der Arbeit verwendeten Zinskonzepte dargestellt. Anschließend wird die klassische Erwartungstheorie behandelt, die als Basistheorie für die Zinsstruktur bezeichnet werden kann. Gemäß dieser Theorie wird der langfristige Zinssatz durch die von den Marktteilnehmern für die Zukunft erwarteten kurzfristigen Zinssätze determiniert. Neben der Erwartungstheorie ist die Liquiditätspräferenztheorie eine der wichtigsten klassischen Erklärungsansätze zur Zinsstruktur. Diese bringt erstmals Laufzeitpräferenzen als einen Einflußfaktor auf die Zinssätze ins Spiel, der auch in den weiteren zu behandelnden Erklärungsansätzen, insbesondere der Marktsegmentierungs- und in der erweiterten Erwartungstheorie, eine Rolle spielt. In der Allgemeinen Präferenztheorie, welche die Zinsstruktur als Ergebnis von Zinserwartungen und Laufzeitpräferenzen spezifischer Investorengruppen interpretiert, finden sich Elemente aller klassischen Theorien vereint. Am Schluß der traditionellen Zinsstrukturtheorien wird die Erweiterung der Erwartungstheorie um die internationale Komponente unter Einbeziehung von Wechselkurserwartungen behandelt.

Nach den klassischen Zinsstrukturtheorien ist das dritte Kapitel zwei ihrer sehr gegensätzlichen Weiterentwicklungen gewidmet, der mathematisch orientierten Optionspreistheorie im weiteren Sinn und dem verhaltensorientierten Erklärungsansatz. Die zuerst genannte befaßt sich mit Modellen zur Bewertung von zinsabhängigen derivativen Instrumenten, aus denen sich auch Zinsstrukturkurven ableiten lassen. Der zweite Ansatz greift Elemente verhaltenswissenschaftlicher Erkenntnisse auf, die für die Erklärung der Zinsstruktur relevant sind, betont also den Einfluß sozialer Faktoren.

Im vierten Kapitel werden Faktoren hervorgehoben, die bisher nicht als eigener Bestandteil in die Formulierung von Zinsstrukturtheorien eingegangen sind. Da sie jedoch die Gestalt der Zinsstruktur dennoch beeinflussen, sollten sie bei einer umfassenden Analyse nicht ausgeklammert werden. Zunächst wird auf die Auswirkungen der Konvexität auf den Verlauf der Zinsstruktur einzugehen sein. Die Konvexität ist vor allem dann zu beachten, wenn Zinsstrukturen für Laufzeiten über zehn Jahren berechnet und interpretiert werden. Weiters sind die Wechselwirkungen derivativer Märkte, insbesondere des Termin- und Wertpapierpensionsmarktes, mit dem Kassamarkt zu diskutieren. Für beide genannten Marktsegmente sind Korrekturfaktoren notwendig, um ihre unerwünschten Einflüsse auf die Kassamarkt-Zinsstruktur zu beseitigen und Fehlinterpretationen zu vermeiden. Schließlich wird auf beobachtete Saisonalitäten in Zinssätzen eingegangen.

Im fünften Kapitel wird auf den empirischen Teil der Arbeit übergeleitet. Zunächst erfolgt eine Diskussion über die Auswahl einer geeigneten Datengrundlage für die Ermittlung von Zinsstrukturkurven und das Aufzeigen möglicher Alternativen, da die Datenbasis die Schätzergebnisse zur Zinsstruktur wesentlich beeinflußt. Anschließend soll das in dieser Arbeit verwendete Datenmaterial beschrieben werden. Einige der in der Literatur vorzufindenden Methoden der Zinsstrukturschätzung werden danach skizziert, um einen Überblick über die Gemeinsamkeiten und Unterschiede der diversen Möglichkeiten zur Zinsstrukturberechnung zu bekommen und herauszufinden, welche Methode sich für eine gegebene Marktstruktur und Zielsetzung am besten eignet. Zu den diskutierten Methoden gehören die rekursive Zinsstrukturermittlung, der multiple lineare Regressionsansatz, die Methode nach Svensson, die kubische Splineapproximation und Contingent-Claims Modelle.

Im Mittelpunkt des fünften Kapitels steht die empirische Ermittlung von Zinsstrukturkurven für den österreichischen Anleihemarkt von Jänner 1991 bis Dezember 1998. Zu Beginn wird das in dieser Arbeit verwendete Verfahren schrittweise vorgestellt. Der Hauptgedanke des Verfahrens besteht darin, die beobachteten Marktkurse möglichst gut durch die Schätzung wiederzugeben. Der Zielkonflikt zwischen genauer Anpassung an die Marktdaten und glattem Verlauf der Zinsstruktur soll flexibel gelöst werden können, abgestimmt auf den jeweiligen Zweck der Schätzung. Daneben soll die Möglichkeit bestehen, Restriktionen in die Schätzfunktion einzubeziehen, um auf die jeweiligen Marktspezifika und/oder Zielsetzungen noch eingehender Rücksicht nehmen zu können. Einige dieser Nebenbedingungen werden diskutiert. Zusätzlich zur herkömmlichen Zinsstrukturschätzung wird gezeigt, daß mittels des Verfahrens auch die simultane Ermittlung von Liquiditätsprämien gewährleistet ist. Da bestimmte Fragestellungen die Berechnung einer stetigen Zinsstruktur verlangen, wird auch gezeigt, wie die ermittelte diskrete Zinsstruktur durch lineare oder kubische Interpolation in eine stetige Kurve übergeführt werden kann.

Der abschließende Teil des fünften Kapitels dient der Darstellung der Berechnungsergebnisse und deren Interpretation. Anhand von ausgewählten Beispielen soll die Flexibilität des Verfahrens im Hinblick auf den vorhin erwähnten Zielkonflikt veranschaulicht werden. Auf die Sensibilität der Ergebnisse hinsichtlich unterschiedlicher Ausgangsdaten wird eingegangen und ein Vergleich mit den Ergebnissen anderer Zinsstrukturschätzungen angestellt werden.

Das sechste Kapitel ist der Zinsprognose gewidmet, insbesondere der empirischen Überprüfung der Erwartungstheorie der Zinssätze. In Überleitung zur eigenen diesbezüglichen Untersuchung werden alternative Zinsprognosemodelle skizziert und die theoretischen Grundlagen für die Überprüfung der Erwartungstheorie erörtert. Eingegangen wird auf die Implikationen von Kapitalmarkteffizienz, die Möglichkeiten der Überprüfung der Erwartungstheorie und die Vorstellung des alternativen Gegenmodells. Dieses ist das Random Walk Modell, demzufolge die beste Prognose des zukünftigen Zinssatzes der aktuelle Zinssatz ist. Empirische ex-post Analysen zur Prognosequalität sowohl der Erwartungstheorie als auch des Random Walk Modells werden durchgeführt, die auf den Erkenntnissen des theoretischen Teils der Arbeit und die im vorhergehenden Kapitel errechneten Zinsstrukturen aufbauen. Die Überprüfung der Prognoseleistung beider Modelle erfolgt anhand unterschiedlicher Bewertungskriterien und mittels statistischer Testmethoden. Nach einer Diskussion der Prognoseergebnisse soll ein kurzer Überblick über die zahlreichen bisher vorliegenden empirischen Untersuchungen zur Erwartungstheorie und ihrer Ergebnisse erfolgen, um etwaige Parallelen oder Gegensätze zur eigenen Untersuchung aufzuzeigen.

Im abschließenden siebenten Kapitel werden die wichtigsten Ergebnisse der Arbeit zusammengefaßt.

2 Struktur des österreichischen Anleihemarktes

2.1 Einleitende Bemerkungen

Der österreichische Anleihemarkt[1] belegt mit einem ausstehenden Volumen von Euro 125 Milliarden zu Ende 1998 etwa 0.6 % des gesamten weltweiten Umlaufvolumens an Anleihen. Damit läßt er sich mit Märkten wie die USA, Japan oder Deutschland nicht vergleichen, die 42 % (USA), 21 % (Japan) beziehungsweise 13 % (Deutschland) des Gesamtvolumens ausmachen.[2] Tabelle 2.1 zeigt, daß der österreichische Anleihemarkt hinsichtlich seiner absoluten Größe zu den kleineren europäischen Märkten gehört, in Relation zum jeweiligen Bruttoinlandsprodukt und hinsichtlich des jährlichen Wachstums seit Beginn der neunziger Jahre hingegen belegt er einen Platz im Mittelfeld. Allerdings sind derartige Vergleiche auf Ebene von Einzelstaaten seit Beginn der Europäischen Währungsunion wohl ohnehin obsolet, da der österreichische Markt mangels unterscheidbarer Währung und aufgrund großteils angepaßter Standards allfällige bis dahin noch vorhandene autarke Strukturen spätestens zu diesem Zeitpunkt verloren hat.

Der Strukturwandel, der durch die Internationalisierung der Märkte und die Europäische Währungsunion forciert wurde, brachte insbesondere seit Beginn der neunziger Jahre signifikante Änderungen in den gesetzlichen und institutionellen Rahmenbedingungen des österreichischen Anleihemarktes.[3] Der verstärkte Wettbewerb mit anderen Märkten um Anbieter und Nachfrager sowie der wachsende Anpassungsdruck an internationale Normen bedingten Reformen (wie beispielsweise neue Markttechniken, verbesserte Infrastruktur und Produktinno-

---

1 Identische Begriffe sind Renten-, Schuldverschreibungs- und Obligationenmarkt sowie Markt für festverzinsliche Wertpapiere (dieser Terminus inkludiert auch Schuldverschreibungen mit variabler Verzinsung).

2 Hinsichtlich der internationalen Daten vgl. Merrill Lynch (1996), S. 3, hinsichtlich der österreichischen Daten vgl. Oesterreichische Nationalbank, Monatsheft, diverse Ausgaben, Tabelle 6.0.

3 Von einer zeitlich weiter ausholenden Analyse des österreichischen Marktes wird in dieser Arbeit abgesehen, da auch der empirische Teil der Arbeit lediglich Daten ab dem Beginn der neunziger Jahre verwendet. Für eine Beschreibung des Marktes ab dem zweiten Weltkrieg bis 1985 siehe Haschek (1985). Eine Übersicht über die gegenwärtige Struktur und die Instrumente des österreichischen Anleihemarktes bieten Fast u.a. (1997), S. 147 - 214. Daten zum österreichischen Anleihemarkt finden sich in den diversen Ausgaben des Statistischen Monatshefts der Oesterreichischen Nationalbank.

vationen), die den Marktkräften freieren Lauf ließen sowie Transparenz und Effizienz[4] der Preisbildung verbesserten.

Tabelle 2.1: ***Anleihemarktkapitalisierung im internationalen Vergleich***

Land/Gruppe	Umlaufvolumen in Euro Milliarden (1)	in % des BIP(3)	jährliches Wachstum in den 90er Jahren in %
Österreich	125,0	53	9
Belgien	266,6	121	6
Dänemark	148,5	88	5
Deutschland	1.538,8	81	12
Finnland	46,8	37	13
Frankreich	605,9	42	7
Großbritannien	420,7	35	10
Irland	22,4	32	4
Italien	1.035,2	87	13
Niederlande	187,2	48	7
Portugal	41,7	39	13
Schweden	199,9	95	8
Spanien	198,4	41	19
Euroland (2)	4.066,1	66	-
Japan	3.560,0	90	6
USA	8.782,4	117	8

Quelle: Deutsche Bundesbank (April 1998), S. 58, und eigene Berechnungen.
(1) Nominalwert der umlaufenden inländischen Anleihen Ende September 1997, Österreich Ende 1998
(2) Europäische Union ohne Dänemark, Griechenland, Großbritannien und Schweden
(3) Nominelles Bruttoinlandsprodukt 1997, teilweise geschätzt

Trotz zahlreicher Schritte zur Verbesserung des institutionellen und rechtlichen Umfelds wäre es jedoch verfrüht, von einem reifen Markt zu sprechen, da viele Teilsegmente dem Ideal eines effizienten und arbitragefreien Marktes nicht entsprechen. Die nachfolgende Darstellung gibt zunächst einen kurzen Einblick in die angesprochenen Reformen, zeigt aber auch gleichzeitig die Unvollständigkeit des Marktes. Danach wird auf die gegenwärtige Emittenten- und

---

4 Finanzmarkteffizienz läßt sich verschieden definieren. Siehe beispielsweise Deutsche Bundesbank (1998), S. 64:

- Allokationseffizienz bedeutet, daß es nicht möglich ist, durch weitere Tauschvorgänge den Nutzen des einen Wirtschaftssubjektes zu steigern, ohne gleichzeitig den Nutzen eines anderen Wirtschaftssubjekts zu schmälern (Pareto - Kriterium).
- Marktvollständigkeit liegt vor, wenn alle möglichen Umweltzustände durch Kombinationen von Wertpapieren abgedeckt werden können.
- Transaktionskosteneffizienz erfordert möglichst geringe Transaktionskosten (darunter fallen alle Aufwendungen an Geld, Zeit und Mühen, die bei der Anbahnung, Durchführung und Abwicklung einer Transaktion anfallen).
- Informationseffizienz erfordert, daß sich die bewertungsrelevanten Informationen sofort, vollständig und korrekt (d. h. ohne systematische Bewertungsfehler) im Kurs widerspiegeln.

Anlegerstruktur des Marktes sowie die vorherrschenden Merkmale des Marktes von Bundesanleihen eingegangen.

2.2 *Deregulierungsmaßnahmen und Teilmärkte*

2.2.1 Legistische Änderungen

Eine der ersten Maßnahmen zur Liberalisierung des Marktes bestand in der schrittweisen Lockerung der Beschränkungen des Kapitalverkehrs mit dem Ausland, die mit der vor allem den langfristigen Kapitalverkehr betreffenden devisenrechtlichen Kundmachung der Oesterreichischen Nationalbank vom 1. Februar 1989 begann. Am 1. Jänner 1990 folgte mit der Umstellung des Verbots- auf das Erlaubnisprinzip eine weitere Etappe, ab der alle Devisentransaktionen erlaubt waren, soweit nicht ein ausdrückliches Verbot bestand. Die letzten Beschränkungen, wie etwa die Genehmigungspflicht von Schuldverschreibungsemissionen durch Ausländer im Inland, durch Inländer im Ausland sowie von im Inland aufgelegten Fremdwährungsemissionen und weiters die Depotpflicht für ausländische Wertpapiere bei inländischen Banken fielen mit der Einführung der vollständigen Kapitalverkehrsfreiheit am 4. November 1991.[5]

Zahlreiche weitere Anpassungen auf gesetzlicher Ebene folgten, die größtenteils aus der Übernahme von Richtlinien der Europäischen Union in das österreichische Recht resultierten. Einer der Bausteine zur Errichtung eines liberalisierten Marktes war beispielsweise die Abschaffung des Wertpapier-Emissionsgesetzes zu Beginn des Jahres 1991, das die Begebung von Anleihen an die Genehmigung des Bundesministeriums für Finanzen knüpfte. Als Ersatz trat das Kapitalmarktgesetz in Kraft, das an Stelle der staatlichen Genehmigung Prospekterstellungs- und -veröffentlichungspflichten für neuemittierte, öffentlich angebotene Anleihen einführte.[6] Weitere wichtige legistische Änderungen betrafen das Bankwesen-, Börse- und Investmentfondsgesetz sowie die Einführung des Wertpapieraufsichtsgesetzes.

---

5 Vgl. Lachs (1991), S. 700f.

6 Das Gesetz sieht allerdings zahlreiche Ausnahmen von der Prospekterstellungsvorschrift vor, weshalb die Ausgestaltung von Anleihen des öfteren unter dem Blickwinkel erfolgt, eine dieser Ausnahmen in Anspruch

Neben der Neuregelung von Gesetzen erfolgten auch Änderungen in der Infrastruktur des Marktes. Dazu gehören die Verbesserung des Zahlungsverkehrs und des Settlements, insbesondere die Verringerung der Abrechnungsfrist. Bei Börsetransaktionen wurden bis Ende des Jahres 1997 alle Geschäfte einer Woche zusammengefaßt und am Montag der übernächsten Woche abgewickelt. Mit Beginn des Jahres 1998 wurde jedoch, internationalen Vorgaben entsprechend, auf eine rollierende Periode von T + 3 umgestellt.[7]

2.2.2 Der Terminmarkt

Der Kassamarkt für Bundesanleihen wurde mit Einführung eines Terminkontrakts auf Bundesanleihen (Austrian Government Bond Future - AGB-Future) an der Österreichischen Termin- und Optionenbörse AG (ÖTOB) im Juli 1993 durch ein institutionalisiertes derivatives Segment ergänzt. Als lieferbar in diesen Terminkontrakt wurden österreichische Bundesanleihen mit einer Restlaufzeit von acht bis zehn Jahren und einem Emissionsvolumen von mindestens ATS 5 Milliarden (Euro 0,4 Milliarden) erklärt.[8] Damit wurden theoretisch erstens zusätzliche Handelsstrategien ermöglicht (insbesondere Arbitragegeschäfte zwischen Termin- und Kassamarkt) und ein Beitrag zur Vervollständigung des Marktes geleistet und zweitens neue Investorenkreise erschlossen. Vor allem ausländische Anleger engagieren sich oft eher in einem Markt, wenn entsprechende Absicherungsmöglichkeiten durch einen Terminkontrakt vorhanden sind. Allerdings verwendeten gerade ausländische Marktteilnehmer häufig den deutschen Terminkontrakt zur Absicherung auch österreichischer Anleihen, da das zusätzliche Risiko unterschiedlicher Zinsbewegungen am österreichischen und deutschen Markt geringer eingeschätzt wurde als der Effizienzgewinn aufgrund der höheren Liquidität des deutschen Kontraktes. Dies mag auch ausschlaggebend dafür gewesen sein, daß der AGB-Kontrakt mit

---

nehmen zu können. Das deutlichste Beispiel hierfür sind Daueremissionen von Banken, welche die herkömmlichen Anleiheemissionen der Banken seit des Inkrafttretens des Kapitalmarktgesetzes weitgehend abgelöst haben. Daueremissionen sind von der Prospektpflicht befreit, Anleiheemissionen hingegen nicht. Des weiteren wurde die vor dem Wegfall der Genehmigungspflicht fast ausschließliche Begebung von Bankschuldverschreibungen in fundierter Form aufgegeben. Der Großteil der Bankemissionen wird nunmehr nicht - fundiert, also ohne Deckungsstock, begeben.

[7] Bei außerbörslichen Transaktionen war auch vor diesem Zeitpunkt das rollierende Settlement üblich, wenngleich die Abrechnung häufig mehr als drei Tage nach der Transaktion erfolgte.

[8] Zur weiteren Produktspezifikation des Austrian Government Bond Future siehe Steinbach/Wainig (1993), S. 469f. Der mit dem dritten Quartal 1996 aufgenommene Handel einer Option auf den AGB-Future erwies sich als nicht erfolgreich und wurde daher Mitte des Jahres 1998 wieder eingestellt.

Beginn der Währungsunion nicht mehr weitergeführt wurde. Ein Äquivalent zum Terminkontrakt im zehnjährigen Segment für andere Laufzeitbereichen wurde nicht entwickelt.

Die Konsequenzen eines Terminmarktes für den jeweiligen Kassamarkt sind in der Literatur nicht eindeutig beantwortet. Es überwiegt jedoch die Ansicht, daß eine Verbesserung der Markttiefe und Liquidität der zugrundeliegenden Kassamarktpapiere erreicht wird, die Kursanpassung in der Folge von neuen Informationen schneller erfolgt und die Volatilität des Kassamarktes durch die Aufnahme des Handels mit Zinsterminkontrakten nicht nur nicht ansteigt, sondern sogar gedämpft wird. Durch das Zuschalten organisierter Terminmärkte dürfte der markttechnisch bedingte Teil der Volatilität abgebaut werden, der insbesondere in illiquiden Märkten auftritt.[9]

Vom AGB-Future soll nun auf einen sehr speziellen Terminmarkt, dem "if, as, and when-issued" - Markt (im folgenden kurz "when-issued" Markt) übergegangen werden. Der "when-issued" Markt ist ein Terminmarkt für Bundesanleihen unmittelbar vor und nach deren Auktion, wobei in Österreich dieses Segment kaum existiert, soweit es sich auf den Zeitpunkt *vor* der Auktion bezieht. Die Dauer des "when-issued" - Marktes reicht von der Ankündigung der Auktion mit Bekanntgabe der Laufzeit der betreffenden Anleihe über die tatsächliche Versteigerung bis zum Emissionsdatum (das in der Regel einige Tage nach der Auktion liegt). Der österreichische „when-issued" - Markt spannt sich hingegen lediglich von der Auktion bis zum Emissionsdatum. Liefertag für die "when-issued" - Transaktionen ist das tatsächliche Begebungsdatum der Anleihe. Dieses Marktsegment fördert die Transparenz hinsichtlich der Einschätzung der Marktteilnehmer über die Bewertung der zur Auktion anstehenden Anleihe. Durch die verbesserte Informationslage ist davon auszugehen, daß die Unsicherheit über den vom Markt als richtigen angesehenen Preis der Neuemission sinkt. Dies wiederum führt dazu, daß bei Vorhandensein eines (transparenten) "when-issued" - Handels die in den Auktionsgeboten eingerechnete Unsicherheitsprämie schrumpft. Zudem werden durch dieses Marktsegment zusätzliche Geschäftsmöglichkeiten geschaffen, welche die Attraktivität der Anleihen für die Investoren erhöhen. Diesen positiven Aspekten des "when-issued" - Marktes könnte entgegengebracht werden, daß er durch die erhöhte Markttransparenz Absprachen zwischen

---

9 Siehe Uhlir (1990), S. 747ff. Uhlir zeigt modellhaft, daß ein Kassamarkt ohne Terminmarkt, insbesondere ohne Optionsmarkt, definitionsgemäß unvollständig ist.

den Auktionsteilnehmern vor der Auktion fördert und dadurch Preisverzerrungen der Neuemission bewirkt. Diese Argumentation verliert jedoch für den österreichischen Markt immer mehr Gewicht, da sich die Zahl der direkten Auktionsteilnehmer in den letzten Jahren mehr als verdoppelt hat und inhomogener geworden ist. Kartellartige Absprachen mit dem Zweck, den Kurs einer neuen Anleihe zuungusten des Emittenten zu beeinflussen, dürften damit kaum funktionieren, da vereinbarungswidriges Verhalten sich für einzelne lohnt.[10]

2.2.3 Der Wertpapierpensionsmarkt

Neben dem "when-issued" - Markt konnte sich auch der Wertpapierleihe- und Wertpapierpensionsmarkt in Österreich bis zum gegenwärtigen Zeitpunkt nicht etablieren.[11] Im wesentlichen sind Wertpapierpensionsgeschäfte kurzfristige, mit Wertpapieren unterlegte Kredite.[12] Der Aufbau dieses Marktsegments wäre wünschenswert, da dadurch die Liquidität des Kassamarktes und die Ausschaltung von Kursanomalien gefördert wird, was wiederum positive Rückkoppelungseffekte auf die Wettbewerbsfähigkeit des Marktes hätte.[13]

Einige Maßnahmen wurden getroffen, um allfällige Hindernisse zum Aufbau eines Wertpapierpensionsmarktes zu beseitigen. Dazu zählt beispielsweise die Streichung der Börsenumsatzsteuer für Wertpapierleihegeschäfte Anfang 1994 oder die Freistellung dieser Transaktionen von Mindestreservebestimmungen im Gleichklang mit Deutschland.[14] Während jedoch auf den ausländischen Märkten diese Transaktionen inzwischen hinsichtlich ihrer Volumenssteigerung dem Kassamarkt den Rang abgelaufen haben, konnten sie sich in

---

[10] Diese können ihr Wissen um die Absprache ausnutzen und durch ein leicht kompetitiveres Gebot ein bestimmtes Volumen der Anleihe ersteigern. Die sich vereinbarungsgemäß verhaltenden Teilnehmer hingegen werden in diesem Fall bei der Auktion leer ausgehen, da ihre Gebote nicht kompetitiv genug sind.

[11] Wertpapierleihe- und Wertpapierpensionsgeschäfte (im anglo-amerikanischen Sprachgebrauch Repurchase- oder buy/sell back Geschäfte) werden in dieser Arbeit synonym verwendet, obwohl rechtliche und administrative Unterschiede bestehen, die allerdings hier nicht relevant sind. Die statistische Erfassung dieses Marktsegments läßt zu wünschen übrig, weshalb über das tatsächliche Volumen nur Vermutungen angestellt werden können. Diese mangelnde statistische Aufbereitung trifft allerdings nicht nur auf Österreich zu, sondern ist generell für Wertpapierpensionsmärkte festzustellen. Für eine Erörterung des Wertpapierleihemarktes, insbesondere dessen Rahmenbedingungen in Österreich, siehe Weninger (1994), S. 859 - 867.

[12] Eine genauere Analyse erfolgt in Kapitel 4.

[13] Siehe Bank of England (1997), S. 192, beziehungsweise Deutsche Bundesbank, Pressenotiz vom 26. Februar 1998.

[14] Siehe o.V., 1996, S. 1209.

Österreich nicht durchsetzen. Gerade die großen Eigenportefeuillebestände der österreichischen Banken (auf die noch eingegangen werden wird) würden einen hohen Stellenwert des Wertpapierpensionsmarktes nahelegen. Durch die Refinanzierung von Wertpapierbeständen mittels Wertpapierpensionsgeschäfte könnte das Eigenkapital der jeweiligen Bank entlastet und ein zusätzlicher Ertrag erwirtschaftet werden. Diesem Argument ist allerdings wiederum entgegenzuhalten, daß ein nicht unbedeutender Teil der Bankenportefeuilles durch die vor allem früher erfolgte Begebung fundierter Bankanleihen im Deckungsstock für die jeweilige Emission gebunden ist und daher nicht durch Verpensionierung vorübergehend veräußert werden kann. Dies trifft allerdings in den vergangen Jahren immer weniger zu, wie noch ausgeführt werden wird.

2.2.4 Laufzeitenstruktur

Die Liste der fehlenden Marktsegmente läßt sich noch fortsetzen, wie der Markt für Strips von Bundesanleihen zeigt. Der Stripsmarkt wurde zwar mit Oktober 1996 offiziell eröffnet und damit der getrennte Handel von Kupons und Mantel einzelner Bundesanleihen ermöglicht. Die Laufzeiten- und Zahlungsstruktur eines Portefeuilles läßt sich mit Strips maßgeschneidert gestalten. Trotz dieses Vorteils weist dieses Marktsegment bis dato lediglich ein vernachlässigbares Volumen auf.[15]

Ein Grund dafür dürfte in der erst ab Jahresbeginn 1999 durchgeführten Börsennotierung der Strips liegen. Eine nicht-erfolgte Börsenotiz könnte für institutionelle Investoren hinderlich sein, da sie aufgrund gesetzlicher Vorschriften oder interner Richtlinien lediglich in börsenotierten Instrumenten investieren dürfen und zudem einen offiziellen Kurs zur Bewertung benötigen. Schließlich ist für Privatinvestoren eine Direktveranlagung in Strips in den meisten Fällen aus steuerlichen Überlegungen unrentabel.[16]

---

[15] Das als stripfähig erklärte Volumen von Schilling-Bundesanleihen erreichte bis Ende 1998 etwa Euro 14,5 Milliarden, wovon Euro 0,2 Milliarden auch tatsächlich ausgenützt wurden. Die Bedingungen für die Aufspaltung von Kuponanleihen in einzelne Nullkuponpapiere und der technische Ablauf des Stripping sind im offiziellen Strip - Programm der Wertpapiersammelbank festgelegt.

[16] Der Grund liegt in dem Umstand, dass erst ab einer Veranlagung von Euro 5 Millionen die Besteuerung an der Differenz von Erwerbs- und Rückkaufpreis ansetzt. Unter dieser Grenze ist der Nominalbetrag selbst Basis der Besteuerung, die damit prohibitiv hoch ausfällt.

Zurückkommend auf den Kassamarkt selbst ist festzustellen, daß eine gleichmäßige Entwicklung über das international übliche Laufzeitsegment bis dreißig Jahren bisher nicht beobachtet werden konnte. Wie noch ausgeführt werden wird, spielt hinsichtlich Begebungsvolumina und damit Liquidität das fünf- und zehnjährige Laufzeitsegment eine herausragende Rolle, da dies die Standardlaufzeiten von Bundesanleihen darstellen. Das langfristige Segment wird erst seit Mitte 1997 in Form der Begebung von dreißigjährigen Bundesanleihen (beziehungsweise Aufstockungen langfristiger Bundesanleihen) regelmäßig beansprucht. Nicht nur der langfristige, auch der kurzfristige Laufzeitbereich (unter einem Jahr) läßt sich dennoch hinsichtlich Transparenz und Liquidität nicht mit den mittleren Laufzeitsegmenten vergleichen und ist weit von einem vollständigen und effizienten Markt entfernt.

Als Hauptgrund für den Mangel an kurzfristigen Instrumenten sind Verzerrungen der Nachfragestruktur zugunsten nicht-verbriefter Bankprodukte anzusehen: Banken nehmen die Konditionengestaltung für Einlagen und Kredite häufig aus wettbewerbspolitischen Gründen nicht risiko- und kostenadäquat vor. Daher ist es für potentielle Emittenten und Anleger nicht sinnvoll, Geldmarktpapiere anzubieten beziehungsweise zu kaufen.[17] Die Börsenumsatzsteuer stellt ein weiteres Problem für die Entwicklung des kurzfristigen Segmentes dar, soweit es sich nicht um Bundesschatzscheine handelt, die bis zu einer dreijährigen Laufzeitgrenze von dieser Steuer ausgenommen sind. Seit 1994 gilt die Börsenumsatzsteuer zudem zwar nicht mehr für Wertpapierleihe- oder Händlergeschäfte, jedoch ist sie in allen maßgeblichen ausländischen Märkten *vollständig* abgeschafft worden. Durch die Aufrechterhaltung der Steuer werden die Schwierigkeiten beim Aufbau eines verbrieften Geldmarktes verstärkt, da der Sekundärmarkt für kurzfristige Wertpapiere durch die bei kürzeren Laufzeiten stärker ins Gewicht fallende Börsenumsatzsteuer eingeschränkt wird.[18]

---

[17] Siehe Beirat für Kapitalmarktpolitk (1996), S. 15ff., wo auch eine eingehendere Analyse der Gründe erfolgt, warum sich das verbrieften Geldmarktsegment in Österreich nicht entwickeln konnte.

[18] Allerdings kann der Börsenumsatzsteuer keineswegs die alleinige Schuld für das Fehlen eines verbrieften Geldmarktes in Österreich gegeben werden. Siehe für eine detailliertere Erörterung den Bericht des Beirats für Kapitalmarktpolitik vom Dezember 1996.

2.3 Emittentenstruktur

Der bei weitem größte Einzelemittent am österreichischen Anleihemarkt ist die Republik Österreich, die mit einem Umlaufvolumen von Euro 61,5 Milliarden zu Ende 1998 etwa 40 % des Marktes ausmacht.[19] Derartige Marktverhältnisse sind allerdings keine österreichische Besonderheit: Generell stellt der jeweilige Staat den größten Schuldner eines Landes dar und gelten dessen Emissionen daher als die liquidesten des Marktes. Betrachtet man die Banken nicht als Einzelemittenten, sondern als eine Gesamtgruppe, entfallen etwa 90 % des Emissionsvolumens des österreichischen Anleihemarkts auf den Bund und die Banken. Neben diesen beiden Schuldnern treten noch sonstige öffentliche Stellen, Industrieschuldner ("sonstige inländische Nichtbanken" in nachfolgenden Tabellen 2.2 und 2.3) und ausländische Emittenten in lediglich geringem Ausmaß am inländischen Anleihemarkt auf. Aufgrund dieser homogenen Emittentenstruktur und der mangelnden Abstufung der Preisgestaltung nach Bonitätskategorien war der österreichische Anleihemarkt lange Zeit durch eine einheitliche Konditionengestaltung geprägt.

Tabelle 2.2: Umlaufvolumen am österreichischen Anleihemarkt 1990 – 1998 nach Emittentenklassen in Euro Millionen (*)

	1990	1991	1992	1993	1994	1995	1996	1997	1998
Bund	23.789	27.077	30.071	34.912	39.821	44.769	49.028	53.938	61.470
Davon Anleihen	*15.425*	*19.303*	*22.930*	*28.690*	*34.394*	*39.884*	*45.209*	*51.824*	60.159
Davon Obligationen	*8.364*	*7.773*	*7.141*	*6.222*	*5.428*	*4.885*	*3.819*	*2.115*	1.311
So. öffentliche Stellen	2.225	2.110	2.167	2.181	2.280	1.870	1.719	2.074	1.879
So. inl. Nichtbanken	2.278	2.248	2.148	2.540	3.073	3.677	3.033	3.398	3.759
Ausländ. Emittenten	1.079	1.443	1.948	2.173	1.948	1.893	1.395	1.674	1.482
Inländische Banken	34.687	35.759	37.030	41.967	45.688	49.606	53.463	57.038	56.437
Summe	64.059	68.636	73.363	83.772	92.809	101.815	108.637	118.122	125.027

(*) Quelle: Oesterreichische Nationalbank, 1996 Datenbruch wegen neuer Erhebungsform. So.=Sonstige

19 Darin inkludiert sind Bundesanleihen und Bundesobligationen, nicht jedoch Bundesschatzscheine, die gemäß der offiziellen Definition des Beirats für Kapitalmarktpolitik nicht zum Anleihemarkt gezählt werden. Diese Definition erscheint allerdings fragwürdig, wenn man bedenkt, daß ein Großteil dieser Bundesschatzscheine nicht Schatzscheine im klassischen Sinn (kurzfristige Nullkuponpapiere) darstellt, sondern durchaus längere Laufzeiten aufweist und fix oder variabel verzinst ist. Dennoch wird hier, um die Vergleichbarkeit mit offiziellen Statistiken zu gewährleisten, dieser Definition gefolgt.

Tabelle 2.3: ***Bruttoemissionsvolumen am österreichischen Anleihemarkt 1990 – 1998 nach Emittentenklassen in Euro Millionen (*)***

	1990	1991	1992	1993	1994	1995	1996	1997	1998
Bund	2.835	4.738	4.348	6.850	7.285	8.362	7.503	8.752	11.951
Davon Anleihen	2.820	4.617	4.348	6.729	7.090	7.879	7.456	8.752	11.718
Davon Obligationen	15	121	0	121	195	483	47	0	233
So. öffentliche Stellen	73	36	193	363	309	127	172	399	9
So. inl. Nichtbanken	252	111	40	626	875	1.008	437	793	659
Ausländ. Emittenten	454	363	541	371	331	273	398	479	127
Inländische Banken	6.449	5.153	6.573	10.268	9.951	12.588	12.238	12.431	11.555
Summe	10.064	10.402	11.695	18.478	18.750	22.358	20.748	22.853	24.301

(*)Quelle: Oesterreichische Nationalbank. 1996 Datenbruch wegen neuer Erhebungsform. So.=Sonstige

Die Emissionstätigkeit des Bundes konzentrierte sich seit Beginn der neunziger Jahre auf Anleihen.[20] Das Einzelemissionsvolumen von Bundesanleihen erhöhte sich von Euro 0,4 bis 0,5 Milliarden zu Beginn der neunziger Jahre auf Euro 1,5 bis 2,2 Milliarden im Jahr 1997. Im Jahr 1998 wurden durch vermehrte Aufstockungen von Bundesanleihen[21] Einzelvolumina von bis zu Euro 5,5 Milliarden erzielt. Die deutliche Steigerung des Bundesanleihenvolumens vollzog sich jedoch nicht nur auf der Einzelemissionsebene, sondern wird auch in der Erhöhung des Jahresgesamtvolumens von etwa Euro 3 Milliarden im Jahr 1990 auf Euro 12 Milliarden im Jahr 1998 deutlich. Die Ausweitung des Volumens ergab sich einerseits aus dem vergrößerten Finanzierungsbedarf des Bundes, wurde andererseits aber auch wesentlich vom Umstand getragen, daß mit Beginn des Jahres 1991 auf Emissionen von Bundesobligationen weitgehend verzichtet und das freiwerdende Volumen in Form von Bundesanleihen emittiert wurde.

---

[20] Diese Aussage bezieht sich auf die Schilling - Finanzierung des Bundes, der einen nicht unwesentlichen Teil seiner Verschuldung (etwa 20 %) in Fremdwährung abdeckt. Vgl. hierzu den Bericht des Staatsschuldenausschusses, 1998, S. 7.

[21] Diese wurden durch eine Sonderregelung für Bundesanleihen betreffend die Kapitalertragsteuer erleichtert. In Österreich unterliegen Kuponzahlungen der 25%igen als Endbesteuerung konzipierten Kapitalertragsteuer. Kursgewinne bleiben unter bestimmten Voraussetzungen steuerfrei (beispielsweise im Fall einer zehnjährigen Anleihe dann, wenn die Differenz zwischen Emissions- und Rücklösungskurs nicht mehr als 2 % beträgt). Für Unternehmen gilt diese Regelung nicht. Bis Ende 1997 wurden Aufstockungen oftmals dadurch vereitelt, daß sie nur durchgeführt werden konnten, wenn der Emissionskurs bei der Aufstockung innerhalb der Bandbreite lag, die für die Befreiung der Besteuerung der Differenz zwischen Emissions- und Rückzahlungskurs maßgeblich war. Ab 1998 hingegen waren Aufstockungen bei Bundesanleihen auch dann von der Kapitalertragsteuer in dieser Hinsicht befreit, wenn diese Bandbreite verletzt wurde.

Der deutlichen Expansion am Bundesanleihensektor steht ein leichter, aber kontinuierlicher Rückgang des Anteils der Bankemissionen am Gesamtmarkt gegenüber, der Anfang der neunziger Jahre fast 55 % des Gesamtumlaufs, Ende 1998 jedoch nur mehr 45 % ausmachte. Diese Entwicklung dürfte auch darauf zurückzuführen sein, daß in den letzten Jahren die teilweise künstliche Aufblähung des Bankemissionsvolumens abgebaut wurde. Diese entstand dadurch, daß bis vor einigen Jahren eine negative Renditendifferenz von Bankanleihen zu Bundesanleihen vorlag, also Bundesanleihen eine höhere Rendite boten als Bankanleihen.[22] Daher betätigten sich Banken vermehrt als Emittenten eigener Wertpapiere, statteten sie mit einem Deckungsstock aus und investierten in Bundesanleihen, um diesen Deckungsstock zu bedienen. Dadurch, daß die Emissionskosten unter dem Ertrag der Bundesanleihen lagen, ließen sich durch diese Maßnahmen Erträge erwirtschaften. Mit der Verbesserung des Bundesanleihemarktes verschwand diese negative Renditedifferenz beziehungsweise verkehrte sich ins Gegenteil und bewirkte somit eine relative Verteuerung von Eigenemissionen der Banken. Dies und die zunehmend geringere Bedeutung von Bankanleihen mit Deckungsstock (siehe weiter unten) bewirkte auch einen generellen Rückgang der Bankemissionen.

Während auf dem Bundesanleihensektor die Homogenisierung der Ausstattungsparameter (hinsichtlich Tilgungsmodalitäten, Laufzeiten etc.) vorangetrieben wurde, fand diese Vereinheitlichung auf dem Bankemissionssektor nicht statt. Nicht nur unterschiedlichste Ausstattungsparameter, auch geringe Einzelemissionsvolumina, die in der Regel Euro 35 Millionen nicht übersteigen, ergeben einen insgesamt zersplitterten und illiquiden Markt für Bankemissionen.[23] Als Grobklassifizierung können die Emissionen von Banken in fundierte und nicht-fundierte Bankschuldverschreibungen sowie in Pfand- und Kommunalbriefe unterteilt werden. Fundierte Bankschuldverschreibungen werden nach dem Gesetz über fundierte Bankschuldverschreibungen begeben und weisen einen Deckungsstock auf, sind aber, wie bereits erwähnt, seit Abschaffung des Emissionsgenehmigungsverfahrens gemäß Wertpapier-Emissionsgesetz volumensmäßig unbedeutender als nicht-fundierte Bankschuldverschreibun-

---

22 Darauf wird noch näher eingegangen werden.

23 Das Beispiel des deutschen Pfandbriefmarktes, der in den vergangenen Jahren standardisiert worden ist und damit ein relativ hohes Ausmaß an Transparenz und Liquidität erreicht hat, hat am österreichischen Markt bis dato (leider) zu keiner Nachahmung geführt. Nach Ansicht der Deutschen Bundesbank (1998), S. 60, spricht die massive Zunahme des Auslandswerbes für den Erfolg der Strukturänderungen am deutschen Pfandbriefmarkt (beispielsweise das Rating zahlreicher Emissionen, die Einführung eines Terminkontraktes, etc.).

gen. Dies liegt daran, daß bis zur Abschaffung des Wertpapier-Emissionsgesetzes keine nicht-fundierten Bankschuldverschreibungen bewilligt wurden, diese jedoch seit der Abschaffung dieses Gesetzes den fundierten Schuldverschreibungen in dieser Hinsicht gleichgestellt sind. Da das Halten eines Deckungsstocks Kosten verursacht, werden daher seit dieser Zeit vermehrt nicht-fundierte Bankschuldverschreibungen begeben.

Unternehmungen außerhalb des Bankensektors ("sonstige inländische Nichtbanken" in Tabelle 2.2 und 2.3) haben lediglich einen Anteil von 3 - 4 % am Gesamtaufkommen des Marktes. Diese geringe Beteiligung am Anleihemarkt hängt zusammen mit der Subventionierung von Krediten beziehungsweise deren teilweise nicht risikoadäquate Konditionengestaltung seitens der Banken. Dadurch stellen nicht-verbriefte Mittelaufnahmen (Kredite etc.) häufig eine kostengünstigere Finanzierungsmöglichkeit für die Unternehmen dar.[24] Weiters spielt auch die fehlende Unternehmensgröße, das erforderliche Mindestfinanzierungsvolumen sowie die traditionell starke Bindung zwischen Unternehmen und Hausbank, die nicht-verbriefte Finanzierungsformen tendenziell fördert, eine nicht unerhebliche Rolle.[25]

Ausländische Schuldner nehmen einen Anteil von 1 % bis 2 % am Gesamtmarkt ein, wie Tabelle 2.2 zeigt. In zahlreichen Fällen wurden Emissionsvorhaben ausländischer Schuldner am inländischen Anleihemarkt in Verbindung mit einer Swaptransaktion[26] durchgeführt, die aufgrund der sich in den letzten Jahren verringernden Zinsdifferenzen zu den relevanten Märkten unrentabel wurden.

---

[24] Vgl. Wenko (1993), S. 103.

[25] Vgl. auch o.V., Finanznachrichten Mai 1998.

[26] Swaps sind Tauschvereinbarungen hinsichtlich Währung oder Zinsmodus, um Risikodifferentiale für Anleihen, die sich aufgrund segmentierter Märkte ergeben, ausarbitrieren zu können und dadurch die Zinskosten der Mittelaufnahme zu senken.

2.4 Investorenstruktur

Eine eingehende Analyse der Investoren am österreichischen Anleihemarkt ist aufgrund des Fehlens einer aussagekräftigen Depotstatistik nicht möglich. Die nachfolgenden Erwerbszahlen entstammen je nach Anlegergruppe unterschiedlichen Quellen. Dabei werden mangels besserer Alternativen keine einheitlichen Bewertungskriterien, sondern Nominal-, Buch- und Kurswerte von Anleihen verwendet, was die Interpretation und Analyse der Daten problematisch macht. Aber die unterschiedlichen Bewertungskriterien stellen das geringere Übel dar - für wichtige Investorengruppen liegen keinerlei Daten vor. Jener Teil des emittierten Volumens, der weder den inländischen institutionellen Investoren, Banken oder ausländischen Erwerbern zugeordnet werden kann, wird in einer Residualrechnung in die Gesamtklasse "sonstige inländische Nichtbanken" gegeben.[27] Die vorliegenden Statistiken lassen somit keine Analyse dieser Anleger zu, die in Tabelle 2.4 als größte Gruppe ausgewiesen werden. Insbesondere eine Untergliederung in Unternehmen und Haushalte wäre wünschenswert. Nichtfinanzielle Wirtschaftsunternehmen erwerben Anleihen zur Bildung ihrer Abfertigungs- und Pensionsrücklagen, private Haushalte hingegen treffen ihre Kaufentscheidung im wesentlichen nach den sonst gebotenen alternativen Kapitalanlagemöglichkeiten.[28] Schon allein diese beiden verschiedenen Motive für Anlageentscheidungen sprechen für eine separate Darstellung dieser Investorengruppen, die auch vom Statistischen Amt der Europäischen Union vorgesehen ist.

Die zweitgrößte Investorengruppe stellen gemäß Tabelle 2.4 österreichische Banken dar, die somit nicht nur als Emittenten, sondern auch als Anleger in bedeutendem Ausmaß am österreichischen Anleihemarkt auftreten. Für die vergangenen Jahren läßt sich jedoch ein Trend in Richtung eines verstärkten Engagements der Bankenkundschaft feststellen, wenngleich der Intermediationsgrad des österreichischen Anleihemarktes nach wie vor hoch ist.

---

27 Zur Problematik dieser verzerrten Statistik siehe Haschek/Pozniak/Weiss (1990), S. 999f.

28 In Österreich dominiert bei privaten Anlegern nach wie vor konservatives Sparverhalten in Form von Bankeinlagen. Vgl. auch o.V., Finanznachrichten Mai 1998.

Der Rückzug der Banken als Anleger am österreichischen Anleihemarkt zeigt sich in der Reduzierung des in ihre Eigenportefeuilles übernommenen Volumens von 1990 bis 1998 von 38 % auf 29 % des Umlaufs (die Prozentsätze errechnen sich auf Basis der Zahlen in Tabelle 2.4).[29] Dies dürfte nicht zuletzt durch die bereits erwähnte Verhaltensänderung der Banken in Richtung einer zurückhaltenden Begebung fundierter Emissionen. Für den früher vorgeschriebenen Deckungsstock dieser Emissionen wurden großteils Bundesanleihen herangezogen, weshalb sich schon aus diesem Umstand eine relativ hohe Nachfrage der Banken nach Bundesanleihen ergab, die im Zuge der Deregulierung wegfiel.[30]

Tabelle 2.4: Die Aufteilung des Anleihebestands nach Investorenklassen 1990 – 1998 in Euro Milliarden

	1990	1991	1992	1993	1994	1995	1996	1997	1998
Inländische Banken	24,1	24,5	23,4	25,2	29,6	32,1	30,8	30,0	35,5
So. inländ. Nichtbanken	25,3	27,8	31,0	32,5	37,0	37,6	44,2	46,7	39,9
Versicherungen (1)	6,0	6,7	7,3	8,4	9,4	9,5	10,0	10,6	9,9
Ausländische Investoren (2)	3,0	3,8	5,4	8,6	7,1	11,0	8,4	10,7	14,8
Investmentfonds (3)	5,6	5,8	6,3	8,7	9,5	11,4	15,2	18,4	23,3
Pensionskassen (3)	-	-	-	0,4	0,2	0,2	0,1	0,2	0,2
Summe	64,1	68,6	73,4	83,8	92,8	101,8	108,6	116,5	123,6

1) Bilanzwerte, 2) ab 1992 Kurswerte, 3) Kurswerte.

Quelle: Oesterreichische Nationalbank

29 Aufgrund des sinkenden Zinstrends dürfte der Rückzug der Banken sogar stärker ausgefallen sein als er sich in den Statistiken darstellt. Die Argumentation dafür ergibt sich analog zu Haschek/Pozniak/Weiss (1990), S. 999f.

30 Zur traditionellen Präferenz von Banken für Nichtbankemissionen und von Nichtbankinvestoren für Bankschuldverschreibungen siehe den Bericht des Beirats für Kapitalmarktpolitik (1994), S. 13, und die entsprechenden vorhergehenden Ausgaben.

Tabelle 2.5: Die Nettoerwerb an Anleihen nach Investorenklassen 1990 – 1998 in Euro Milliarden

	1990	1991	1992	1993	1994	1995	1996	1997	1998
Inländische Banken	0,6	0,4	-1,2	1,8	4,4	2,4	2,6	0,4	5,5
So. inländ. Nichtbanken	3,3	3,1	3,2	1,9	4,5	2,0	3,2	2,5	-6,7
Versicherungen (1)	0,5	0,6	0,7	1,0	1,1	0,1	0,5	0,6	-0,7
Ausländische Investoren (2)	0,0	0,3	1,5	3,3	-1,5	2,6	-1,4	2,4	4,1
Investmentfonds (3)	-0,2	0,2	0,5	2,4	0,7	2,0	3,7	3,3	4,8
Pensionskassen (3)					-0,2	-0,1	-0,0	0,0	0,0
Summe	4,2	4,6	4,7	10,4	9,0	9,0	8,4	9,1	7,1

1) Bilanzwerte, 2) ab 1992 Kurswerte, 3) Kurswerte. Quelle: Oesterreichische Nationalbank

Im Gegensatz zum sinkenden Interesse inländischer Banken beachten ausländische Investoren seit dem Jahr 1991 den österreichischen Anleihen- (insbesondere Bundesanleihen-) markt verstärkt, wenngleich ihr Anlageverhalten sprunghaft wechselt, wie Tabelle 2.5 zeigt. Dennoch ist über den gesamten Beobachtungszeitraum eine deutliche Zunahme des ins Ausland verkauften Anleihenvolumens zu registrieren, was nicht zuletzt auf die effizientere Begebungstechnik und verbesserte Liquidität speziell bei Bundesanleihen zurückzuführen ist.[31] Dies bewirkte auch die Berücksichtigung Österreichs in internationalen Anleiheindizes im Jahr 1993, was wiederum zu verstärkter Investitionstätigkeit ausländischer Investoren führte, die ihre Veranlagungsentscheidungen häufig an publizierten Indizes orientieren. Die erhöhte Attraktivität des Marktes manifestiert sich auch in einer steigenden Anzahl ausländischer Primärmarkthändler (Institute, die am Auktionsverfahren für Bundesanleihen teilnehmen). Nachdem mit Juni 1995 erstmals ein ausländisches Institut in diese Gruppe aufgenommen wurde, erhöhte sich deren Anzahl bis Ende 1998 auf 18 von insgesamt 27 Mitgliedern.

[31] Darauf wird weiter unten noch konkreter eingegangen werden.

Die gestiegene Bedeutung ausländischer Anleger für den österreichischen Anleihemarkt zeigt in zweifacher Weise Auswirkungen auf die Liquidität des Marktes.[32] Einerseits wurden emittentenseitig die Anstrengungen erhöht, durch steigende Emissionsvolumina infolge einer weiteren Konzentration der Mittelaufnahme auf den Bundesanleihesektor den Anforderungen der ausländischen Marktteilnehmer hinsichtlich Marktliquidität entgegenzukommen. Andererseits weisen ausländische Anleger eher als inländische Käufer eine Kurzfristorientierung auf, sind also auf die Ausnützung kurzfristiger Kurs- und Währungsschwankungen bedacht, was naturgemäß zu hohen Umsätzen, verstärkter Volatilität und schwankenden Portefeuillebeständen führt.[33] Hingegen halten inländische Anleger ihre Anleihen traditionellerweise langfristig, meist sogar bis zu deren Fälligkeit. Aufgrund des steigenden Wettbewerbs institutioneller Anleger um Kunden in der Europäischen Währungsunion ist zu erwarten, daß dieses Verhalten in Zukunft von einer stärker handelsorientierten Strategie abgelöst wird, die durch den Einsatz derivativer Instrumente zur Ertragssteigerung ergänzt wird.[34]

Aber es sind nicht nur ausländische Investoren, die in den vergangenen Jahren vermehrt österreichische Anleihen erworben haben. Steigendes Interesse ist auch seitens eines Teils der institutionellen Inländer[35], der Investmentfonds, zu verzeichnen, die in der zweiten Hälfte der achtziger Jahre die am kräftigsten, zwischen 1990 und 1998 nach den ausländischen Investoren die am zweitstärksten expandierende Anlegergruppe am österreichischen Anleihemarkt waren. Private Anleger dürften vermehrt Direktveranlagungen bei den Banken durch Investmentfondszertifikate ersetzen und somit Porteeuilleentscheidungen professionellen Fondsmanagern übertragen.

---

32 Ausländische Investoren achten in größerem Ausmaß als dies bei inländischen bisher beobachtbar war, daß großvolumige Transaktionen ohne Preisausschläge und mit niedrigen Kosten möglich sind.

33 Dies stellt Bartetzky (1996), S. 26, für den deutschen Anleihemarkt fest. Aufgrund der Schwankungen der von ausländischen Investoren gehaltenen Anleihebestände sowie der hohen grenzüberschreitenden Transaktionsvolumina kann - in Verbindung mit der Tatsache, daß ausländische Anleger bereits vor Einführung des Euro die Veranlagung in Schilling nicht als eigenständige Veranlagung, sondern im Rahmen des DM-Blockes sahen - davon ausgegangen werden, daß diese Analyse auch auf den österreichischen Anleihemarkt zutrifft.

34 Auch Braasch (1997), S. 335, weist darauf hin, daß die langfristig orientierte buy and hold - Strategie mehr und mehr von einem flexiblen, an kurzfristigen Resultaten orientierten Anlageverhalten abgelöst wird.

35 Als institutionelle Investoren werden in dieser Arbeit Investoren bezeichnet, die an gesetzliche Veranlagungsrichtlinien gebunden sind. Diese sehen meist Obergrenzen für Wertpapiere vor, die ein höheres Risiko aufweisen. Bislang haben institutionelle Investoren jedoch kaum von der Möglichkeit Gebrauch gemacht, einen Teil des Anlagepotentials in Risikopapiere zu investieren, sondern haben weit über das Mindestmaß hinausgehend in Anleihen veranlagt. Siehe Statistische Mitteilungen der Oesterreichischen Nationalbank, diverse Ausgaben.

Dennoch ist am österreichischen Markt der Institutionalisierungsgrad im internationalen Vergleich bislang relativ gering. Ende 1998 befanden sich 68 % des ausstehenden Volumens an Anleihen in den Portefeuilles professioneller Investoren (inländische Banken, ausländische Investoren, Investmentfonds, Versicherungen, Pensionskassen), 39 % in den Portefeuilles Institutioneller ohne die inländischen Banken. Die Verlagerung der Verwaltung von Anleihen zu institutionellen Investoren läßt sich anhand Tabelle 2.6 ansatzweise erkennen, wenngleich die Entwicklung beispielsweise in den USA weitaus fortgeschrittener ist. Dennoch ist eine steigende Tendenz zur Institutionalisierung in Österreich auch weiterhin zu erwarten. Ein erhöhter Nachfrageimpuls könnte in den nächsten Jahren vor allem von den Pensionsfonds kommen, die bis dato keine bedeutende Rolle spielen.[36]

Tabelle 2.6: Der Beteiligung institutioneller österreichischer und ausländischer Investoren am Anleihenerwerb (in Euro Milliarden und in Prozent)

Jahr	Umlauf in Euro Milliarden	Bestand institutioneller Inländer (1)	Bestand ausländischer Investoren	Anteil inst. Inländer am Umlauf	Anteil inst. inl. und ausl. Inv. am Umlauf
1990	64,1	11,6	3,0	18,2	22,8
1991	68,6	12,5	3,8	18,2	23,8
1992	73,4	13,7	5,4	18,6	25,9
1993	83,8	17,5	8,6	20,9	31,2
1994	92,8	19,1	7,1	20,6	28,3
1995	101,8	21,1	11,0	20,7	31,5
1996	108,6	25,3	8,4	23,3	31,0
1997	116,5	29,2	10,7	25,0	34,2
1998	123,6	33,4	14,8	27,0	39,0

(1) Versicherungen, Investmentfonds und Pensionskassen.
Quelle: Oesterreichische Nationalbank

Institutionelle Investoren sind es auch, die von den bereits angesprochenen strukturellen Veränderungen des Marktes sowie dem erhöhten Wettbewerbsdruck unter Emittenten in der Europäischen Währungsunion vornehmlich profitieren. Aufgrund der herausragenden Bedeutung dieser Gesamtgruppe ist es nicht verwunderlich, daß die vorgenommenen Strukturänderungen

[36] Mit der Novelle 1998 zum Investmentfondsgesetz wurden in Österreich Pensionsinvestmentfonds als neues Instrument der privaten Pensionsvorsorge geschaffen, für die auch steuerliche Anreize gesetzt werden. Siehe Gschiegl (1998), S. 142.

in erster Linie von den Anforderungen dieser Investoren geprägt waren. Neben der transparenten und effizienten Preisbildung gehören eine diversifizierte Produktpalette, Terminkontrakte zur flexiblen Gestaltung von Risikopositionen, hinreichende Markttiefe zur Verhinderung unerwünschter Preisausschläge, internationale Marktkonventionen und ausreichend lange Handelszeiten zu den von institutionellen Investoren als notwendig erachteten Ausstattungsmerkmalen eines reifen Anleihemarktes.[37]

Die meisten Studien betonen, daß die zunehmende Bedeutung institutioneller Investoren in Relation zu nicht-institutionellen die Struktur der Ersparnisbildung beeinflußt. Klarerweise geht zunächst eine Reduktion der Bankeinlagen zugunsten von Wertpapieren einher. Nicht so offensichtlich, aber dennoch bereits auf anderen Märkten festgestellt, ist eine Verlagerung innerhalb der verbrieften Instrumente zu längerfristigen Wertpapieren. Diese Tendenz wird dadurch erklärt, daß individuelle Investoren vergleichsweise kurzfristige Veranlagungshorizonte haben, während insbesondere Pensionskassen und Lebensversicherungen aufgrund ihrer Verbindlichkeitenstruktur langfristig orientierte Investoren sind. Bereits jetzt kann festgestellt werden, daß die wachsende Bedeutung institutioneller Investoren in Österreich zur Nutzung zusätzlicher internationaler Marktsegmente geführt hat: Ein beträchtlicher Teil des von Investmentfonds gehaltenen Volumens ist, offensichtlich aus Diversifizierungsaspekten, in Fremdwährungen veranlagt (etwa Euro 16,1 Milliarden im Jahr 1998, das sind 41 % Prozent des Gesamtvolumens an Anleihen in ihrem Portefeuille). Zudem ist zu erwarten, daß auch die Veranlagungspolitik zukünftig aktiver durchgeführt werden wird und die traditionelle Strategie des Haltens eines Wertpapiers bis zu dessen Endfälligkeit zurückgedrängt wird.

Grundsätzlich kann für den österreichischen Anleihemarkt festgestellt werden, daß nicht nur emittentenseitig eine Konzentration auf einige wenige Schuldner vorliegt, sondern auch investorenseitig Ansätze in Richtung einer Vereinheitlichung der Anlegerstruktur bemerkbar sind. Der Vorherrschaft des Bundes und der Banken auf der Schuldnerseite steht die zunehmende Bedeutung institutioneller (in- und ausländischer) Anleger auf der Investorenseite des Marktes gegenüber. Investitionsentscheidungen werden somit von immer weniger Marktteilnehmern getroffen, die jedoch ungleich höhere Beträge veranlagen. Neben einer Professionalisierung

---

37 Siehe Deutsche Bundesbank (1998), S. 57. Für eine ausführliche Analyse der Verhaltensweisen institutioneller Investoren und deren Auswirkungen auf die Märkte siehe auch Financial Market Trends, S. 15ff.

des Marktes und der damit einhergehenden Liquiditäts- und Transparenzsteigerung wohnt dieser Entwicklung gleichzeitig die Tendenz zu identischen Veranlagungsentscheidungen inne. Die wenigen Entscheidungsträger weisen aufgrund der modernen Kommunikations- und Informationsmöglichkeiten ein gleichgerichtetes Verhalten auf, das sie zudem auch deutlich rascher als noch vor einigen Jahren zu ändern bereit sind.[38]

2.5 Charakteristika des Bundesanleihemarktes

Es wurde bereits erwähnt, daß die Ausstattung von Bundesanleihen nunmehr nach möglichst einheitlichen und einfachen Standards erfolgt. Bis Mitte der achtziger Jahre allerdings wurden Bundesanleihen in Form von Serienanleihen begeben, deren Tilgung während der gesamten Laufzeit oder eines Teils der Laufzeit erfolgte, indem durch Verlosung eine Serie zur Rückzahlung bestimmt wurde. Seit diesem Zeitpunkt sind ausschließlich Bundesanleihen mit gesamtfälliger Tilgung zu Laufzeitende emittiert worden. Seit dem Jahr 1990 wurden zudem nur mehr Bundesanleihen ohne Kündigungsklausel begeben. Diese Standards schaffen Transparenz und erleichtern die Preisfindung, nicht nur die der Bundesanleihen selbst, sondern auch die anderer Emissionen, für die Bundesanleihen als Maßstab herangezogen werden.

Für die Emission von Bundesanleihen wurde bis Anfang 1991 traditionell ein Garantiesyndikat bestehend aus einer Reihe österreichischer Banken eingesetzt, das die Übernahme von Bundesanleihen zu fixen Quoten gemäß vorweg vereinbarter Konditionen garantierte. Nach schrittweisen Änderungen wurde dieses Syndikat Anfang des Jahres 1991 durch ein Auktionssystem abgelöst.[39] Auktionsverfahren haben eine zweifache Funktion - die Preisfeststellungsfunktion und die Allokationsfunktion. Beide Aufgaben können mittels der Begebung im Rahmen eines Auktionsverfahrens wesentlich effizienter gelöst werden als im Rahmen eines Garantiesyndikats, in dem die Konditionen zwischen den Syndikatsteilnehmern und dem

---

38 Vgl. für den deutschen Anleihemarkt Bartetzky (1996), S. 27, und auch Kapitel 3.2.2.2 dieser Arbeit.

39 Siehe genauer Weiss/Paar (1991), S. 518ff.

Emittenten im Verhandlungswege festgelegt werden und die Zuteilung der von jedem einzelnen Syndikatsmitglied zu übernehmenden Volumina mittels fixer Quoten erfolgt.[40]

Die Liquidität[41] von Bundesanleihen erhöhte sich deutlich, was auf die Ausweitung des in Form von Bundesanleihen begebenen Volumens (als Ersatz für die als Privatplazierungen emittierten Bundesobligationen) und der Einführung eines verpflichtenden Market-Making Systems zurückzuführen ist. Liquidität wird mit vier Eigenschaften in Zusammenhang gebracht:

- Breite - gemessen an der Differenz zwischen Kauf- und Verkaufkurs,
- Tiefe - gemessen am Volumen, das zu den gegebenen Kauf- und Verkaufkursen gehandelt werden kann,
- Unverzüglichkeit - die Zeit, die für die Durchführung einer Transaktion bestimmter Größe zu gegebenen Kosten benötigt wird und
- Elastizität - jene Zeit, die Kurse brauchen, um nach großen Transaktionen wieder zu früheren Niveaus zurückzukehren.

Die Vereinbarung betreffend das Market-Making sorgte dafür, daß in der Aufbauphase eines transparenten und effizienten Bundesanleihemarktes die vier genannten Kriterien verbessert wurden. Die Vereinbarung verpflichtete die Primärmarkthändler, während der gesamten Handelszeit Kauf- und Verkaufpreise für Bundesanleihen zu stellen, zu denen sie Transaktionen mit anderen Primärmarkthändlern abzuschließen bereit waren. Das Umfeld für diese vertragliche Verpflichtung, nämlich erstens der Zeitraum, für den diese Bestimmungen gültig waren, zweitens das Mindestvolumen für die Transaktionen sowie drittens die maximal erlaubte Geld-/Briefspanne variierten im Laufe der Jahre. Im wesentlichen wurde die Verpflichtung, die zunächst für die Gesamtlaufzeit der Anleihe Gültigkeit hatte, schrittweise bis auf das erste Jahr nach dem Begebungszeitpunkt reduziert, die maximale Geld-/Briefspanne von 50 Basispunkten auf 10 Basispunkte verringert und das Mindestvolumen pro Transaktion von etwa Euro 0,7 auf Euro 3,6 Millionen erhöht.

---

40 Zahlreiche Studien setzen sich mit der Frage der optimalen Ausgestaltung von Auktionsverfahren auseinander. Zur eingehenderen Erörterung dieser Frage wird auf die umfangreiche Literatur zu diesem Thema verwiesen, wie beispielsweise Feldman/Mehra (1993) und die darin angeführten Studien.

41 Für eine Definition von Liquidität siehe Harris (1990), S. 3 oder Kapitel 5.4.3.3 dieser Arbeit.

Diese Entwicklung führte zu einer substantiellen Ausweitung des Sekundärmarkthandels (der zum überwiegenden Teil - etwa 98 % - außerbörslich abgewickelt wird). Schätzungen zufolge erhöhte sich das tägliche Transaktionsvolumen in Bundesanleihen von etwa Euro 22 bis Euro 30 Millionen im Jahr 1991 auf das zehnfache im Jahr 1997, wobei der Höhepunkt der Umsätze im Jahr 1996 erzielt wurde, als im Durchschnitt pro Tag deutlich mehr als Euro 0,7 Milliarden an Bundesanleihen am Sekundärmarkt gehandelt worden sein dürften.[42] Seit 1996 ist zwar ein deutlicher Rückgang der erfaßten Bundesanleihenumsätze festzustellen, was jedoch unter anderem auf die Verlagerung von Umsätzen in das Ausland zurückzuführen sein dürfte.

Die Erhöhung der Marktliquidität bewirkte nicht nur eine Verbesserung der Transaktionskosteneffizienz, sondern auch ein größere Informationseffizienz, da sie technisch bedingte Kursschwankungen vermindert und somit jene Kursbewegungen, die aufgrund neuer Informationen zustandekommen, stärker betont.[43] Schließlich führte die verbesserte Liquidität auch zu positiven Rückkoppelungseffekten auf die Effizienz der Preisfindung, die durch die Umstellung des Verfahrens von der Begebung im Rahmen des Syndikats auf die Begebung in einer Auktion erstmals wettbewerbsmäßig erfolgte.

Die Bewertung von Schuldverschreibungen orientiert sich an spezifischen Ausstattungsmerkmalen und an der Bonität des Schuldners sowie an der Liquidität der Anleihe. Diese Bewertungskriterien setzten sich am inländischen Markt erst in den letzten Jahren langsam durch. Wie bereits festgestellt wurde, war bis Ende der achtziger Jahre zu beobachten, daß Bankemissionen am Sekundärmarkt häufig einen Renditeabschlag im Vergleich zu Bundesemissionen aufwiesen. Dies obwohl der Staat als der beste Schuldner eines jeden Landes die Schuldverschreibungen mit den niedrigsten Renditen eines Marktes aufweisen sollten. Jedoch ist seit der Implementierung des Auktionsverfahrens bei Bundesanleihen und der Einführung einer Market-Making Verpflichtung dieses österreichische Spezifikum verschwunden. Dies zeigt sich beispielsweise darin, daß seit 1991 Bundesanleihen ihren Renditeauf-

---

42 Die Umsatzstatistiken der Wiener Börse weisen keine Aufgliederung der Umsätze nach Schuldverschreibungskategorien auf; es werden lediglich die Börseumsätze und die Gesamtumsätze von Anleihen ausgewiesen (die Gesamtumsätze allerdings nur bis Ende 1997). Siehe Oesterreichische Nationalbank, Statistisches Monatsheft, diverse Ausgaben, Tabelle 4.2.1.

43 Siehe Deutsche Bundesbank (1998), S. 66.

schlag am Sekundärmarkt auf Bankanleihen in Höhe von 8 bis 30 Basispunkte in den Jahren 1985 bis 1990 in einen Renditeabschlag in Höhe von 4 bis 37 Basispunkte in den Jahren 1991 bis 1998 umgekehrt haben. Nachfolgende Tabelle 2.7 listet die jeweilige durchschnittliche jährliche Differenz zwischen fundierten und nicht-fundierten Bankanleihen einerseits und Bundesanleihen andererseits auf. Die Ergebnisse stützen die These, daß auf dem österreichischen Anleihemarkt die Preisbildung bis etwa Anfang der neunziger Jahre nicht nach herkömmlichen Bewertungskriterien erfolgte.

Tabelle 2.7: ***Vergleich von Sekundärmarktrenditen unterschiedlicher Anleihekategorien mit Restlaufzeiten von neun bis zehn Jahren***

Jahr	Durchschnittsrendite			Differenz in Basispunkten	
	Bundes-anleihen (a)	fundierte Bank-anleihen (b)	nicht-fundierte Bankanleihen (c)	b minus a	c minus a
1985	8,01	7,72	n.v.	-30	-
1986	7,43	7,31	n.v.	-12	-
1987	6,99	6,88	n.v.	-11	-
1988	6,86	6,68	n.v.	-17	-
1989	7,21	7,12	n.v.	-9	-
1990	8,79	8,71	n.v.	-8	-
1991	8,54	8,61	n.v.	7	-
1992	8,13	8,22	n.v.	8	-
1993	6,71	6,99	6,93	28	23
1994	7,09	7,13	7,17	4	9
1995	7,10	7,71 (1)	7,58	17 (1)	49
1996	6,29	6,24 (2)	6,50	37 (2)	21
1997	5,64	5,85	5,86	21	22
bis 6/1998	5,01	n.v.	5,30	-	29

(1) Da lediglich Renditen für fundierte Bankanleihen für Jänner bis März 1995 publiziert wurden, errechnet sich die Differenz aus 7,71 minus 7,54 (=Durchschnittsrendite Bundesanleihen Jänner bis März 1995).

(2) Da lediglich Renditen für fundierte Bankanleihen für Oktober bis Dezember 1996 publiziert wurden, errechnet sich die Differenz aus 6,24 minus 5,88 (=Durchschnittsrendite Bundesanleihen Oktober bis Dezember 1996).

2.6 Zusammenfassender Überblick

Seit Beginn der neunziger Jahre fanden zahlreiche Änderungen am österreichischen Anleihemarkt statt, der sich von einem hinsichtlich Zinssätzen und Emissionsvolumina administrierten zu einem weitgehend liberalisierten Markt gewandelt hat. Die Vollständigkeit des österreichischen Anleihemarktes hingegen ist aufgrund der mangelnden Komplettierung des Laufzeitspektrums sowie des Fehlens wichtiger Marktsegmente bisher nicht erreicht.

Hinsichtlich der Emittentenstruktur wurde auf die Dominanz der Banken und des Bundes verwiesen. Andere Emittenten (beispielsweise Unternehmungen) spielen traditionell lediglich eine untergeordnete Rolle, was teilweise auf die nicht risikoadäquate Konditionengestaltung bei Krediten zurückzuführen ist.

Bei den Kapitalanbietern kam es bei inländischen Investmentfonds und ausländischen Marktteilnehmern zu den augenfälligsten Verschiebungen. Letztere haben durch ihre Anforderungen hinsichtlich Liquidität und Transparenz zu positiven Veränderungen am österreichischen Anleihemarkt geführt. Andererseits setzen sich der Autonomie des österreichischen Marktes deutliche Grenzen, und dies nicht nur hinsichtlich der Zinsentwicklung, die ohnehin weitestgehend den Einflüssen maßgeblicher Kapitalmärkte unterliegt, sondern auch hinsichtlich allfälliger Versuche, sich von internationalen Trends abzukoppeln. Der wachsende Wettbewerbsdruck führte dazu, daß Transaktionen am österreichischen Anleihemarkt reibungsloser durchgeführt werden können. Preisverzerrungen aufgrund von Informationskosten und Regulierungen sowie Prämien aufgrund von Illiquidität wurden abgebaut. Anomalien des Marktes, wie etwa negative Zinsdifferenzen zwischen Bundesanleihen und Bankanleihen verschwanden.

Die Ausführungen haben aber auch gezeigt, daß die erreichten Verbesserungen im wesentlichen lediglich den Kassamarkt für Bundesanleihen betreffen, der sich sowohl im Primär- als auch Sekundärmarktsegment einem vollständigen, informations- und allokationseffizienten Markt angenähert hat. Dazu trug insbesondere die schrittweise Implementierung eines Auktionsverfahrens bei der Begebung von Bundesanleihen bei sowie Market-Maker Vereinbarungen, die den Aufbau eines funktionierenden Sekundärmarktes förderten.

3 Theorien zur Erklärung der Zinsstruktur

3.1 Grundlegende Begriffsdefinitionen

Zunächst wird auf einige fundamentale Beziehungen zwischen Anleihekursen und unterschiedlichen Zinskonzepten eingegangen, die grundlegend für die im weiteren Verlauf dieses Kapitels dargestellten Erklärungsansätze zur Zinsstruktur sind. Auf die nachstehend verwendete Terminologie wird zudem wiederholt zurückgegriffen werden.[44]

3.1.1 Renditestruktur

Die Rendite i_e (= Effektivverzinsung, interne Verzinsung) einer Anleihe ist jener Zinssatz, der den Barwert der zukünftigen Zahlungen Z einer Anleihe mit dem Preis gleichsetzt:

$$BW = \sum_{t=1}^{n} Z_t(1 + i_e)^{-t} \tag{3.1}$$

Der Zusammenhang zwischen den Renditen und der Restlaufzeit vergleichbarer Wertpapiere wird durch die Renditestruktur dargestellt. Da die Renditestruktur nicht nur von der Laufzeit abhängt, ist eine Beschränkung auf möglichst homogene Wertpapiere hinsichtlich Bonität, Liquidität, Kuponhöhe, etc. notwendig (Homogenitätspostulat). Lediglich ein Renditevergleich zwischen Anleihen, die sich in nur einem Ausstattungsmerkmal unterscheiden - sei es Laufzeit, Emittent oder dergleichen - , läßt Aussagen über die Bestimmungsgründe der Renditestruktur zu.

Die Rendite einer Anleihe entspricht jedoch nur unter sehr restriktiven Annahmen dem tatsächlich realisierten Zinssatz.[45] Diese Prämissen sind folgende:

---

[44] Für eine detailliertere Darstellung der folgenden finanzmathematischen Definitionen siehe beispielsweise Fabozzi (1997), Kapitel 6, S. 73 - 112.

[45] Vgl. beispielsweise Berger (1990), S. 45.

- Alle Zahlungen gehen fristgerecht und in der vereinbarten Höhe ein.
- Das Wertpapier wird bis zur Fälligkeit gehalten.
- Alle Zahlungen vor Endfälligkeit werden sofort und in gleicher Höhe für die Restlaufzeit der Anleihe wiederveranlagt.
- Alle Zins- und Zinseszinserträge können zur errechneten Effektivverzinsung wiederveranlagt werden (flache Renditestruktur).

Auch für den (unwahrscheinlichen) Fall, daß diese Annahmen zutreffen, bleibt die Effektivverzinsung als Bewertungsparameter ein zweifelhaftes Konzept, da sie ein gewichtetes Mittel der Zinssätze aus der Zinsstruktur darstellt, das von der Kuponhöhe und der Fristigkeit der Anleihe abhängt.[46] Problematisch ist auch, daß der Reinvestitionszinssatz für alle Zahlungen einer spezifischen Anleihe implizit gleich angenommen wird, gleichzeitig aber dieser Reinvestitionszinssatz für jede Anleihe ein anderer ist.[47] Für weitergehende Betrachtungen ist die Renditestruktur aufgrund dieser Restriktionen nicht geeignet.

3.1.2 Fristigkeitsstruktur der Kassazinssätze

Um den Nachteilen der Renditeberechnung zu entgehen, ist eine Bewertung der einzelnen Zahlungsströme einer Anleihe mit dem jeweils geltenden Zinssatz für die dem Zahlungsstrom zugeordnete Periode vorzunehmen. Dieser sogenannte Kassazinssatz lehnt sich an das einfachste Finanzmarktinstrument an - einmalige Auszahlung zu Beginn und einmalige Rückzahlung (Nullkuponanleihe) - weshalb einzig und allein die Dauer der zeitlichen Überlassung von Kapital zur Bestimmung des jeweiligen Kassazinssatzes ausreicht. Daher gibt es so viele Kassazinssätze wie Perioden und stellt dementsprechend die Fristigkeitsstruktur der Zinssätze

---

46 Für eine genauere mathematische Erklärung dieser Abhängigkeiten siehe beispielsweise Schich (1996), S. 5. Die manchmal gewählte Darstellung der Renditestruktur in Abhängigkeit der Duration ist aufgrund der unterschiedlichen Konvexität gleichfalls lediglich eine Hilfslösung. Zur Duration und Konvexität von Anleihen siehe Kapitel 4.1 dieser Arbeit und die dort angeführten Literaturhinweise.

47 Eine in zwei Jahren fällige Zahlung der Anleihe A wird also in der Regel mit einem anderen Zinssatz diskontiert als die ebenfalls in zwei Jahren fällige Zahlung der Anleihe B, wenn sich A und B in ihrer Gesamtlaufzeit oder auch lediglich ihrer Kuponhöhe voneinander unterscheiden. Hingegen wird die Zahlung für die Anleihe A im ersten und im zweiten Jahr mit demselben Satz abgezinst.

(im folgenden [Kassa-]Zinsstruktur) einen funktionalen Zusammenhang zwischen Kassazinssätzen und Laufzeiten her.[48]

Unter Verwendung von Kassazinssätzen errechnet sich der Barwert einer Anleihe durch Diskontierung jedes einzelnen Zahlungsstroms mit dem gegenwärtig festzustellenden Kassazinssatz für die entsprechende Periode (R_t):

$$BW = \sum_{t=1}^{n} Z_t(1 + R_t)^{-t} \tag{3.2}$$

Die Rendite einer Veranlagung entspricht einem gewichteten Durchschnittssatz der betreffenden Kassazinssätze. Der Verzerrungsgrad zwischen der Rendite und dem Kassazinssatz hängt von der Höhe des Kupons ab und wird daher als Kuponeffekt bezeichnet. Das Zeichen der Verzerrung ergibt sich aus dem Anstieg oder Rückgang der Zinsstruktur. Dieser direkte (mathematische) Kuponeffekt ist dabei umso ausgeprägter, je steiler sich die Zinskurve darstellt.[49] Bei ansteigender Zinsstrukturkurve ergeben sich günstige Wiederveranlagungsmöglichkeiten für Kuponzahlungen, sodaß Anleihen mit hoher Nominalverzinsung stärker nachgefragt werden und dementsprechend eine niedrigere interne Verzinsung aufweisen. Der Kupon weist daher in diesem Fall eine negative Verzerrung gegenüber den Kassazinssätzen auf: je höher der Kupon, desto niedriger die Rendite im Vergleich zum Kassazins. Hingegen kommt bei fallender Zinsstruktur eine positive Verzerrung zum Tragen: je höher der Kupon, desto höher die Rendite im Vergleich zum Kassazinssatz. Der - eine größere Rolle als der direkte spielende - indirekte (steuerinduzierte) Kuponeffekt, entsteht durch die unterschiedliche steuerliche Behandlung von Kuponzahlungen und Kursgewinnen.[50]

---

48 Früher wurde die Relation der Renditen zur Restlaufzeit häufig "Zinsstruktur" genannt. In der jüngeren Literatur wurde mehrheitlich dazu übergegangen, die Beziehung der Kassazinssätze zur Restlaufzeit als "Zinsstruktur" und die Beziehung der Renditen zur Restlaufzeit als "Renditestruktur" zu bezeichnen. Diese Definition gilt auch in der vorliegenden Arbeit.

49 Für eine ausführlichere Diskussion des Kuponeffekts siehe beispielsweise Fabozzi (1997), S. 123f., oder Berger (1990), S. 182ff. Röhrs (1993), S. 97ff., untersuchte den Kuponeffekt auch empirisch und stieß auf Widersprüche zu theoretischen Überlegungen, die auf Transaktionskosten und steuerliche Überlegungen zurückgeführt werden.

50 Siehe Kapitel 2.3, Fußnote 21.

Eine Möglichkeit, den Kuponeffekt zu mildern, besteht in der Berechnung von par-Renditen. Die par-Renditenkurve beruht auf (fiktiven) Anleihen, die zu pari notieren und deren Kupon daher der Rendite entspricht. Die Renditen dieser Anleihen stellen gute Indikatoren für den Kassazinssatz dar.

Eine Alternative zur Kassazinsstruktur stellt die Diskontfunktion d_t dar, die sich direkt aus den Kassazinssätzen errechnen läßt:

(3.3) $$d_t = (1 + R_t)^{-t}$$

Unter Verwendung der Diskontfunktion errechnet sich der Kurs einer Anleihe aus der Summe der Produkte von Zahlungen und korrespondierenden Diskontfaktoren. Äquivalent zu Gleichung (3.2) läßt sich der Barwert einer Anleihe daher auch in folgender Form darstellen:

(3.4) $$BW = \sum_{t=1}^{n} Z_t d_t$$

3.1.3 Fristigkeitsstruktur der Terminzinssätze

Während Kassazinssätze sich auf Wertpapiergeschäfte beziehen, die zum gegenwärtigen Zeitpunkt beginnen und für einen bestimmten Zeitrahmen Gültigkeit haben, beziehen sich Terminzinssätze auf Wertpapiertransaktionen, die zwar zum gegenwärtigen Zeitpunkt abgeschlossen werden, deren Laufzeit jedoch erst mit einem festgelegten zukünftigen Zeitpunkt beginnt und für einen bestimmten Zeitraum gilt. Terminzinssätze können direkt, wenn vorhanden, aus gehandelten Terminkontrakten abgelesen werden oder - falls das Prinzip der Arbitragefreiheit gilt[51] - aus der herrschenden Kassazinsstrukturkurve implizit abgeleitet werden. Wie bereits festgestellt, kann die Rendite in eine Reihe von Kassazinssätzen aufgespalten werden, die ihrerseits wiederum in Terminzinssätze zerlegt werden können.

---

[51] Arbitragefreiheit liegt vor, wenn Anlagen, die zum Ende der Periode den gleichen Wert, auch zu Beginn der Periode gleich viel wert sind (law of one price).

Ein Kassazinssatz für eine gegebene Anzahl an Jahren n stellt den geometrischen Durchschnitt von einperiodigen Terminzinssätzen dar, wie folgende Beziehung zeigt:

$$(3.5) \qquad (1 + R_n) = [(1 + {}_0R_1) \cdot (1 + {}_{t+1}r_{1,t}) \cdot (1 + {}_{t+2}r_{1,t}) \cdot \ldots \cdot (1 + {}_{t+n-1}r_{1,t})]^{1/n}$$

Dabei entspricht ${}_0R_1$ dem einperiodigen Kassazinssatz zum gegenwärtigen Zeitpunkt (t = 0), dem "Termin"zinssatz für die erste Periode. Des weiteren ist ${}_{t+n-1}r_{1,t}$ der Terminzinssatz, dessen Präskript den Zeitpunkt angibt, ab dem der Zinssatz gültig ist für eine Veranlagungsdauer, die im ersten Postskript angegeben wird (im vorliegenden Fall für 1 Periode). Der zweite Postskript indiziert den Zeitpunkt, zu dem die Prognose für den Terminzinssatz abgegeben wird. Wird in weiterer Folge der zweite Postskript nicht angegeben, ist dieser der jeweils aktuelle Zeitpunkt.

Ist die Kassazinsstruktur bekannt, kann durch Umformung von Gleichung (3.5) eine implizite Zinsstruktur der Terminzinssätze für beliebige zukünftige Startzeitpunkte und Fristigkeiten abgeleitet werden.[52] Die Bezeichnung "implizit" weist darauf hin, daß es sich nicht um "echte" Terminzinssätze handelt, sondern um Terminzinssätze, die aus der gegenwärtigen Kassazinsstruktur abgeleitet werden:

$$(3.6) \qquad (1 + {}_{t+m}r^{v}_{n-m,t})^{n-m} = (1 + R_n)^n \,/\, (1 + R_m)^m$$

Aus Gleichung (3.6) läßt sich erkennen, daß Kassazinssätze den durchschnittlichen Ertrag über m (beziehungsweise n) Jahre angeben, Terminzinssätze hingegen den Grenzertrag von m bis n. Die Gleichung (3.6) erlaubt daher, den impliziten Zinssatz ${}_{t+m}r_{n-m,t}$ als den marginalen Ertrag zu interpretieren, der erzielt wird, wenn eine m-periodige Veranlagung mit dem Ertrag $(1 + R_m)^m$ durch eine n-periodige Veranlagung mit dem Ertrag $(1 + R_n)^n$ ersetzt wird.

Es sei darauf hingewiesen, daß in Gleichung (3.6) der Superskript v (für "verzerrt") der Vollständigkeit halber angeführt wurde. „Verzerrt“ bedeutet, daß in den gemäß dieser Formel errechneten Terminzinssätzen eine Risikoprämie enthalten ist, auf die im Laufe dieser Arbeit

---

52 Zahlenbeispiele für die Berechnung von Kassa- und Terminzinssätzen finden sich u.a. bei McEnally/Jordan (1995), S. 790f.

noch eingegangen werden wird. Die Erfassung der tatsächlichen Höhe dieser Risikoprämie ist bis dato nicht gelöst. Für zahlreiche Berechnungen, wie beispielsweise die Ermittlung des Barwertes einer Anleihe gemäß Gleichung (3.2), spielt dieses Problem insofern keine Rolle, da die Terminzinssätze *inklusive* der Risikoprämie heranzuziehen sind.

Der Barwert einer Anleihe kann somit nicht nur durch Abzinsung der Zahlungsströme mit den laufzeitäquivalenten Kassazinssätze gemäß Gleichung (3.2) oder Multiplikation der Zahlungsströme mit dem entsprechenden Diskontfaktor gemäß Gleichung (3.4) errechnet werden, sondern - unter Anwendung von Gleichung (3.5) - auch durch die Verwendung von Terminzinssätzen:

$$(3.7) \qquad BW = \sum_{t=1}^{n} Z_t \Big(\prod_{\tau=0}^{t-1} (1 + {}_{\tau}r_1) \Big)^{-1}$$

Während die Fristigkeitsstruktur der Kassazinssätze diese für verschiedene Laufzeiten beginnend mit Null abbildet, stellt die Fristigkeitsstruktur der Terminzinssätze (im folgenden Terminzinsstruktur) die Terminzinssätze für verschiedene Laufzeiten dar, beginnend mit einem identischen zukünftigen Zeitpunkt. Als einperiodige Terminzinssatzstruktur wird in dieser Arbeit die Darstellung der einperiodigen Terminzinssätze in Abhängigkeit vom Startzeitpunkt der einperiodigen Anlagedauer bezeichnet.

3.2 Erklärungsansätze zur Zinsstruktur

Die nachstehenden Ausführungen zur Erklärung der Zinsstruktur, also dem Zusammenhang zwischen (Kassa-)Zinssätzen unterschiedlicher Fristigkeit, beginnen mit den traditionellen Ansätzen. Dies sind im wesentlichen die Erwartungstheorie in ihrer klassischen und erweiterten Form, die Liquiditätspräferenztheorie und die Allgemeine Präferenztheorie. Seit Mitte der achtziger Jahre bereichern Modelle zur Bewertung bedingter Zinsansprüche (Contingent Claims) die Erklärungsansätze zur Zinsstruktur. In dieser Arbeit wird dieser optionspreistheoretische Ansatz exemplarisch anhand des Vasicek-Modells veranschaulicht. Danach wird ein alternativer Erklärungsversuch, der psychologische Ansatz, vorgestellt, der verhaltenswissenschaftlichen Erkenntnissen verpflichtet ist. Das Kapitel endet mit einer Zusammenfassung aller diskutierten Modelle.

3.2.1 Traditionelle Zinsstrukturtheorien

3.2.1.1. Die klassische Erwartungstheorie

Die klassische Erwartungstheorie der Zinssätze beruht auf den Arbeiten von Fisher[53] und wurde vor allem von Hicks und Lutz weiterentwickelt.[54] Sie geht davon aus, daß der langfristige Zinssatz durch die erwarteten zukünftigen kurzfristigen Zinssätze determiniert ist.[55] Zusammen mit der von Hicks formulierten Hypothese gemäß (3.5) wird daraus der Erklärungsanspruch, daß der Kassazinssatz für Halteperioden n > = 2 das geometrische Mittel des gegenwärtig vorherrschenden Kassazinssatzes $_0R_1$ und der erwarteten Kassazinssätze (Terminzinssätze) $_{t+i}r_{1,t}$ darstellt.

Häufig wird zur Darstellung der Erwartungstheorie eine logarithmische Transformation der Gleichung (3.5) gewählt, indem die Approximation ln(1+x) ≈ x angewendet wird.[56] Daraus ergibt sich, daß der Logarithmus des langfristigen Zinssatzes dem arithmetischen Durchschnitt der erwarteten logarithmierten kurzfristigen Zinssätze darstellt:

$$(3.8) \qquad R_n = \frac{1}{n}\sum_{i=0}^{n-1} {}_{t+i}r_{1,t}$$

Es ist demnach gemäß der Erwartungstheorie bedeutungslos, ob eine Kapitalanlage rollierend für kurze Fristen oder einmal für die lange Frist angelegt wird, da beide Strategien nach Ende

---

53 Vgl. Fisher (1930), S. 313ff.

54 Vgl. Hicks (1946), S. 144 - 147 und Lutz (1940), S. 36 - 63.

55 Für eine detaillierte Übersicht über die Annahmen zur Erwartungstheorie siehe beispielsweise Deppner (1992), S. 14, und die dort verzeichnete Literatur. Hinsichtlich der unterschiedlichen Varianten der Erwartungstheorie siehe Cox/Ingersoll/Ross (1981), S. 774ff., und McCulloch (1993), S. 779 - 789. Campbell (1986), S. 183 - 193, zufolge sind die Unterschiede in den einzelnen Varianten allerdings vernachlässigbar, weshalb in der vorliegenden Arbeit auf eine Differenzierung verzichtet wurde.

56 Zur Interpretation logarithmierter Variablen siehe Schmidt (1997), Anhang A, S. 277 - 287.

der Periode dieselbe Rendite aufweisen. Eine Investition einer Geldeinheit zum Zeitpunkt Null in eine Nullkuponanleihe mit Fälligkeit zum Zeitpunkt n hat somit denselben Erwartungswert wie eine Investition einer Geldeinheit zum Zeitpunkt Null in eine Nullkuponanleihe mit Fälligkeit zum Zeitpunkt m und eine Nachfolge-Investition der freiwerdenden Mittel zum Zeitpunkt m in eine Nullkuponanleihe mit Fälligkeit zum Zeitpunkt n. Die Erwartungswerte beider Strategien sind jedoch nur dann identisch, wenn die Marktteilnehmer über sichere Erwartungen verfügen,[57] keine Transaktionskosten und/oder Steuern anfallen sowie indifferent gegenüber dem höheren Risiko längerlaufender Anleihen sind.

Die Erwartungstheorie der Zinssätze impliziert, daß Erwartungen steigender Zinssätze zu einer positiv geneigten Zinsstrukturkurve führen, da langfristig veranlagte Investoren mit einem Kursverlust rechnen müssen und daher eine höhere Verzinsung als Kompensation für die Investition in längerfristige Veranlagungen verlangen. Analog dazu führen Erwartungen sinkender Zinssätze zu inversen Zinsstrukturkurven, da die erwarteten Kursgewinne für längerfristige Anleihen die Verzinsung dafür unter jene für kurzfristige Investitionen drücken. Werden keine Änderungen in der Zinsstruktur erwartet, weist die Zinsstrukturkurve eine horizontalen Verlauf auf. Ein gekrümmter Kurvenverlauf ergibt sich aufgrund Erwartungen zunächst steigender, anschließend fallender Zinssätze.[58]

Die Erwartungstheorie kann auch zur Erklärung des wiederholt festgestellten Umstands herangezogen werden, wonach langfristige Zinssätze geringere Volatilitäten aufweisen als kurzfristige Zinssätze.[59] Wie Gleichung (3.8) zeigt, stellen die erwarteten langfristigen Zinssätze einen Durchschnitt des aktuellen kurzfristigen Kassazinssatzes und der erwarteten kurzfristi-

---

57 Sowohl die Hypothese sicherer Zinserwartungen als auch die Hypothese genereller Risikoneutralität (siehe Erklärung am Ende dieser Fußnote) bei unsicheren Zinserwartungen führen zur gleichen Interpretation: Wenn die Zinserwartungen sicher sind, sind Wertpapiere unterschiedlicher Restlaufzeiten vollkommene Substitute. Anlageentscheidungen werden lediglich auf Basis der gegenwärtigen Zinsstruktur und der erwarteten Zins- beziehungsweise Kursentwicklung getroffen. Sind die Zinserwartungen zwar unsicher, verhält sich ein Investor aber risikoneutral, bleiben die Risiken dennoch bedeutungslos für die Laufzeitentscheidung. Die Laufzeitentscheidung hängt trotz Unsicherheit lediglich von den Zinserwartungen ab. Zu dieser Interpretation siehe Steinbring (1985), S. 29.

Risikoneutralität: Ein risikoneutraler Investor zieht bei einem gegebenen Anstieg seines Reichtums immer gleich hohen Nutzen, während ein risikoaverser Investor aus jedem zusätzlichen Anstieg immer kleineren Nutzen erfährt. Siehe dazu u. a. Sundareshan (1996), S. 209f.

58 Vgl. beispielsweise Ilmanen (Mai 1995), S. 5 und Berger (1990), S. 163.

59 Die geringere Zinsvolatilität langfristiger Anleihen ist nicht zu verwechseln mit der höheren Kursvolatilität langfristiger Anleihen.

gen Kassazinssätze (Terminzinssätze) dar. Änderungen des langfristigen Zinssatzes sind daher ein Durchschnitt von Änderungen der kurzfristigen Zinssätze, was zu einem Glättungsprozeß führt.[60]

Die an der Erwartungstheorie geäußerten Kritikpunkte betreffen vor allem deren rigiden Annahmen, insbesondere die vollkommene Voraussicht der kurzen Zinssätze (auch für lange Zeiträume). Weiters wird der Erwartungstheorie angelastet, keine Erklärung dafür zu liefern, warum in der Realität die ansteigende Zinsstrukturkurve ($R_n > R_{n-1}$ für alle n) der Normalfall ist, während inverse ($R_n < R_{n-1}$ für alle n) und flache ($R_n = R_{n-1} = i_e$ für alle n) Zinsstrukturkurven eher selten zu beobachten sind. Auch die in der Realität anfallenden Transaktionskosten sprechen gegen die Erwartungstheorie, da dadurch die perfekte Substitution längerfristiger Anlagen durch rollierende kurzfristige Veranlagungen - die jede für sich Transaktionskosten mit sich bringt - nicht mehr gegeben ist.[61] Der gravierendste Kritikpunkt an der Erwartungstheorie ist jedoch die ihr zugrundeliegende Hypothese rationaler Erwartungen, die im folgenden Exkurs diskutiert wird.

Exkurs: Hypothese rationaler Erwartungen

Bei der Formulierung der Erwartungstheorie wurden rationale Erwartungen der Marktteilnehmer im Sinne von Muth postuliert.[62] Die vier Grundpfeiler rationaler Erwartungen gemäß Muth sind Unverzerrtheit, Effizienz, Konsistenz der Prognosen sowie Orthogonalität der Prognosefehler.

- "Unverzerrtheit" bedeutet, daß die subjektive Erwartung dem zugrundeliegenden mathematischen Modell entspricht, wobei der Erwartungsfehler einen Mittelwert von Null und endliche Varianz aufweist sowie mit den Erwartungen nicht korreliert ist. Diese Annahme bedeutet nicht, daß das zugrundeliegende Modell die Zinssätze tatsächlich korrekt beschreibt, vielmehr ist es lediglich notwendig, daß die Marktteilnehmer (implizit oder explizit) *glauben*, daß dieses Modell die Zinssätze beschreibt.

---

60 Vgl. Berger (1990), S. 163.

61 Die Berücksichtigung der Transaktionskosten müßte zu einer negativen Prämie für längere Fristigkeiten führen, um die bei der Umschichtung kürzerfristiger Veranlagungen anfallenden Kosten zu kompensieren.

62 Siehe Muth (1961).

- "Effizienz" impliziert, daß alle verfügbaren Informationen in den Prognosen enthalten sind.
- "Konsistenz" bezieht sich auf einander überlappende Perioden für Prognosen derselben Variablen.
- "Orthogonalität der Prognosefehler" schließlich ist dann vorhanden, wenn der Prognosefehler mit der Menge der verfügbaren Information nicht korreliert ist.

Gilt die Theorie rationaler Erwartungen, dann entspricht der beobachtete Zinssatz einer Summe erwarteter Terminzinssätze zuzüglich eines Erwartungsfehlers. Nicht ausgeschlossen nach Muth ist jedoch, daß einzelne Marktteilnehmer systematische Fehler bei der Zinsprognose machen. Diese Fehler würden sich jedoch kompensieren, sodaß in der aus dem Gesamtmarkt ableitbaren Zinsentwicklung, die den Durchschnitt aller Marktteilnehmer darstellt, keine systematischen Erwartungsfehler mehr enthalten sind.

Zur Rationalität von Erwartungen existieren zahlreiche Studien unter Verwendung unterschiedlicher Datenquellen und Untersuchungsmethoden, deren Ergebnisse alle mehr oder weniger eindeutig gegen die Hypothese rationaler Erwartungen sprechen.[63] Obwohl andere Erwartungsbildungsprozesse denkbar und vermutlich auch zielführender sind als die Prämisse rationaler Erwartungen, wird dennoch von vielen Ökonomen an diesem Konzept festgehalten.

Zudem stellt sich die Frage, ob die "richtige" Theorie von den Marktteilnehmern als solche erkannt wird. Wird beispielsweise die Berechnung von den als „richtig" angesehen Anleihenkursen nicht unter Zugrundelegung der Kassazinsstruktur, Gleichung (3.2), vorgenommen, sondern gemäß dem Konzept der Rendite, Gleichung (3.1), so kann ein derartiges Vorgehen sich als effizient herausstellen, selbst wenn es nach den einleitend dargestellten Kriterien in den meisten Fällen als unrichtig zu klassifizieren ist. Wenn die Mehrheit der Marktteilnehmer

---

63 Eine Übersicht findet sich bei Wolter (1996), S. 52f. Friedman (1980), S. 456 - 463, beispielsweise untersuchte die Theorie der rationalen Erwartungen anhand von Umfragen über Zinsprognosen bei professionellen Marktteilnehmern und kam zu Schlußfolgerungen, die die Theorie rationaler Erwartungen mehrheitlich ablehnten. Zum gleichen Ergebnis kam Bergmann (1988), S. 137f., in einer neueren Untersuchung, bei der Versuchspersonen künstliche Zeitreihen, die einem bestimmten Modell zugrundelagen, gezeigt wurden. Die Aufgabe der Testteilnehmer lautete, die zukünftige Richtung dieser Zeitreihe vorherzusagen. Abgesehen davon, daß die Prognosefähigkeit generell schlecht war, wiesen die Angaben eine deutliche Tendenz zu allzu optimistischen Vorhersagen auf. Diese Beobachtung wurde von Bergmann als ein Indiz dafür gewertet, daß Erwartungen im allgemeinen nicht rational gebildet werden.

das Konzept der Rendite verwendet, wird sich dieses daher als eine Art selbsterfüllende Prophezeiung erweisen. Dies steht auch im Einklang mit Muth, der nicht fordert, daß sich die Erwartungen nach der relevanten Theorie bilden oder daß sie perfekt sind.[64] Allerdings ist zu beachten, daß bei einem manchmal vorkommenden Paradigmenwechsel sich einmal als rational erwiesenes Handeln als ineffizient erweisen kann.[65] Dies wäre beispielsweise der Fall, wenn die Mehrheit der Marktteilnehmer von der Rendite als Bewertungskriterium auf laufzeitbezogene Kassazinssätze wechselt.

Alternative Erwartungsbildungshypothesen

Die zahlreichen Untersuchungen über Verhaltensweisen und Entscheidungsmechanismen zeigen deutlich, daß die Marktteilnehmer zwar nicht ohne Sinn und Verstand handeln, aber auch nicht rational im Sinne von logisch konsistent und maximierend. Die Theorie der Zinsstrukturbildung würde daher gewinnen, wenn ein realistischeres Bild der Akteure an den Finanzmärkten unterstellt würde. Neben der rationalen Erwartungsbildung sind eine Vielzahl anderer Modelle zur Erwartungsbildung denkbar.[66] Beispielhaft seien autoregressive Hypothesen der Erwartungsbildung genannt, die in verschiedensten Varianten existieren und davon ausgehen, daß Erwartungen aus vergangenen Beobachtungen gebildet werden. Zu den autoregressiven Erwartungsbildungshypothesen gehören unter anderem die extrapolative und die regressive. Die extrapolative Erwartungsbildungshypothese besagt, daß die zuletzt beobachtbare Zinsänderung auch für die Zukunft prognostiziert wird, während die regressive Hypothese postuliert, daß Zinsrückgänge erwartet werden, wenn die Zinsen *über* einem als Durchschnitt angenommenen Wert liegen und Zinsanstiege erwartet werden, wenn die Zinsen *unter* diesem Durchschnittswert liegen. Verbreitet sind auch Fehlerkorrekturmodelle, die Lernprozesse der Marktteilnehmer einbeziehen.[67] Demnach revidieren die Marktteilnehmer ihre Zinserwartungen für einen bestimmten zukünftigen Zinssatz in proportionalem Verhältnis zum Prognosefehler der vergangenen Periode. Wenn ein Investor zum Zeitpunkt t feststellt, daß seine zum

---

64 Vgl. Muth (1961), S. 317.

65 Vgl. Wolter (1996), S. 44, Fußnote 15.

66 Für eine Übersicht über mögliche Modelle siehe beispielsweise Dobson/Sutch/Vanderford (1976), S. 1083, Tabelle 1.

67 Siehe Meiselmann (1962), S. 19 - 21.

Zeitpunkt t - 1 gebildete Erwartung sich als nicht zutreffend herausgestellt hat, wird er diese in Abhängigkeit von seinem Irrtum ändern. Das einfachste Fehlerkorrekturmodell bezieht lediglich die zuletzt gebildete Erwartung mit ein. Dieses kann jedoch für beliebig viele Vergangenheitswerte ausgedehnt werden, wobei irgendein Muster (beispielsweise geometrisch abnehmend) für den Anpassungskoeffizienten unterstellt werden muß. Empirische Untersuchungen sowie der in der Psychologie bekannte "recency effect", wonach dem in der jüngeren Vergangenheit Erlebten größere Bedeutung zugemessen wird, deuten jedoch darauf hin, daß der Anpassungskoeffizient nahe bei eins liegt.[68]

Während die rationale Erwartungsbildungshypothese davon ausgeht, daß alle verfügbaren Informationen sofort und gemäß dem richtigen ökonomischen Modell verarbeitet werden, unterstellen autoregressive Ansätze eine rein mechanistische Erwartungsbildung. Es fällt schwer anzunehmen, daß professionelle Marktteilnehmer sich dieser Mechanik quasi unterordnen. Der tatsächlichen Prognosebildung dürften sogenannte heteroregressive Modelle am nächsten kommen.[69] Im Gegensatz zum rationalen Erwartungsbildungsmodell wird bei den heteroregressiven Modellen der selektiven Informationsbeschaffung und eingeschränkten Informationsverarbeitungskapazität der Marktteilnehmer Tribut gezollt. Zwar werden Lernprozesse in die Hypothese einbezogen, gleichzeitig geht man jedoch davon aus, daß Lernen aus früheren Fehlern nur unvollständig geschieht. Im Großen und Ganzen ist diese Form der Erwartungsbildung aufgrund ihrer Unbestimmtheit eher deskriptiver Natur. "Während vieles gegen die beiden extremen Hypothesen [rationale Erwartungen bzw. autoregressive Erwartungen] spricht, kann nichts gegen ein heteroregressives Modell sprechen, da ein solches im Grunde genommen noch gar nicht definiert ist. Da nicht falsifizierbar, handelt es sich dabei auch nicht um eine eigentliche Theorie."[70] Heteroregressive Modelle der Erwartungsbildung konnten sich daher wegen ihrer Komplexität bei der Modellierung des Prognoseprozesses nicht durchsetzen.

Exkurs Ende

---

68 Siehe beispielsweise Wolter (1996), S. 26 und 134ff., oder Faßbender (1973), S. 67 - 71.

69 Vgl. Hey (1994), S. 329 - 349.

70 Wolter (1996), S. 58.

3.2.1.2 Liquiditätspräferenztheorie

Wie bereits festgestellt, geht die Erwartungstheorie trotz einer Welt von Unsicherheit von der Prämisse sicherer Erträge aus. Diese Annahme wird in der auf Hicks[71] zurückgehenden Liquiditätspräferenztheorie gelockert. Laut Erwartungstheorie erfolgt die Veranlagung lediglich auf Basis erwarteter Erträge für unterschiedliche Laufzeiten, ohne daß dem Risiko, daß die Erwartungen nicht eintreffen könnten, Beachtung geschenkt würde. In der Liquiditätspräferenztheorie wird dieses Risiko der Unsicherheit zukünftiger Zinssätze berücksichtigt. Gemäß dieser Theorie kalkulieren Investoren aufgrund ihrer Risikoaversion bei längerfristigen Veranlagungen deren höheres Kursrisiko ein, das zu einer größeren Unsicherheit über die Höhe des erzielbaren Preises bei allfälligem vorzeitigen Verkauf des Wertpapiers führt (Kapitalrisiko).[72] Das Streben nach Sicherheit führt daher dazu, daß kurzfristige Laufzeiten bevorzugt werden. Jene Investoren, welche die Schwankungen ihres Portefeuillewerts zu minimieren suchen, werden daher kurzfristige Veranlagungen bevorzugen oder nur dann auf längerfristige Investments umsteigen, wenn diese eine entsprechend höhere Verzinsung abwerfen.

Nach Hicks' Argumentation sind sich Anleger über die Verfügbarkeit ihrer Kapitalmittel unklar und präferieren daher kurzfristige Anlagemöglichkeiten. Schuldner hingegen bevorzugen eher eine langfristige Kapitalaufnahme, da dadurch die Zinszahlungen für einen langen Zeitraum kalkulierbar sind und zudem kein Kapitalrisiko eingegangen wird. Wenn daher der erwartete Ertrag für alle Laufzeiten gleich hoch wäre, würden die Anleger aufgrund ihrer Risikoaversion kurzfristig veranlagen. Diesem Verhalten können Schuldner dadurch entgegenwirken, indem sie eine Risikoprämie[73] für längere Fristigkeiten gewähren. Das Spannungsverhältnis zwischen kurzfristig ausgerichteten Kapitalgebern und langfristig orientierten Kapitalnachfragern wird also dadurch ausgeglichen, daß Emittenten Anlegern eine positive Risikoprämie gewähren, um sie für längerfristige Veranlagungen zu gewinnen.

---

71 Siehe Hicks (1946), S. 146ff.

72 Natürlich besteht nicht nur die Gefahr des Kapitalverlusts bei zwischenzeitlichem Anstieg der Zinsen, sondern auch die Chance des Kapitalgewinns bei einem Rückgang der Zinsen. Gemäß der Liquiditätspräferenztheorie sind Anleger aber risikoavers und wollen in erster Linie Kapitalverluste vermeiden.

73 In der Literatur wird häufig die Bezeichnung "Liquiditätsprämie" gewählt, was jedoch zu Mißverständnissen führen kann, da unter Liquiditätsprämie im allgemeinen die Zinsdifferenz zwischen weniger liquiden Anleihen und liquiden Anleihen verstanden wird. Eine weitere in der Literatur dafür zu findende Bezeichnung ist "Zeitprämie".

Als alternatives Argument für die Liquiditätspräferenztheorie kann angeführt werden, daß Investoren dem Preisrisiko abgeneigter sind als dem Reinvestitionsrisiko, das sich aufgrund der wiederholten Anlage in kurzfristige Wertpapiere ergibt.[74] Der Zwang zur Rechnungslegung für institutionelle Investoren führt beispielsweise dazu, das Preisrisiko stärker zu beachten als das Reinvestitionsrisiko. Falls das Reinvestitionsrisiko schlagend wird, führt es lediglich zu Opportunitätsverlusten, die nicht bilanziert werden müssen. Das Preisrisiko erzwingt hingegen bei Kursverlusten Abschreibungen in der Bilanz. Dies bewirkt ebenfalls, daß kurzfristigen Veranlagungsmöglichkeiten der Vorzug gegeben wird.

Im Gegensatz zur klassischen Erwartungstheorie sind somit die impliziten Terminzinssätze ${}_{t+i}r_n$ keine unverzerrten Schätzer der erwarteten Kassazinssätze $E_t({}_{t+i}R_n)$ für den äquivalenten Zeitraum, sondern übersteigen diese um den Betrag einer Risikoprämie ${}_{t+i}L_n$ (mit einer Gültigkeitsdauer von n Perioden beginnend zum Zeitpunkt t+i):[75]

$$(3.9) \qquad {}_{t+i}r_n = E_t({}_{t+i}R_n) + {}_{t+i}L_n \qquad {}_{t+i}L_n > 0$$

Dementsprechend kann Gleichung (3.6) neu formuliert werden, indem anstelle der "verzerrten" Zinssätze unverzerrte Zinssätze eingesetzt werden und gleichzeitig eine explizite Berücksichtigung der Risikoprämie erfolgt. In nachfolgender Gleichung (3.10) bezieht sich ${}_{t+1}L_2 - {}_{t+1}L_1$ beispielsweise auf den zum Zeitpunkt t+1 vorzufindenden Anstieg der Risikoprämie, wenn die Laufzeit um eine Periode verlängert wird:[76]

$$(3.10) \qquad (1 + R_n) = [(1 + {}_0R_1) \cdot (1 + {}_{t+1}r_1 + ({}_{t+1}L_2 - {}_{t+1}L_1)) + \ldots +$$
$$+ (1 + {}_{t+n-1}r_1 + ({}_{t+n-1}L_n - {}_{t+n-1}L_{n-1}))]^{1/n}$$

---

74 Vgl. Deppner (1992), S. 16.

75 Vgl. Hicks (1946), S 141ff.

76 Die Zinssätze sind nach wie vor verzerrt - nämlich aufgrund des Konvexitätseffekts (siehe Kapitel 4.1), der jedoch vorerst ausgeklammert wird.

Das Ausmaß dieser Risikoprämie hängt von der Unsicherheit über künftige Erträge ab, die in der Regel mittels der Volatilität quantifiziert wird. Empirischen Untersuchungen zufolge sind die Kursvolatilitäten von Anleihen etwa proportional zu ihrer Duration,[77] weshalb auch die Risikoprämie einer Anleihe linear mit der Duration zunehmen sollte. Eine solche Beziehung zwischen Risikoprämie und Duration besteht jedoch lediglich dann, wenn die Zinssätze für alle Laufzeiten gleich volatil sind, weil die Kursvolatilität etwa der Duration multipliziert mit der Volatilität von Zinsänderungen entspricht. Da jedoch kurzfristige Zinssätze tendenziell volatiler als langfristige sind, steigt die Kursvolatilität nicht linear mit der Duration. Vielmehr ist anzunehmen, daß erwartete Erträge, und damit Risikoprämien, analog zum Verlauf von Kursvolatilitäten mit abnehmender Grenzrate relativ zur Duration steigen.[78] Dies führt zu folgender Beziehung zwischen den Risikoprämien zu einem gegebenen Zeitpunkt:

(3.11) $$(L_2 - L_1) > (L_3 - L_2) > \ldots > (L_n - L_{n-1})$$

Kritisch zu sehen bei der Liquiditätspräferenztheorie ist die Annahme, daß alle Anleger für jede Periode, die sie Mittel länger veranlagen, eine Risikoprämie verlangen. Die Risikoprämie orientiert sich bei der Liquiditätspräferenztheorie ausschließlich am Kursrisiko, eine Sichtweise, die in der noch zu diskutierenden Allgemeinen Präferenztheorie durch weitere Faktoren ergänzt werden wird. Durch die einseitige Orientierung am Kursrisiko sind negative Risikoprämien durch das Modell ausgeschlossen, was empirisch nicht immer nachvollziehbar ist. Als weiterer Schwachpunkt der Theorie wird gelegentlich auch genannt, daß - im Gegensatz zur Erwartungstheorie - individuelle Portefeuillemischungen nicht begründet werden können.[79] Diese Kritik ist deswegen nicht zulässig, da ein Investor nach der Liquiditätspräferenztheorie zwar grundsätzlich nur kurzfristige Veranlagungen als risikolos empfindet, bei risikoreicherer Strategie (längere Laufzeiten) aber auch einen höheren Ertrag verlangt. Insofern ist das für ihn höhere Risiko abgegolten und er steht beiden Veranlagungsformen ambivalent gegenüber. Es besteht daher kein Widerspruch, wenn ein Anleger sowohl in kurz- als

---

77 Für weiterführende Literatur zur Duration siehe Kapitel 4.1 dieser Arbeit.

78 Vgl. u. a. McEnally/Jordan (1995), S. 826ff., oder Röhrs (1994), S. 33, der darauf hinweist, daß damit ein Abflachen der meisten Zinsstrukturformen im langfristigen Bereich argumentiert werden kann. Röhrs meint auch, daß die Risikoprämien mit steigender Laufzeit zunehmen müßten, da der Prognosehorizont länger und damit die Prognosegenauigkeit geringer wird.

auch langfristige Wertpapiere investiert. Die Argumente der modernen Portefeuilletheorie hinsichtlich der Risikoverringerung durch Diversifikation freilich bleiben - ebenso wie in der Erwartungstheorie - unberücksichtigt.

3.2.1.3 Erweiterte Erwartungstheorie

Die Verbindung der klassischen Erwartungstheorie mit der Liquiditätspräferenztheorie wird in dieser Arbeit als erweiterte Erwartungstheorie bezeichnet. Diese erklärt die Zinsstruktur einerseits mittels der Erwartungen der Marktteilnehmer über die zukünftige Zinsentwicklung, andererseits bezieht sie die Höhe der geforderten Risikoprämie mit ein.

Während die reine Liquiditätspräferenztheorie sich auf das Kursrisiko zur Erklärung der Risikoprämie beschränkt, anerkennt die erweiterte Erwartungstheorie auch andere Risikofaktoren. Das Bonitätsrisiko ist beispielsweise ein Faktor, der mit der Laufzeit ansteigende Risikoprämien impliziert. Die erhöhte Unsicherheit aufgrund des Bonitätsrisikos bedingt eine zeitlich variierende Liquiditätsprämie, die mit der Restlaufzeit des Wertpapiers positiv korreliert.

Zwar wird meist von einem positiven Vorzeichen der Risikoprämie ausgegangen, jedoch sind auch Gründe für eine negative Prämie denkbar. In positivem Zusammenhang steht die Risikoprämie mit der Volatilität, mit Inflationserwartungen und mit der Risikoaversion des Marktes, die zunimmt, wenn beispielsweise in einer Rezession das gegenwärtige Einkommen kleiner als das vergangene ist.[80] Negative Risikoprämie sind zum Beispiel für Veranlagungen denkbar, die eine negative Korrelation zum Einkommen aufweisen. Dies ist bei Anleihen deshalb der Fall, da deren Kurse in der Regel bei einem Nachlassen der Konjunktur (und damit Rückgang der Inflationsrate) steigen.[81] Zudem ist es denkbar, daß Investoren vorwiegend an der Einkommenssicherheit interessiert sind, die wiederum bei längerfristigen Anlagen eher gege-

---

79 Dies meinte bereits Hicks (1946), S. 126. Siehe auch Steinbring (1985), S. 42.

80 Vgl. beispielsweise Ilmanen (August 1995), S. 1f., Berger (1990), S. 167, oder Wagner/Toussing (1993), S. 7f.

81 Das Vorliegen einer diesbezüglichen negativen Prämie stellte Mankiw (1986), S. 88 fest. Hingegen postulieren allgemeine Gleichgewichtsmodelle, die eine Untergruppe der optionspreistheoretischen Ansätze (siehe unter 3.2.2.1) darstellen, daß Anleihen eine positive Risikoprämie aufweisen, da sie in "schlechten Zeiten" einen geringen Ertrag abwerfen.

ben ist als bei kurzfristigen. Im Gegensatz zu der von Hicks aufgestellten Hypothese werden daher diese Investoren nur dann zu einer kurzfristigen Veranlagung bereit sein, wenn diese gegenüber der langfristigen einen *höheren* erwarteten Ertrag bietet, oder anders ausgedrückt, wenn langfristige Zinssätze eine *negative* Risikoprämie gegenüber kurzfristigen aufweisen.

Schließlich kann auch das Zinsniveau selbst die Höhe der Risikoprämie beeinflussen, wobei sowohl ein positiver als auch ein negativer Zusammenhang argumentierbar ist. Für einen inversen Zusammenhang spricht die Annahme eines (noch genauer zu erläuternden) mean-reverting Prozesses für Zinssätze, mit der Konsequenz, daß bei vergleichsweise hohen Zinssätzen die Wahrscheinlichkeit eines Zinsrückgangs und damit Kursgewinns steigt. Vice versa ist bei im langfristigen Vergleich relativ niedrigen Zinssätzen die Wahrscheinlichkeit größer, daß ein Zinsanstieg und damit Kursverlust erfolgt. Als möglicher Grund für einen positiven Zusammenhang zwischen Zinsniveau und Risikoprämie ist anzuführen, daß bei hohem Zinsniveau die Opportunitätskosten für das Engagement in kurzfristige Instrumente steigen und daher die Prämie für den langfristigen Zinssatz zunimmt.[82]

Die erweiterte Erwartungstheorie bietet eine intuitive Erklärung für die häufig vorkommende gekrümmte Zinsstrukturkurve. Argumentiert wird, daß diese Form an und für sich auf die Erwartung sinkender Zinssätze zurückzuführen ist, jedoch im kürzerfristigen Bereich die - dort stärker ansteigende - Risikoprämie die fallende Tendenz überkompensiert. Die Erwartung sinkender Zinssätze kann sich daher erst im längerfristigen Bereich bemerkbar machen, wo der Anstieg der Risikoprämie geringer ist.[83] Grundsätzlich sind mit der erweiterten Erwartungstheorie alle Formen der Zinskurve erklärbar, problematisch wird allerdings deren Interpretation. So kann eine positiv geneigte Zinsstrukturkurve nicht nur auf Erwartungen steigender Zinssätze hindeuten, sondern möglicherweise lediglich auf eine Zunahme der Risikoprämie für längere Laufzeiten. Eine positiv geneigte Zinsstrukturkurve könnte damit auch mit Erwartungen sinkender Zinssätze vereinbar sein, wenn sie durch die zunehmende positive Risikoprämie überkompensiert werden.[84]

---

82 Siehe Rzepczynski (1987), S. 656.

83 Vgl. McEnally/Jordan (1995), S. 1263.

84 Vgl. Hicks (1946), S. 147.

3.2.1.4 Marktsegmentierungstheorie

Die Marktsegmentierungstheorie wird Culbertson zugeschrieben[85] und stellt auf die Veranlagungspräferenzen unterschiedlicher Investorengruppen gemäß ihrem wirtschaftlichen Bedarf ab, der sich aus der Risikobereitschaft, den gesetzlichen Vorschriften[86] und der Branchenzugehörigkeit ableitet. Eine Reihe von Investoren kennzeichnet eine mehr oder weniger unelastische Nachfrage nach bestimmten Laufzeiten. Banken beispielsweise werden aufgrund der kurzfristig zur Verfügung stehenden Sichteinlagen eher kurze Laufzeiten bevorzugen. Unternehmen haben in aller Regel kurzfristige Finanzierungsüberschüsse, die sie fristenkonform veranlagen wollen. Versicherungen und Pensionskassen, die ein vertraglich fixiertes Anleiheneinkommen sichern müssen, präferieren hingegen eher lange Laufzeiten. Der Kapitalmarkt zerfällt somit gemäß dieser Theorie in mehrere Segmente, die miteinander kaum in Verbindung stehen.

Im Gegensatz zur Erwartungs-, jedoch in Analogie zur Liquiditätspräferenztheorie geht die Marktsegmentierungstheorie von unsicheren Zinserwartungen aus und postuliert daher, daß Investoren jene Laufzeiten präferieren, die ihrem spezifischen Veranlagungshorizont entsprechen. Während im Fall der Erwartungstheorie Wertpapiere generell substituierbar sind, ist dies bei der Liquiditätspräferenztheorie nur mehr eingeschränkt und gemäß der Marktsegmentierungstheorie nicht oder kaum mehr möglich. Die strengste Version der Marktsegmentierungstheorie unterstellt derart starke Laufzeitpräferenzen für Investoren und Schuldner, daß auch noch so hohe Zinsanreize kein Ausweichen auf eine andere Laufzeit bewirken. Damit bleibt diese Version wohl auf das theoretische Konstrukt beschränkt.

Gemäß der etwas weniger strengen Form der Marktsegmentierungstheorie ist der Anleger allerdings bei Erzielung einer höheren Rendite bereit, von seinem ursprünglich gewünschten Anlagehorizont abzuweichen. Zudem wird auch die Existenz von Investorengruppen, die keine a priori festgelegten Laufzeitpräferenzen haben, anerkannt. Dennoch dominiert nach dieser

---

85 Siehe dazu Culbertson (1957), S. 485 - 517.

86 Dies sind beispielsweise in Österreich die Veranlagungsvorschriften des Investmentfondsgesetzes für Kapitalanlagegesellschaften, die des Versicherungsaufsichtsgesetzes für Versicherungen und die des Pensionskassengesetzes für Pensionskassen.

Theorie der Einfluß von Anlegern mit unelastischer Nachfrage, deren Laufzeitwünsche einen nachhaltigen Einfluß auf die Zinsstruktur ausüben. Angebot und Nachfrage innerhalb der einzelnen Marktsegmente bestimmen die erzielbare Rendite. Ein Kapitalangebotsüberhang im *kurzfristigen* Segment entsteht beispielsweise, wenn viele Banken mit Präferenzen für kurze Laufzeiten lediglich einer geringen Nachfrage an kurzfristigem Kapital seitens von Emittenten gegenüberstehen. Ein Kapitalnachfrageüberhang im *langfristigen* Segment ist dann gegeben, wenn eine Reihe von Unternehmen Mittelaufnahmen in diesem Bereich sucht, aber nur wenige Investoren, wie beispielsweise Versicherungsunternehmen, langfristig veranlagt. Veränderungen der am Markt agierenden Investorengruppen, beispielsweise neu hinzukommende Marktteilnehmer, haben unmittelbaren Einfluß auf die Zinsstruktur. Falls eine Investorengruppe an Bedeutung gewinnt und die Emittenten nicht durch vermehrte Inanspruchnahme des stärker nachgefragten Laufzeitbereichs reagieren, werden die Kurse der Wertpapiere in diesem Segment steigen und die Renditen daher fallen. Analog dazu würde die vermehrte Emission von Schuldverschreibungen in einem bestimmten Laufzeitbereich, falls gleichzeitig keine äquivalente Zunahme der Nachfrage zu verzeichnen ist, zu einem Rückgang der Kurse dieses Submarktes und einem korrespondierenden Anstieg der Renditen führen.

Für die Marktsegmentierungstheorie spricht die bereits mehrmals in dieser Arbeit erwähnte meist höhere Volatilität kurzfristiger Zinsen im Vergleich zu langfristigen. Dies deshalb, da davon ausgegangen wird, daß die Nachfrage von Versicherungen und Pensionskassen nach langfristigen Veranlagungen über den Zeitablauf stabil verläuft, während die Nachfrage von Banken nach kurzen Laufzeiten in Abhängigkeit von der Konjunktursituation stärker schwankt. Die sinkende Nachfrage nach Krediten bei Verschlechterung der Konjunktur führt dazu, daß die Banken die überschüssige Liquidität in (kurzfristige) Anleihen veranlagen und damit die (kurzfristigen) Zinsen sinken. Vice versa ist bei einer günstigen Konjunktursituation durch die verstärkte Kreditnachfrage ein allgemeiner Abbau der Bankenportefeuilles festzustellen, weshalb die kurzfristigen Zinsen steigen.[87]

Als Untergruppe der Marktsegmentierungstheorie kann die "Hedging Pressure" - These aufgefaßt werden, die davon ausgeht, daß die bevorzugte Bindungsdauer sich aus dem Wunsch

---

87 Vgl. McEnally/Jordan (1995), S. 786.

nach Fristenkongruenz typischer Finanzintermediäre ableitet.[88] In dieser statischen Formulierung ist die "Hedging Pressure" - Theorie identisch mit der Marktsegmentierungstheorie. In einer eher dynamischen Betrachtungsweise leistet sie allerdings einen zusätzlichen Erklärungsbeitrag. Demnach variieren die präferierten Laufzeitsegmente in Abhängigkeit vom zukünftig erwarteten Liquiditätsbedarf (der beispielsweise vom Konjunkturverlauf beeinflußt wird). Dieser Ansatz geht daher über die vor allem auf die institutionellen Zwänge abzielende Marktsegmentierungstheorie hinaus.

Die Marktsegmentierungstheorie kann grundsätzlich alle Verläufe der Zinsstrukturtheorie erklären. Eine steigende Zinsstrukturkurve kann auf die überwiegende Präferenz für kurze Fristigkeiten bei Anlegern und lange Laufzeiten bei Schuldnern zurückgeführt werden. Eine inverse Zinsstruktur kann als Ergebnis einer erhöhten Emissionstätigkeit im kurzfristigen Bereich interpretiert werden, der keine entsprechende Nachfrage gegenübersteht. Nicht geklärt ist jedoch, wie viele Segmente von der Theorie postuliert werden beziehungsweise wie groß diese sind. Anzubringen ist auch, daß - zumindest in der strengeren Form der Theorie - davon ausgegangen wird, daß Investoren ihre Laufzeitpräferenz kennen. Angesichts unsicherer zukünftiger Ausgaben und Einnahmen ist die Annahme jedoch durchaus plausibel, daß viele Anleger über ihre der fristenkonformen Veranlagung entsprechenden Dispositionsdauer unsicher sind. Alles in allem leistet die Marktsegmentierungshypothese lediglich einen residualen Beitrag zur Erklärung der Zinsstruktur.

3.2.1.5 Allgemeine Präferenztheorie

Während die Marktsegmentierungstheorie in ihrer extremen Version keine Zinselastizitäten zuläßt (also die Nachfrage nach bestimmten Laufzeitbereich als exogen determiniert ansieht), versucht die auf Modigliani/Sutch[89] zurückgehende Allgemeine Präferenztheorie, die auch als Preferred Habitat - Theorie bezeichnet wird, alle drei bisher genannten Erklärungsansätze zu vereinen. Angenommen, ein Investor verfügt über einen Zeitraum von n Perioden über freie Mittel, die er am Anleihemarkt fristenkonform veranlagen möchte. Positionen mit einer Lauf-

---

88 Vgl. Wilhelm (1995), Sp. 2058.

89 Vgl. Modigliani/Sutch (1966), S. 183 - 184.

zeit größer als n setzen ihn unnötigen Schwankungen seines Kapitals aus, während alle Positionen mit einer Laufzeit kleiner als n ein Reinvestitions- beziehungsweise Refinanzierungsrisiko beinhalten. Soweit stimmt die Argumentation noch mit der Marktsegmentierungshypothese überein. Allerdings geht die Allgemeine Präferenztheorie nicht soweit, anzunehmen, daß dieser Investor seine Veranlagungsüberlegungen auf n Perioden beschränkt. Er kann durch einen höheren erwarteten Ertrag sehr wohl versucht werden, von seinem natürlichen Veranlagungshorizont abzugehen. Sowohl Anleger mit kurzem als auch langem Veranlagungshorizont verlangen somit eine Prämie für ein allfälliges Ausweichen von der gewünschten Bindungsdauer.

Langfristig orientierte Investoren betrachten langlaufende Anleihen als weniger riskant als kurzfristige, da sie der Duration ihrer Verbindlichkeiten eher entsprechen. Daher würden diese Investoren bei langfristigen Anleihen sogar eine *niedrigere* Verzinsung in Kauf nehmen als bei kurzfristigen. Im Gegensatz zu der auf das Kursrisiko längerlaufender Anleihen abstellenden Liquiditätspräferenztheorie läßt die Allgemeine Präferenztheorie somit auch zu, daß die Risikoprämie für kurzfristige Anleihen *über* jener für langfristige liegt. Die Liquiditätspräferenztheorie kann demnach auch als ein Spezialfall der Allgemeinen Präferenztheorie angesehen werden.

Da trotz unterschiedlicher Veranlagungshorizonte und Risikopräferenzen jede Anleihe nur *einen* Kurs hat, wird die Risikoprämie für die einzelnen Marktsegmente vom Verhältnis der kurz- zu jenen der langfristig orientierten Marktteilnehmer abhängen. Sind beispielsweise die langfristig orientierten Marktteilnehmer in der Minderheit, können diese langfristige Investitionen tätigen, die eine positive Risikoprämie abwerfen, obwohl sie auch bereit wären, eine negative Prämie dafür in Kauf zu nehmen. Dennoch wird die Prämie niedriger sein als jene, die ein kurzfristig orientierter Investor für diese langfristige Veranlagung berechnen würde.

Da die Präferenzen aller Wahrscheinlichkeit nach nicht stabil sind und die Risikoprämie für unterschiedliche Laufzeiten daher zeitlich variiert, ist eine Überprüfung dieser Theorie schwer möglich. Zudem führt eine Neuverteilung von Ressourcen zwischen den Marktteilnehmern (Banken, Staat, Versicherungen, etc.), beispielsweise als Folge des Konjunkturzyklus, dazu, daß deren Einflußnahmen wechseln. Dementsprechend verändert sich auch die relative Bedeutung von Erwartungen, Laufzeitpräferenzen, Risikoneigungen,[90] etc. und deren Auswirkungen auf die Zinsstruktur.[91]

Gemäß dieser Theorie beeinflußt ein erhöhtes Zinsänderungsrisiko das Anlageverhalten der Investoren insofern, als diese bei unveränderter Risikoprämie wieder ihren ursprünglichen Laufzeitwunsch nach möglichst risikolosen, kurzfristigen Veranlagungen vermehrt verwirklichen und von langfristigen auf kurzfristige Wertpapiere umsteigen. Dies wiederum führt zu einem Drehen der Zinskurve (Anstieg am langen Ende, Rückgang am kurzen Ende). Je höher die Zinsvolatilität, desto höher muß auch die Risikoprämie sein, die Investoren von ihrem eigentlichen Veranlagungshorizont abbringt. Im Extremfall nähert sich das Verhalten der Investoren jenem an, das in der strengen Form der Marktsegmentierungstheorie unterstellt wird. Vice versa ist bei geringen Zinsschwankungen lediglich eine niedrige Risikoprämie notwendig, um Investoren in eine andere Laufzeit als die individuell präferierte zu locken. Im Extremfall wiederum werden Zinsänderungsrisiken vernachlässigt und die Allgemeine Präferenztheorie geht in die klassische Erwartungstheorie über.[92]

Auf eine Erörterung der Kritikpunkte an der Allgemeinen Präferenztheorie kann weitgehend verzichtet werden, da diese Theorie, wie bereits bemerkt, keine neue Sichtweise, sondern vielmehr ein Konglomerat aller bisher behandelten Ansätze zur Erklärung der Zinsstruktur darstellt. Die zu den einzelnen Ansätzen geäußerten Kritikpunkte gelten daher auch für die Allgemeine Präferenztheorie. Die Problematik dieser Theorie besteht darin, daß zwar alle nur erdenklichen Zinsstrukturformen erklärt werden können, eine Isolierung der Erwartungs- und der Risikokomponente der Zinssätze jedoch schwierig ist, da für die Risikoprämie alle möglichen Verläufe denkbar sind.

---

90 Beispielsweise wäre es möglich, daß in dem Maße, als die sogenannte baby boomer - Generation die ökonomischen und finanziellen Entscheidungen mehr und mehr beeinflußt, die Risikotoleranz zunimmt (weil diese die extremen ökonomischen Situationen zu Beginn des 20. Jahrhunderts nicht mehr erlebt hat).

91 Vgl. Wagner/Toussing (1993), S. 8, und Lee/Maness/Tuttle (1980), S. 76.

92 Vgl. Steinbring (1985), S. 49.

3.2.1.6 *Internationale Zinsstrukturtheorie*

Die klassischen Ausformungen der Zinsstrukturtheorien sehen das Zinsgefüge eines Landes in erster Linie als einen inlandsbezogenen Faktor, gehen also von einer geschlossenen Volkswirtschaft aus. Hingegen gibt es ausreichend theoretische wie empirische Untersuchungen darüber, daß sich die Übertragung von Zinsschwankungen zwischen den Märkten bedingt durch deren weltweite Integration in den letzten Jahren verstärkt hat.[93] Diese Tendenz gilt vor allem für die europäische Finanzmarktintegration, die durch die Europäische Währungsunion einen zusätzlichen Impuls erfahren hat. Der internationalen Verflechtung der Märkte ist daher bei der Formulierung von Zinsstrukturtheorien in größerem Ausmaß als bisher Rechnung zu tragen, da die einheimische Zinsstruktur nicht unabhängig von der ausländischen Zinsstruktur beziehungsweise der "Weltzinsstruktur" gesehen werden kann.

Formuliert haben die Internationale Zinsstrukturtheorie Beenstock und Longbottom[94], deren Grundaussage lautet, daß im Gleichgewicht der erwartete inländische Zinssatz für die Laufzeit n, ($R_{n,i}$), unter Berücksichtigung der Wechselkurserwartungen für den gleichen Zeithorizont (W_n^*) identisch mit dem laufzeitäquivalenten ausländischen Zinssatz $R_{n,a}$ ist.[95] In eine Formel gebracht, lautet diese Aussage (W ist der gegenwärtige Wechselkurs):

$$R_{n,i} + (W_n^* - W) / W = R_{n,a} \qquad (3.12)$$

In einer kleinen offenen Volkswirtschaft kann $R_{n,a}$ als exogene Größe betrachtet und daher die Zinsdifferenz zwischen aus- und inländischem Zinssatz zur Gänze auf bestehende Wechselkurserwartungen zurückgeführt werden. Inländische Investoren besitzen somit keinen Einfluß auf ausländische Anleihenmärkte, weil ihr ökonomisches Gewicht im Vergleich zum Ausland vernachlässigbar ist. Die inländische Zinsstruktur entspricht daher der ausländischen Zins-

---

93 Siehe beispielsweise Deutsche Bundesbank (1996), S. 25.

94 Vgl. Beenstock/Longbottom (1981), S. 45 - 48 und für eine empirische Überprüfung Holmes/Pentecost (1997), S. 240ff.

95 Dies gilt nur unter den idealtypischen Voraussetzungen perfekter Kapitalmobilität (weder institutionelle Beschränkungen des Kapitalverkehrs noch Behinderung durch staatliche Kontrollmaßnahmen oder Besteuerungsvorschriften) und Informationssicherheit (und damit auch individuelle Bereitschaft zu Kapitaltransfers für risikoneutrale Anleger).

struktur, bereinigt um die entsprechenden laufzeitäquivalenten Wechselkurserwartungen. Wenn der Laufzeitstruktur der Wechselkurserwartungen flach ist oder keine Wechselkursdifferenzen existieren, besteht kein Unterschied zwischen der in- und ausländischen Zinsstruktur. Wird hingegen langfristig eine Abwertung erwartet, wird die einheimische Zinsstruktur steiler sein als die internationale Zinsstruktur. Aufgrund der angenommenen internationalen Marktbedingungen entspricht daher die inländische Zinsstruktur dann der Erwartungstheorie, wenn die internationale Zinsstruktur dieser folgt.

Die Annahme perfekter Substitution erscheint für die meisten Märkte zu strikt. Wenn beispielsweise Investoren Präferenzen für bestimmte Währungen haben, ist die Theorie nur mehr eingeschränkt gültig.[96] Ein weiteres Beispiel wäre, daß Laufzeitpräferenzen der Investoren nach Währungen differieren. Dennoch wird die inländische Zinsstruktur auch in diesem Fall die ausländische widerspiegeln, wenngleich in abgeschwächtem Ausmaß.

Abzulehnen ist auch das einfache Ausgleichen in- und ausländischer Zinssätze über Wechselkurserwartungen gemäß Gleichung (3.12).[97] Darin wird nämlich nicht berücksichtigt, daß Investoren risikoavers sind und daher das Risiko unerwarteter Wechselkursänderungen in die Bewertung einbeziehen. Dieses Risiko ist durch eine Risikoprämie abzugelten. Daher kann die Differenz zwischen in- und ausländischer Zinsstruktur nicht allein mit erwarteten Wechselkursänderungen, sondern auch mit Risikoprämien für unerwartete Wechselkursschwankungen erklärt werden. Die inländische Zinsstruktur ergibt sich somit aus der ausländischen Zinsstruktur, der erwarteten Wechselkursänderung und der Risikoprämie für die unerwartete Wechselkursänderung. Ist daher die einheimische Zinsstruktur steiler als die internationale Zinsstruktur, so kann dies nicht nur auf langfristige Abwertungserwartungen, sondern auch auf im Zeitablauf zunehmende Risiken bei der Einschätzung von Wechselkursänderungen oder auf eine im Zeitablauf variable Risikoneigung zurückzuführen sein. Da die einzelnen

[96] Ein Hinweis auf die unvollkommene Kapitalmobilität ist die geringe internationale Streuung von Anleihenportefeuilles. Generell besteht - entgegen der aus dem Capital Asset Pricing Modell ableitbaren Erkenntnisse - eine ausgeprägte Präferenz heimischer Wertpapiere. Siehe Deutsche Bundesbank (1997), S. 27.

[97] Siehe für die folgenden Ausführungen Filc (1992), S. 134ff.

Komponenten kaum einzeln zu quantifizieren sind, sind auch die Auswirkungen der internationalen Zinsentwicklung auf die einheimische nicht exakt zu prognostizieren.[98]

3.2.2 Neuere Ansätze zur Erklärung der Zinsstruktur

3.2.2.1 Optionspreistheorie im weiteren Sinn

Der in der Finanzmarkttheorie zunehmend an Bedeutung gewinnende Contingent Claims - Ansatz bezieht sich auf Modelle zur Bewertung von sogenannten bedingten Ansprüchen, also Derivativen im weitesten Sinn. Dieser Ansatz wird hier als Optionspreistheorie im weiteren Sinn bezeichnet. Eine detaillierte Übersicht über diese im Vergleich zu den klassischen Theorien noch jungen Ansätze ist angesichts der zahlreichen Veröffentlichungen auf diesem Gebiet nicht Ziel dieser Arbeit, weshalb hier lediglich auf die für die Modellierung der Zinsstruktur relevanten Aspekte der Modelle eingegangen wird. Hinsichtlich der mathematischen Grundlagen und exakten Herleitung der Gleichungen sei auf die entsprechende Literatur verwiesen.[99]

Die Ansätze beruhen in ihrem theoretischen Fundament auf der Erwartungstheorie, stellen also keine neuen Erklärungsversuche zur Gestalt von Zinsstrukturkurven dar. Auch Risikoprämien, wie sie in der Liquiditätspräferenztheorie unterstellt werden, sind mit der Optionspreistheorie vereinbar, wenngleich sie in der Regel anders interpretiert werden: Die Preise von Anleihen und damit die Zinsstruktur sind von den Erwartungen über die Entwicklung des kurzfristigen Zinssatzes (Momentanzinssatz)[100] geprägt, während die Risikoprämie in erster Linie von der Volatilität des Ertrages abhängig gemacht wird. Eine andere Interpretation ist die, daß die geforderte Risikoprämie von der relativen Risikoaversion des jeweiligen Investors

---

[98] Nach Ansicht der deutschen Bundesbank sind die Variabilität der Risikoprämie und Wechselkurserwartungen der Grund für die häufig zu beobachtende "Entkoppelung" der Zinsentwicklung diverser Länder. Für theoretische Aussagen über Bestimmungsfaktoren und den Verlauf der Risikoprämien siehe beispielsweise Adler/Dumas (1983), 954ff., die das Asset Pricing Model mit der Internationalen Zinsstrukturtheorie verbinden.

[99] Für eine ausführliche Diskussion siehe beispielsweise Rebonato (1996), S. 175 - 332, oder Hughston (1996) mit Wiederabdrucken der bedeutendsten Aufsätze, die zu diesem Thema in diversen Zeitschriften erschienen sind.

[100] Die Momentanzinssatz ist ein theoretisches Konstrukt und repräsentiert den Zinssatz für eine unendlich kleine Zeitperiode.

abhängt, der eine mehr oder minder ausgeprägte Tendenz aufweist, sich gegen Zinsänderungen abzusichern. Die Risikoprämie kann damit sowohl ein positives als auch ein negatives Vorzeichen aufweisen.[101]

Im Gegensatz zu den bisherigen eher statisch ausgerichteten Theorien, welche die Zusammenhänge *innerhalb* der Zinsstruktur beschreiben, wird bei den der Optionspreistheorie verpflichteten Modellen auch die Dynamik der Zinssätze in die Analyse einbezogen. Mit Hilfe der Theorie stochastischer Prozesse wird das Bewegungsverhalten der Zinssätze im Laufe der Zeit zu modellieren versucht. Ausgangspunkt der Modelle ist die Identifizierung jener stochastischen Faktoren, die das Bewegungsverhalten der Zinssätze erklären. In aller Regel wird aus rechentechnischen Gründen nicht für jeden Zinssatz ein eigener stochastischer Prozeß unterstellt, sondern lediglich für den Momentanzinssatz und somit angenommen, daß alle anderen Zinssätze mit diesem perfekt korrelieren. Die Zinsstruktur wird in diesen Einfaktormodellen von einer einzigen Zustandsvariablen beeinflußt, die sämtliche ökonomische Faktoren widerspiegelt. Mehrfaktormodelle hingegen enthalten zusätzliche Parameter, welche die Zinsstruktur beeinflussen. Neben dem kurzfristigen Zins sind dies beispielsweise die Zinsvolatilität, Veränderungen im Preisniveau oder die Differenz zwischen lang- und kurzfristigem Zinssatz.

Die Annahmen über den Verlauf des Momentanzinssatzes unterscheiden sich zwar von Modell zu Modell, basieren aber im wesentlichen auf folgenden Beobachtungen:[102]

- Der Momantanzinssatz sollte lediglich "wahrscheinliche" Werte annehmen, also keine negativen und allzu hohen Werte.
- Im historischen Vergleich überdurchschnittlich hohe Zinssätze bewirken eher einen Rückgang der Zinsen als einen Anstieg und vice versa. Deshalb wird häufig ein mean-reverting Prozeß unterstellt, bei dem sich der Momentanzinssatz stochastisch um einen langfristigen Durchschnitt bewegt.
- Zinssätze für unterschiedliche Fristigkeiten korrelieren miteinander. Die Korrelation nimmt am kurzfristigen Ende der Zinsstrukturkurve stärker ab als am langfristigen.

---

101 Vgl. Cox/Ingersoll/Ross (1981), S. 785f.

102 Vgl. Rebonato (1996), S. 175f.

- Die Volatilität der Zinssätze unterscheidet sich je nach Fristigkeit, wobei kurzfristige Sätze im allgemeinen eine höhere Volatilität aufweisen als langfristige.
- Die Volatilität der kurzfristigen Zinssätze ist heteroskedastisch; sie ist abhängig von der absoluten Höhe der Zinssätze.

Die Darstellung des Momentanzinssatzes bei den optionspreistheoretischen Modellen erfolgt beispielsweise mittels folgenden Prozesses:[103]

(3.13) $$dr = \kappa\,(\theta - r^{\delta})\,dt + \sigma\, r^{\gamma}\,dz$$

Als Beispiel zur Illustrierung der Optionspreistheorie im weiteren Sinn wird im folgenden das Vasicek-Modell[104] herangezogen. Bei diesem Modell werden die Parameter δ und γ als Null angenommen. In der Gleichung steht dr für eine unendlich kleine Veränderung des Momentanzinssatzes r, dt für eine infinitesimale Veränderung der Zeit t. dz kennzeichnet einen Wiener Prozeß mit Erwartungswert Null und zeitabhängiger Varianz.[105] Der mean-reversion Parameter κ gibt die Geschwindigkeit an, mit welcher der Momentanzinssatz gegen das mean-reversion Niveau θ (= dem langfristig erwarteten Momentanzinssatz) strebt. Da δ im Vasicek-Modell Null beträgt, ist die Stärke der Drift zur aktuellen Abweichung proportional. Der erste Teil der rechten Seite von Gleichung (3.13) ist negativ, wenn der Momentanzinssatz über dem mean-reversion Niveau liegt, er ist positiv, wenn der Momentanzinssatz unter dem mean-reversion Niveau ist. Der Parameter κ ist umso höher, je stärker das Ausmaß des Strebens nach dem langfristig erwarteten Momentanzinssatz θ ist. Der Prozeß unterliegt einer stationären Verteilung um seinen langfristigen Durchschnitt mit einer Varianz von $\sigma^2 / 2\kappa$. Der Parameter γ, der die Beziehung zwischen dem Niveau und der Volatilität der Zinssätze beschreibt,

---

103 Dieser wird in der Literatur als Ornstein-Uhlenbeck-Prozeß oder elastischer Random Walk bezeichnet. Der Random Walk wird im Laufe der Arbeit (Kapitel 6.2.3) noch genauer erläutert werden.

104 Vgl. Vasicek (1977), S. 177 - 188.

105 Der Wiener Prozeß spielt in der Finanzmarkttheorie eine bedeutende Rolle, da er der Beschreibung von zufälligen Kursschwankungen dient. Er ist ein spezieller Markov - Prozeß, demzufolge lediglich der gegenwärtige Wert einer Variablen für die Prognose des zukünftigen Wertes relevant ist. Hinsichtlich der Eigenschaften eines Wiener Prozesses siehe beispielsweise Hughston (1996), S. XVIf.

ist beim Vasicek-Modell Null.[106] Der Volatilitätsterm produziert Schwankungen, die von einem Trend zum mean-reversion Zinssatz überlagert sind. Je geringer die konstante Momentanvarianz σ^2, desto deterministischer nähert sich der Momantanzinssatz dem Durchschnittssatz an.[107] Aus dem Vasicek-Modell läßt sich folgende Zinsstrukturfunktion ableiten:

$$(3.13) \qquad R_t = R_\infty + \frac{1}{\kappa t}(r - R_\infty)(1 - e^{-\kappa t}) + \frac{\sigma^2}{4\kappa^3 t}(1 - e^{-\kappa t})^2$$

Die Zinsstrukturkurve beginnt beim jeweiligen Satz des Momantanzinssatzes und nähert sich asymptotisch R_∞ für $t \rightarrow \infty$. Falls der Momentanzinssatz den Ausdruck $R_\infty - \sigma^2 / 4\alpha^2$ unterschreitet, ergibt sich eine monoton steigende Zinsstrukturkurve. Liegt der Momentanzinssatz zwischen $R_\infty - \sigma^2 / 4\alpha^2$ und $R_\infty + \sigma^2 / 4\alpha^2$, leitet sich aus dieser Funktion eine Kurve mit Buckel ab. Liegt er über $R_\infty + \sigma^2 / 4\alpha^2$, errechnet sich eine monoton fallende Kurve. Die Zinsstruktur hängt somit ausschließlich von der zukünftigen Volatilität sowie der Höhe des Momentanzinssatzes ab. Diese Prämisse steht im Einklang mit der Erwartungs- und Liquiditätspräferenztheorie.

Die Risikoprämie wurde in den klassischen Theorien vor allem vom Veranlagungshorizont und der relativen Bedeutung unterschiedlicher Investorengruppen abhängig gemacht. In den optionspreistheoretischen Ansätzen wird sie hingegen in erster Linie in Relation zur Volatilität des Ertrags gebracht. Sie ergibt sich aufgrund folgender Gleichung (3.14):

$$(3.14) \qquad \pi_t = (R_\infty - \theta + \frac{\sigma^2}{2\kappa^2}e^{-\kappa t})(1 - e^{-\kappa t})$$

---

106 Beim Modell von Cox/Ingersoll/Ross wird die Zinsvolatilität von der Höhe des Momentanzinssatzes abhängig gemacht und γ als ½ angenommen. Falls die Zinssätze sich verdoppeln, steigt dementsprechend die Volatilität der Zinsen mit einem Faktor von 1,4 ($2^{0,5}$) - was empirischen Untersuchungen zufolge plausibel ist. Siehe Cox/Ingersoll/Ross (1985) in Hughston (1996), S. 98.

107 Für eine Größenordnung der Prozeßparameter siehe beispielsweise Bühler (1994), S. 477. Die Schätzung der Modellparameter selbst hängt nicht vom verwendeten Modell ab und erfolgt mittels verschiedener ökonometrischer Methoden, wie nichtlineare Kleinst-Quadrat-Schätzung, Generalized Method of Moments, Maximum Likelihood Schätzung, Monte Carlo Methode etc. Für den Momentanzinssatz wird in aller Regel der Satz für sehr kurzfristige Staatspapiere (Schatzscheine) verwendet.

Die Risikoprämie nimmt für t = 0 den Wert Null an, für t = ∞ den Wert $R_\infty - \theta$, also die Differenz zwischen dem Zinssatz für eine Anleihe mit unendlicher Laufzeit und dem durchschnittlichen Wert für den Momentanzinssatz. Wenn q, der Marktpreis des Risikos, größer oder gleich σ / κ ist, nimmt die Risikoprämie monoton ab. Liegt q zwischen 0 und σ / κ, nimmt die Risikoprämie einen gekrümmten Verlauf an, liegt q unter 0, ist sie eine monoton fallende Funktion.[108]

Als wichtigster Kritikpunkt ist die in Einfaktormodellen getroffene Annahme zu nennen, daß der Verlauf der gesamten Zinsstruktur lediglich von einem Faktor, dem Momentanzinssatz, abhängt. Für alle anderen Zinssätzen wird damit eine perfekte Korrelation mit dem Momentanzinssatz unterstellt, was empirischen Ergebnissen zum Verlauf der Zinssätze widerspricht.[109] Weiters können diese Modelle lediglich eine begrenzte Differenzierung der Zinsstruktur darstellen. Die komplizierteste Verlauf einer Zinsstruktur nach dem Vasicek-Modell beispielsweise ist jener mit einem leichten Buckel, wobei bei Verwendung plausibler Volatilitäten und langfristiger Durchschnittssätze auch das Ausmaß des Buckels sehr begrenzt ist. Ein Verlauf der Kurve, der zunächst einen Rückgang, dann einen Anstieg und schließlich wieder einen Rückgang der Zinsen beschreibt, ist nach diesem Modell nicht möglich. Nicht zuletzt sind in einigen Modellen (u. a. im Vasicek-Ansatz) prozeßbedingt negative Terminzinssätze möglich.[110]

Nicht weiter verwunderlich erzielen daher in empirischen Überprüfungen Einfaktormodelle eher enttäuschende Resultate und eignen sich damit nur bedingt für die Bewertung oder die Risikoeinschätzung von Instrumenten, die von der Form der Zinsstrukturkurve abhängen. Dort wo hingegen das Formenspektrum der Zinsstruktur hinter deren Volatilität zurücktritt, also bei der Bewertung von Optionen, ist der Einsatz dieser Modelle angebracht.[111] Vielfach wird daher versucht, durch Mehrfaktormodelle, die zusätzliche Risikoquellen postulieren, das Manko der mangelnden Anpassung an die tatsächliche Zinsstruktur zu beseitigen. Der besseren Ab-

---

108 Vgl. Vasicek (1977), S. 188.

109 Siehe auch Kapitel 5.5 dieser Arbeit.

110 Negative Terminzinssätze implizieren Arbitragemöglichkeiten. Siehe dazu Tschernig (1996), S. 186.

111 Vgl. Hess (1995), S. 182.

bildung beobachteter Zinsstrukturen steht allerdings der Nachteil der Mehrfaktormodelle gegenüber, daß die Prozeßparameter schwierig zu schätzen sind und die analytische Handhabbarkeit der Modelle zu wünschen übrig läßt.

Als Beispiel für ein Mehrfaktormodell sei das erweiterte Vasicek-Modell genannt, das die Volatilität des kurzfristigen Zinssatzes als zusätzlichen stochastischen Faktor beinhaltet.[112] In der Gleichung (3.13) des ursprünglichen Vasicek-Modells wird die Volatilität der Zinssätze als konstant angenommen. Empirische Beobachtungen hingegen lassen eindeutig feststellen, daß Perioden sehr volatiler Zinssätze mit Perioden relativ geringer Zinsveränderungen abwechseln. Weiters ist im allgemeinen festzustellen, daß bei überdurchschnittlich hohem Zinsniveau auch das Volatilitätsniveau höher ist als bei allgemein relativ niedrigem Zinsniveau. Dennoch reicht eine Analyse lediglich des Zinsniveaus nicht aus, um die Volatilitätsunterschiede vollständig zu erklären. Zusätzlich zu Gleichung (3.13), die das Verhalten des Momantanzinssatzes darstellt, wird in folgender Gleichung das stochastische Verhalten der Volatilität als zweiter Faktor beschrieben:

(3.15) $$dv = \lambda\,(\rho - v)\,dt + \xi\, v^{1/2}\, dy$$

Mit dv wird eine infinitesimale Veränderung der Volatilität v bezeichnet, mit dt eine infinitesimale Veränderung der Zeit t. Der mean-reversion Parameter λ gibt die Geschwindigkeit an, mit der die momentane Volatilität v gegen das mean-reversion Niveau ρ (= dem langfristig erwarteten Volatilitätsniveau) strebt. Daher ist der erste Teil der rechten Seite von Gleichung (3.16) negativ (positiv), wenn die momentane Volatilität über (unter) dem mean-reversion Niveau liegt. Der Parameter λ ist umso höher, je stärker das Ausmaß des Strebens nach dem langfristig erwarteten Volatilitätsniveau ρ ist. dy beschreibt einen Zufallsprozeß. ξ^2 v beschreibt die Varianz, die proportional vom momentanen Volatilitätsniveau abhängt. Das hat zur Folge, daß bei volatilitätsschwachen Marktverhältnissen die Volatilität mit hoher Wahrscheinlichkeit zwar steigt, jedoch nicht auf abrupte Art und Weise. Hingegen ist in sehr volatilen Marktumständen die Wahrscheinlichkeit hoch, daß die Volatilität rasch abnimmt oder sogar noch stärker steigt.

---

112 Vgl. für die folgenden Ausführungen Fong/Vasicek (1991), S. 43ff.

Zusätzlich muß noch ein Kovarianzterm zwischen den beiden Zufallsprozessen des Momentanzinssatzes dz (Gleichung 3.13) und der Volatilität dy (Gleichung 3.16) berücksichtigt werden. Damit wird der typischerweise zu beobachtende Umstand beschrieben, daß eine Zunahme des Zinsniveaus auch von einer Zunahme der Volatilität begleitet ist, während eine Abnahme des Zinsniveau meist auch zu einer Abnahme der Volatilität führt.

Die aus diesen Annahmen ableitbare Zinsstrukturgleichung beschreibt das Bewegungsverhalten der Zinssätze als eine Funktion zweier stochastischer Faktoren, des Momentanzinssatzes und der Volatilität.[113] Die sich daraus ableitenden Zinsstrukturkurven können einen monotonen Verlauf annehmen oder ein oder zwei Buckel aufweisen, was die Flexibilität gegenüber dem Einfaktormodell erhöht.

3.2.2.2 Verhaltensorientierter Ansatz

Im allgemeinen werden zur Erklärung der Zinsstruktur ökonomische Zusammenhänge als relevant erachtet. Die “Marktmeinung” als Variable fehlt in den klassischen Erklärungsansätzen beziehungsweise wird auf rationale Erwartungen reduziert, obwohl auch psychologische Einflußfaktoren eine nicht zu vernachlässigende Rolle spielen. Jedoch scheint sich mit der in den letzten Jahren vorzufindenden Betonung auf mathematisch orientierte Modelle wie die soeben behandelten optionspreistheoretischen Ansätze die Meinung verbreitet zu haben, daß quantitative Methoden die geeigneteren Mittel zur Beschreibung des Finanzmarktes darstellen und Erkenntnisse der Verhaltenswissenschafter nicht beachtet zu werden brauchen. Die Modelle der Optionspreistheorie führen allerdings teilweise zu beträchtlichen Divergenzen zwischen den Modellparametern und den empirisch beobachtbaren Größen. Zudem zeigt auch die bereits behandelte Kritik am traditionellen Rationalitätskonzept die Notwendigkeit, die bestehenden Modelle mit verhaltenswissenschaftlichen Elementen anzureichern oder alternative Ansätze aufzuzeigen.

Der verhaltensorientierte Erklärungsansatz rückt von der Annahme ab, daß Marktteilnehmer vollständig informierte Individuen sind, die diese Informationen modellkonform verarbeiten.

---

113 Für eine Darstellung der Gleichung siehe Fong/Vasicek/Yoo (1992), S. 64.

Vielmehr gründet er sich auf die Tatsache, daß in vielen Bereichen menschlichen Verhaltens die Entscheidungsfindung oftmals von entsprechenden Stimmungen, Gefühlen, Daumenregeln, Erfahrungen und subjektiven Erwartungen beeinflußt wird. Dies widerspricht der gängigen Kapitalmarkttheorie, die rationales Verhalten und Informationseffizienz unterstellt. Dem Konzept der vollkommenen Information, die zeitgleich, vollständig, korrekt und kostenlos allen Marktteilnehmern vorliegt, steht in der verhaltenswissenschaftlichen Theorie das Konzept der unvollkommenen und unvollständigen Information gegenüber.

Der Annahme rationaler Verhaltensweisen wird in der verhaltensorientierten Zinsstrukturtheorie die Anerkennung systematischer Verhaltens"anomalien" entgegengesetzt. Während sich in der traditionellen Kapitalmarkttheorie individuelles Fehlverhalten aufgrund des Gesetzes der großen Zahl nicht auf Marktebene niederschlägt, wird von der verhaltenswissenschaftlichen Richtung darauf hingewiesen, daß sich Verhaltensfehler durch Imitation auf der Marktebene aggregieren. Dem traditionellen Arbitrageprinzip, das für den Ausgleich von Fehlbewertungen durch Arbitrageure und Spekulanten sorgt, steht dessen teilweise Wirkungslosigkeit gegenüber, wenn "Marktmoden" zu einem kollektiven Fehlverhalten führen.[114]

Die generelle Annahme hinter Prognosen und somit auch hinter Zinsprognosen ist, daß sie die Informationen dessen, der die Prognose abgibt, widerspiegeln und unverzerrt sind. Tatsächlich jedoch ähneln Prognosen von Marktteilnehmern oft den eigenen, früheren Prognosen mehr als gerechtfertigt, selbst wenn aufgrund neuerer Informationen andere Prognosen naheliegender wären. Dies resultiert einerseits aus der subjektiven Vorselektion, die bewirkt, daß jene Informationen verstärkt wahrgenommen werden, die mit den eigenen übereinstimmen oder die eigene Einstellung bestätigen. Noch einen Schritt weiter geht die selektive Wahrnehmung, bei der Informationen fälschlicherweise derart verarbeitet werden, daß sie die eigene Prognose oder das eigene Verhalten rechtfertigen.[115] Ein weiterer Grund für die Kontinuität in den Prognosen liegt darin, daß dies ein besseres Licht auf den Prognoseersteller wirft, als wenn die Prognosen ständig in größerem Ausmaß revidiert würden.[116]

---

[114] Vgl. Rapp (1997), S. 81.

[115] Vgl. Tvede (1990), 178 - 192.

[116] Vgl. Trueman (1994), S. 98, Fußnote 3.

Der verhaltenswissenschaftliche Ansatz betont auch das Vorhandensein von Herdenverhalten. Das Verhalten einiger als wichtig erachteter Marktteilnehmer wird von anderen imitiert.[117] Dies wiederum veranlaßt neuerlich zusätzliche Marktteilnehmer zur Imitation, sodaß in einer Art Schneeballsystem schließlich der gesamte Markt gleichgerichtet agiert. Gleiche Informationsquellen und zunehmende Vernetzung verstärken den Herdeneffekt. Bereits bei der Auswahl der als relevant erachteten Informationen wird primär darauf geachtet, welche Informationen von den anderen Marktteilnehmern als Basis für deren Entscheidungen herangezogen werden, ebenso wie die Interpretation dieser Informationen danach erfolgt, wie andere Marktteilnehmer diese vermutlich interpretieren.[118] Neuere Prognosen weisen nicht unbedingt eine höhere Qualität auf als ältere, wenn davon ausgegangen wird, daß weniger informierte Marktteilnehmer zunächst die Veröffentlichung von Prognosen informierterer Marktteilnehmer abwarten.[119]

Unbestritten ist die Tatsache, daß das vom Konzept der rationalen Erwartungsbildung geforderte vollständige Ausschöpfen der Informationen Kosten verursacht. Derartige Kosten werden nur solange eingegangen, als der Nutzen der zusätzlichen Informationen diese überschreitet.[120] Zudem ist ein vollständiges Ausnützen aller Informationen dann nicht sinnvoll, wenn das Verhalten dieses Marktteilnehmers von anderen imitiert wird. Der Verzicht auf zusätzliche Informationen wird damit rational. Das Marktresultat ist in diesem Fall jedoch nicht rational, da nicht alle Informationen, die zur Verfügung stehen, auch in der Zinsstruktur widergespiegelt werden. Zusätzlich zu dieser Kritik der rationalen Erwartungsbildung auf individueller Ebene wird diese durch die zunehmende Globalisierung der Märkte und der wachsenden Bedeutung weltweit agierender institutioneller Anleger noch verstärkt.[121] In Folge der

---

117 In einer empirischen Untersuchung bestätigt Oehler (1998), S, 117ff., das Herdenverhalten deutscher Fondsmanager.

118 Vgl. Oberlechner/Hocking (1997), S. 48f.

119 Vgl. Trueman (1994), S. 109.

120 Pingle/Day (1996), S. 207 stellten aufgrund einer Untersuchung, bei der Studenten anhand von Computerspielen Entscheidungen zu treffen hatten, fest, daß bei der Entscheidungsfindung eher Methoden wie Imitation angewendet werden als das vollständige Sammeln aller relevanten Informationen und rationale Durchdenken aller Alternativen. Trotzdem führen diese Verhaltensweisen zu optimalen Entscheidungen, da die (hohen) Zeit- und Suchkosten bei der für eine rationale Entscheidung notwendigen Informationsbeschaffung und -verarbeitung zu berücksichtigen sind. Daher führen offensichtlich nicht - rationale Entscheidungsmechanismen bei Vorhandensein von Kosten zu optimaleren Entscheidungen als rationale Mechanismen.

121 Für eine detailliertere Erörterung des Verhaltens privater Anleger im Lichte des verhaltenswissenschaftlichen Ansatzes siehe Bitz/Oehler (1993), S. 246 - 274. Auf die privaten Anleger wird hier nicht explizit ein-

kollektiven Informationsausbreitung führt dieser Trend der Institutionalisierung zur Meinungshomogenisierung und damit zu einheitlichen Verhaltensmustern.

Für das Verhalten gemäß der vorherrschenden Marktmode gilt, daß sich dieses als eine sich selbsterfüllende Prophezeiung erweisen kann: Wenn sich viele Anleger nach ähnlichen Mustern verhalten, ist es keineswegs notwendig, daß diese Muster rational im herkömmlichen Sinne sind oder volkswirtschaftlichen Zusammenhängen entsprechen müssen. Wenn Anleger erwarten, daß auch viele andere Anleger ihre Erwartungen und Verhaltensweisen nach derselben Methode ausrichten, stellt sich dieses Verhalten ex post als rational im Sinne der Vorgehensweise, nicht im Sinne des Gesamtmarktergebnisses, dar.[122]

Grundsätzlich würde ein gleichgerichtetes Handeln natürlich nicht gegen die Annahme rationaler Erwartungen sprechen. Jedoch ist zunehmend ein Konformitätsverhalten von internationalen Marktteilnehmern zu beobachten, die primär kurzfristig orientiert sind und daher Fundamentaldaten vernachlässigen.[123] Die Kausalketten, mit denen Marktteilnehmer Ereignisse interpretieren, sind nicht nur nicht die Kausalketten der Volkswirtschaftslehre, sondern zudem nicht eindeutig, da dieselben Nachrichten oft unterschiedliche Reaktionen zur Folge haben.[124] Diese subjektiven Erwartungen machen Prognosen problematisch, insbesondere jene der kurzfristigen Entwicklung der Zinsen. Während langfristig realwirtschaftliche und monetäre Faktoren die Zinsentwicklung beeinflussen dürften, scheinen kurzfristig andere Mechanismen, insbesondere psychologische Faktoren, vorherrschend.[125]

---

gegangen, da der Einfluß dieser Investorengruppe auf die Preisbildung eher als gering eingeschätzt wird. Vielmehr dürften private Anleger in der Regel versuchen, Institutionelle zu imitieren, da sie davon ausgehen, daß diese besser informiert sind.

122 "Zwischen individueller Rationalität und der Rationalität eines Marktresultates kann deshalb ein gewichtiger Unterschied bestehen.", Wolter (1996), S. 41.

123 "Es liegt nahe, daraus den Schluß zu ziehen, daß die weltweit steigenden Renditen mit Konjunkturerwartungen, Inflationssorgen oder Vorwegnahme künftiger Zinsschritte nicht allzuviel zu tun haben. Es scheint so, als habe sich der Markt von derlei volkswirtschaftlichem Klimbim abgekoppelt. Soll doch die Realwirtschaft tun, was sie will. Die Dynamik bestimmt der Markt selbst." o.V., Börsen - Zeitung, 8. September 1994, S. 1.

124 Bartetzky (1996), S. 146ff., illustriert diese Bemerkung, indem er zeigt, welche Reaktionen auf diverse Zinserhöhungen bzw. -senkungen der Deutschen Bundesbank zu beobachten waren. Gleiche Bundesbankmaßnahmen führten dabei zu höchst gegensätzlichen Kursbewegungen am Anleihemarkt.

125 Vgl. Bartetzky (1996), S. 42.

Der Anlageerfolg institutioneller Investoren wird häufig von der möglichst genauen Nachbildung des Marktes oder eines Teilmarktes (repräsentiert in Form eines Indizes) abhängig gemacht. Auch dies führt, unabhängig von der tatsächlichen Gewinn- oder Verlustsituation, zur Belohnung von Marktkonformität beziehungsweise zwingt die Portefeuillemanager zu trendangepaßtem Verhalten. Selbst wenn die vorliegenden Informationen eine abweichende Strategie notwendig erscheinen lassen würden, wird diese nicht verfolgt. Sollte sich im nachhinein auch herausstellen, daß die vom allgemeinen Verhalten abweichende Strategie einen höheren Gewinn als der Markt erbracht hätte, wäre dennoch eine Abweichung vom angestrebten Ziel der möglichst genauen Replizierung des Marktes und damit eine Zielverfehlung festzustellen. Durch die Vorgabe eines Referenzmarktes geht der Portefeuillemanager das geringste Risiko ein, wenn er sich der Mehrheitsentscheidung des Marktes anschließt, unabhängig davon, ob diese unter den gegebenen Marktverhältnissen als rational einzustufen ist oder nicht.[126]

Durch die großvolumigen Transaktionen der institutionellen Investoren, die zunehmende Transparenz der Märkte und die moderne Kommunikations- und Informationstechnologie ist das Wissen um die Verhaltensweisen der anderen institutionellen Marktteilnehmer bedeutend umfangreicher als in vergangenen Jahren. Die Kenntnis der Verhaltensweisen der anderen Marktteilnehmer führt wiederum ebenfalls zu gleichgerichteten Entscheidungen. Zudem verwenden viele der institutionellen Investoren dieselben ökonometrischen Modelle zur Beschreibung einer Wirtschaft, benützen dieselben Informationsquellen und erachten dieselben Informationen als relevant für ihre Portefeuilleentscheidungen. Gleichzeitig verwenden sie auch in der Regel dieselben Kriterien für ihre Portefeuillediversifikation und Hedgestrategien.[127] Zudem optimieren Institutionelle ihre Portefeuilles nach globalen Gesichtspunkten, was zur Folge hat, daß Dispositionen nicht auf die Märkte in einem Land beschränkt bleiben. Folglich kann die Neueinschätzung schon eines wichtigen Marktes parallele Renditebewegungen in anderen Ländern auslösen.[128] Es liegt zudem nahe zu vermuten, daß auch jenes Volu-

---

126 Vgl. Tvede (1990), 178 - 182. Ilmanen (August 1995), S. 15, Fußnote 11, bezeichnet das Risiko, nicht marktkonform zu agieren, als "career risk".

127 Allerdings wird auch manchmal argumentiert, daß institutionelle Investoren durchaus unterschiedliche Zielsetzungen verfolgen und die Wahrscheinlichkeit, daß sie sich gleich verhalten, damit sinkt. Beispielsweise könnte ein Verkauf bestimmter Anleihenkategorien aufgrund eines erhöhten Risikos Fondsmanager, die durch das Eingehen riskanterer Strategien höhere Erträge zu erzielen hoffen, dazu bewegen, genau diese Anleihen zu kaufen. Siehe o.V., Financial Market Trends (1997), S. 36.

128 Vgl. Deutsche Bundesbank (November 1996), S. 26.

men, das sich nicht in den Händen institutioneller Investoren befindet, durchaus nach deren Kriterien verwaltet wird. Wird nämlich asymmetrische Informationslage angenommen, bei der professionelle Fondsmanager über bessere Informationen verfügen als nicht-institutionelle Käufer, ist auch davon auszugehen, daß weniger informierte Marktteilnehmer die besser informierten Marktteilnehmer imitieren, um von deren Wissen zu profitieren.

3.2.3 Zusammenfassung

Folgt man der Erwartungstheorie ergibt sich die Zinsstruktur aufgrund der Erwartungen über zukünftige kurzfristige Zinssätze. Laufzeitpräferenzen in dem Sinn, daß Veranlagungsentscheidungen unabhängig vom Zinssatz und daher aus dem Streben nach Sicherheit erfolgen, existieren nicht, da sichere Erwartungen unterstellt werden. Hauptkritikpunkte an der klassischen Erwartungstheorie sind die Annahme rationaler Erwartungen und die Nichtbehandlung der Risikopräferenz von Investoren. Die klassische Erwartungstheorie kann, obwohl ursprünglich für geschlossene Volkswirtschaften formuliert, unter Berücksichtigung von Wechselkursschwankungen in einem internationalen Kontext formuliert werden und so der zunehmenden Verflechtung der Märkte Rechnung tragen.

Gemäß der Liquiditätspräferenztheorie fällt für längerfristige Veranlagungen eine Risikoprämie als Kompensation für den Liquiditätsverzicht an. Der Anreiz einer positiven Risikoprämie ist laut dieser Theorie notwendig, um Investoren zu einem langfristigen Investment zu "überreden". Während bei der Liquiditätspräferenztheorie von einem grundsätzlich kurzfristigen Veranlagungshorizont der Investoren ausgegangen wird, sind nach der Marktsegmentierungstheorie auch langfristige Veranlagungswünsche denkbar oder sogar vorherrschend. Der Liquiditätspräferenztheorie und der Marktsegmentierungstheorie ist zugute zu halten, daß sie den Zinserwartungen gemäß Erwartungstheorie einen zweiten wesentlichen Baustein für die Erklärung der Zinsstruktur hinzugfügt haben. Dieser Zusatzbeitrag ist die Betonung von mehr oder weniger stark ausgeprägten Laufzeitpräferenzen von Investoren, die je nach Risikoneigung bereit sind, von ihren ursprünglichen Präferenzen abzuweichen.

Weder Zinserwartungen noch Laufzeitpräferenzen können jeweils für sich allein die Zinsstruktur in befriedigendem Ausmaß erklären, eine Kombination beider dürfte jedoch zu realitätsnäheren Ergebnissen führen. Dieser Ansatz wird als erweiterte Erwartungstheorie bezeichnet. Noch weiter faßt die Allgemeine Präferenztheorie die Einflußfaktoren auf die Zinsstruktur. Sie setzt sich aus Elementen der Erwartungstheorie, der Liquiditätspräferenztheorie und der Marktsegmentierungstheorie zusammen. Das Vorzeichen und der Verlauf der Risikoprämie sind gemäß diesem Ansatz keinen Beschränkungen unterworfen. Somit sind zwar alle Formen der Zinsstruktur mit dieser Theorie vereinbar, ein Extrahieren der Risikoprämie ist aber nicht möglich.

Der Ansätze der Optionspreistheorie im weiteren Sinn modellieren die Dynamik der Zinssätze. Dieser Ansatz wurde exemplarisch am Vasicek - Modell demonstriert, das als Einfaktormodell die gesamte Zinsstruktur anhand des Verlaufs des Momentanzinssatzes zu erklären versucht. Für die Risikoprämie wird postuliert, daß sie mit der Duration zunimmt. Nachteilig an diesem Modell ist die eingeschränkte Formenvielfalt der Zinsstruktur, die Möglichkeit negativer Terminzinssätze und die mangelnde empirische Validierung.

Der verhaltensorientierte Erklärungsansatz zur Zinsstruktur rückt von den Annahmen der gängigen Kapitalmarkttheorie ab, die rationales Verhalten und Informationseffizienz unterstellt. Vielmehr wird auf beschränkte Informationsverarbeitungskapazitäten und emotional bedingte Entscheidungsmuster mit zugrundeliegenden subjektiven Erwartungen hingewiesen, die sich auf Marktebene zu einem aggregierten "Fehl"verhalten addieren. Die Erklärung der Zinsstruktur ausschließlich mittels der herkömmlichen ökonomischen Modelle scheint damit eine allzu idealisierte Abbildung der Realität. Die Erkenntnisse der Verhaltenswissenschaft fanden bislang allerdings kaum Eingang in die Zinsstrukturtheorie, was wohl in ihrer methodischen Beschränkung liegt: Subjektive Erwartungen über künftige Entwicklungen sind einer quantitativen Erfassung kaum zugänglich.

4 Sonstige Einflußfaktoren auf die Zinsstruktur

Im folgenden werden Faktoren analysiert, welche die Zinsstruktur zusätzlich zu den bereits im vorigen Kapitel diskutierten Einflüssen mitbestimmen. Es sind dies erstens der Effekt der Konvexität auf die Preisbildung längerlaufender Anleihen, zweitens die Auswirkungen derivativer Marktsegmente auf den Kassamarkt sowie drittens Marktanomalien, die sich vor allem im saisonalen Verhalten von Zinssätzen äußern können. Diese Faktoren schlagen sich ebenfalls in der Gestalt der Zinsstruktur nieder, sind aber nicht Bestandteil der bisher behandelten Zinsstrukturtheorien.

4.1 Der Konvexitätseffekt

Die Auswirkungen der Konvexität auf den Verlauf der Zinsstruktur werden in der Regel vernachlässigt.[129] Ein Grund für die Nichtbehandlung könnte darin bestehen, daß im allgemeinen Zinsstrukturberechnungen mangels geeigneter Daten über einen Laufzeitbereich von zehn Jahren kaum hinausgehen. In diesem kurz- bis mittelfristigen Laufzeitsegment sind die durch die Konvexität hervorgerufenen Verzerrungen der Zinssätze gering, weshalb für die praktische Anwendung das Ausklammern des Konvexitätseffekts keine allzu gravierenden Konsequenzen hat. Im langfristigen Bereich ist die Berücksichtigung der Konvexität jedoch erforderlich. In den meisten Fällen werden deren Auswirkungen allerdings entweder durch Extrapolation der Zinsstruktur verschleiert oder andere Faktoren zur Erklärung des Verlaufs der Zinsstruktur am langen Ende herangezogen.

Um das Konzept der Konvexität zu verdeutlichen, soll zunächst jenes der Duration (D) in Erinnerung gerufen werden, welche die erste Ableitung des Barwerts (BW) einer Anleihe nach der Rendite (i_e) darstellt:[130]

---

[129] Eine der Ausnahmen ist Phoa (1997), S. 47, der die Zinsstruktur unter Berücksichtigung des Konvexitätseffekts modelliert. Auch Dziwura/Green (1996), S. 17f., und Ilmanen (September 1995), S. 5ff., weisen auf die Bedeutung der Konvexitätsverzerrung hin.

[130] Die hier verwendete Definition der Duration unterstellt vereinfachend eine flache Zinsstruktur. Zur Duration von Anleihen siehe beispielsweise Fabozzi (1997), S. 187 - 218 und S. 243 - 248 oder Uhlir/Steiner (1994),

(4.1) $D = - 100 / BW (\Delta BW / \Delta i_e)$

Als Ableitung erster Ordnung unterstellt die Duration eine lineare Beziehung zwischen Barwert und Marktzinssatz. Die tatsächlichen Kursänderungen stehen mit Zinsänderungen jedoch in einem konvexen Zusammenhang.[131] Der Schätzfehler unter Verwendung der Duration fällt daher umso gravierender ausfällt, je größer die Zinsänderung ist. Lediglich in unmittelbarer Nähe des Ausgangszinsniveaus wird durch die Duration allein bereits eine gute Schätzung erzielt. Diese Unzulänglichkeit läßt sich mit Hilfe einer Taylor-Reihe[132] verbessern, indem neben der Duration als erstem Glied dieser Reihe auch die Konvexität als zweiter Term der Taylor-Reihe berücksichtigt wird.

Die Konvexität (K)[133] stellt somit die zweite Ableitung des Barwerts nach der Rendite dar:

(4.2) $K = 100 / BW (\Delta^2 BW / \Delta i_e^2)$

Während die Duration ein negatives Vorzeichen aufweist (aufgrund des inversen Zusammenhangs zwischen Kurs- und Renditeänderung), stellt die Konvexität immer eine positive Zahl dar.[134] Bei vorgegebener Duration sind damit die Kursanstiege bei fallenden Zinssätzen umso deutlicher, je höher die Konvexität einer Anleihe ist. Vice versa fallen bei feststehender Duration die Kursrückgänge bei steigenden Zinssätzen umso geringer aus, je größer die Konvexität der Anleihe ist. Die Höhe der Konvexität hängt ab von der Duration (positiver Zusammen-

---

S. 70 - 103. Für Weiterentwicklungen der Duration (unter anderem die Key Rate Duration) siehe beispielsweise Bühler/Hies (1995), S. 113ff., oder Tuckman (1995), S. 159ff.

131 Siehe beispielsweise Fabozzi/Fabozzi (1995), S. 99, für eine graphische Darstellung.

132 Mathematisch kann jede Funktion mittels einer Serie von Ableitungen (Taylor-Reihe) geschätzt werden. Siehe beispielsweise Ayres (1952), S. 187. Die erste Annäherung wird dabei mit der ersten Ableitung erreicht, diese kann mit der zweiten Ableitung verbessert werden.

133 Für detaillierte Angaben zur Konvexität von Anleihen siehe beispielsweise Fabozzi (1997), S. 219 - 242 und S. 249 - 251.

134 Einschränkend muß darauf hingewiesen werden, daß dies lediglich für die hier analysierten Anleihen ohne Optionselemente (Kündigungsmöglichkeit, etc.) gilt.

hang), von der Zahlungsstromcharakteristik (je verteilter die Zahlungen, desto größer die Konvexität[135]) und von der Rendite (negativer Zusammenhang).[136]

Aus den beiden Gleichungen (4.1) und (4.2) läßt sich mittels der ersten beiden Terme der Taylor-Reihe unter Vernachlässigung zusätzlicher Ableitungen die Veränderung des Barwerts einer Anleihe bei einer erwarteten Veränderung des Ausgangszinsniveaus $i_{e,a}$ auf das neue Zinsniveau $i_{e,n}$ darstellen:

(4.3) $$BW(i_{e,n}) \approx BW(i_{e,a}) + D \cdot (\Delta i_e) + 0.5 \cdot K \cdot (\Delta i_e)^2$$

$BW(i_{e,n})$ = Barwert der Anleihe bei neuem Zinsniveau

$BW(i_{e,a})$ = Barwert der Anleihe bei altem Zinsniveau

Die Differenz zwischen zwei Anleihen mit identischer Duration, jedoch unterschiedlicher Konvexität läßt sich daher folgendermaßen darstellen:

(4.4) $$BW_{hk}(i_{e,n}) - BW_{nk}(i_{e,n}) = BW_{hk}(i_{e,a}) \cdot 0.5 \cdot (K_{hk} - K_{nk}) \cdot (i_{e,n} - i_{e,a})^2 > 0$$

$BW_{hk}(i_{e,n})$ = Barwert der Anleihe mit hoher Konvexität bei neuem Zinsniveau

$BW_{nk}(i_{e,n})$ = Barwert der Anleihe mit niedriger Konvexität bei neuem Niveau

$BW_{hk}(i_{e,a})$ = Barwert der Anleihe mit höherer Konvexität bei altem Zinsniveau

K_{hk} = Konvexität der Anleihe mit höherer Konvexität

K_{nk} = Konvexität der Anleihe mit niedrigerer Konvexität

Eine Analyse des zweiten Teil der rechten Seite von Gleichung (4.3), der im Ausdruck $0.5 \cdot K \cdot (\Delta i_e)^2$ besteht, läßt erkennen, daß dieser grundsätzlich ein positives Vorzeichen aufweist, da sowohl die Konvexität (K) als auch die Zinsvolatilität $(\Delta i_e)^2$ eine positive Zahl darstellen. Es ist daher nicht notwendig, die tatsächliche Richtung der Zinsänderung zu kennen,

---

135 Daher weisen Nullkuponanleihen im Vergleich zu anderen Anleihen mit gleicher Duration die geringste Konvexität auf.

136 Für eine Darstellung des Einflusses dieser Ausstattungsmerkmale einer Anleihe auf ihre Konvexität siehe beispielsweise Ilmanen (1995), S. 18 - 21, oder Berger (1990), S. 103ff.

um vom positiven Effekt der Konvexität zu profitieren: Bei Zinserhöhung fällt der Kursverlust geringer aus als erwartet, bei Zinssenkungen der Kursgewinn höher als erwartet.

Dies soll ein Beispiel illustrieren, das folgende Annahmen aufweist:[137] Der Kassazinssatz einer dreißigjährigen Anleihe beträgt 8 %, der Barwert ist 98 Einheiten (EH). Bleibt die Zinsstrukturkurve mit Sicherheit unverändert bei 8 % (Volatilität = Null), hat die Konvexität keinen Wert. Anders hingegen stellt sich der Fall dar, daß bei unsicheren Zinserwartungen im Durchschnitt mit einer Veränderung von Null gerechnet wird, jedoch ein Anstieg auf 10 % oder ein Rückgang auf 6 % mit gleicher Wahrscheinlichkeit zwischendurch für möglich gehalten wird. Die erwarteten Preise sind folgende:

- Zinsniveau unverändert bei 8 % → BW = 95 EH
- Zinsanstieg auf 10 % → BW = 54 EH
- Zinsrückgang auf 6 % → BW = 170 EH

Der erwartete Wert beträgt (54 EH + 170 EH) / 2 = 112 EH, somit 17 EH mehr als bei unveränderter Zinssituation.

Als Ergebnis der bisherigen Ausführungen zur Konvexität läßt sich folgendes festhalten:

- Die Konvexität ist eine erwünschte Eigenschaft, da mehr Konvexität höhere Kurssteigerungen und niedrigere Kursverluste bei entsprechenden Zinsänderungen bewirkt als weniger Konvexität. Anleihen mit höherer Konvexität sollten ceteris paribus somit eine niedrigere Verzinsung aufweisen als Anleihen mit niedrigerer Konvexität.
- Die Konvexität hängt von der Duration einer Anleihe ab, wirkt also verstärkt am langen Ende der Zinsstruktur.
- Die Konvexität hängt von der Höhe der Zinsvolatilität ab.

Diese Aussagen werden im folgenden in Bezug auf ihre Zinsstruktureffekte quantifiziert.[138] Zunächst wird Gleichung (4.4) modifiziert, indem statt Kuponanleihen Nullkuponanleihen eingesetzt werden. Die Veränderung des Barwerts einer Nullkuponanleihe bei einer Veränderung des Kassazinssatzes ${}_{t}R_{n}$ auf ${}_{t+1}R_{n}$ wird in folgender Beziehung ausgedrückt:

---

137 Beispiel entnommen aus Ilmanen (September 1995), S. 4f. Dort findet sich auch eine graphische Darstellung zur Verdeutlichung des Konvexitätseffekts.

138 Siehe Phoa (1997), S. 47, oder Ilmanen (September 1996), S. 6ff.

(4.5) $$BW({}_{t+1}R_n) \approx BW({}_tR_n) + D \cdot ({}_{t+1}R_n - {}_tR_n) + 0.5 \cdot K \cdot ({}_{t+1}R_n - {}_tR_n)^2$$

Der Ausdruck $({}_{t+1}R_n - {}_tR_n)^2$ entspricht σ^2 t, wobei σ^2 die erwartete Basispunktvolatilität[139] des Zinssatzes darstellt, die mit der Halteperiode t steigt. Daher kann aus Gleichung (4.5) - nach Eliminierung sich aufhebender Terme - folgende Beziehung abgeleitet werden:

(4.6) $${}_{t+1}R_n - {}_tR_n \approx 0.5 \cdot (K / D) \cdot \sigma^2 \cdot t$$

Für Nullkuponanleihen und Kassazinssätze entspricht die Duration D der Restlaufzeit t, die Konvexität K entspricht t^2. Nach Einsetzen von t anstelle D und t^2 anstelle K sowie Eliminierung sich aufhebender Terme ergibt sich folgender Faktor:

(4.7) $$0.5 \cdot \sigma^2 \cdot t^2$$

Der Konvexitätseffekt ist der inverse Ausdruck von Gleichung (4.7), weshalb er mit Verlängerung der Laufzeit eine Krümmung der Zinsstrukturkurve nach unten bewirkt. Dies geschieht allerdings nicht in linearer Form, sondern mit ansteigender Rate. Ein solcher Verlauf ergibt sich allerdings nur, wenn die Zinsstrukturkurve insgesamt relativ flach verläuft. Bei einem stark positiv geneigten Verlauf der Kurve bewirkt die Konvexität lediglich eine Abschwächung der Steilheit der Kurve. Bei einem inversen Verlauf der Kurve hingegen neigt sich die Kurve im langfristigen Bereich aufgrund der Konvexität noch stärker nach unten als es ohne deren Vorhandensein der Fall wäre.

Zur Quantifizierung dieses Effekts dient nachfolgende Abbildung 4.1, die unter der Annahme einer Volatilität von 100 Basispunkten pro Jahr (σ^2 = 1 %) erstellt wurde.

---

139 Siehe Ilmanen (September 1996), S. 21f., für die in diesem Zusammenhang zu beachtenden Regeln der Volatilitätsberechnung.

Abbildung 4.1: ***Die Auswirkung der Konvexität auf die Zinsstruktur***

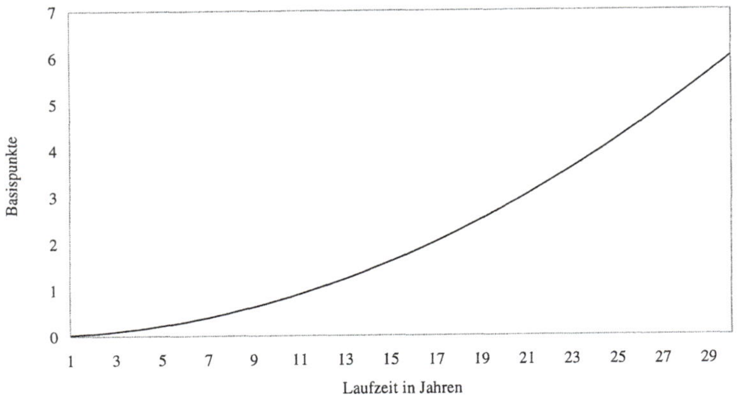

Die Feststellung, wonach der Konvexitätseffekt mit zunehmender Rate relativ zur Laufzeit wirkt, gilt nur unter der - hier angenommenen - Voraussetzung, daß die Zinsvolatilität über alle Laufzeitbereiche identisch ist. Gemäß empirischen Untersuchungen ist diese Annahme jedoch zu relativieren, da die Volatilitätsstrukturkurve meist einen inversen Verlauf aufweist, also die Volatilität langfristiger Zinssätze im allgemeinen unter jener kurzfristiger Zinssätze liegt. Dadurch wird der ursprüngliche Konvexitätseffekt abgeschwächt.[140]

In Gleichung (3.10) wurde die Zinsstruktur unter Berücksichtigung der Erwartungstheorie und einer Risikoprämie beschrieben. Wird auch der Konvexitätseffekt berücksichtigt, stellt sich diese Gleichung wie folgt dar:

$$(4.8) \qquad (1+R_n) = [(1+{}_0R_1) \cdot (1+{}_{t+1}r_1 + (L_2 - L_1) - (V_2 - V_1) + \ldots + (1+{}_{t+n-1}r_1 + (L_n - L_{n-1}) - (V_n - V_{n-1}))]^{1/n}$$

---

[140] Vgl. Ilmanen (September 1995), S. 8.

Wie bereits erläutert bezieht sich $L_{n+1} - L_n$ auf den Anstieg der Risikoprämie. Hingegen entspricht $V_{n+1} - V_n$ der Veränderung des Konvexitätseffekts bei einer Laufzeitverlängerung um eine Periode. Beide Prämienarten wirken in der Regel entgegengesetzt. Neben der negativen Konvexitätsprämie kommt gleichzeitig die meist positive Risikoprämie zum Tragen.[141]

Daraus ergibt sich bereits eine der Problematiken bei diesem Konzept; die Schwierigkeiten der empirischen Quantifizierung der Konvexitätsprämie. Da sowohl Risikoprämie als auch Konvexitätsprämie gleichzeitig wirken, ist eine Identifizierung der einzelnen Komponenten der Gesamtprämie kaum möglich. Zudem ist zur Quantifizierung der Konvexitätsprämie die Kenntnis von Volatilitätserwartungen notwendig. Die Verwendung historischer Volatilitäten ist eine Notlösung - wie immer, wenn bei stochastischen Variablen von der Vergangenheit auf die Zukunft geschlossen wird. Implizite Volatilitäten aus Marktkursen abzuleiten wiederum dürfte für den relevanten Laufzeitbereich über zehn Jahre kaum durchführbar sein, da entsprechend langlaufende Optionskontrakte in der Regel nicht verfügbar sind.

Ein weiterer Kritikpunkt am Konzept der Konvexität ist die implizit getroffene Annahme, daß Änderungen der Zinssätze lediglich in Form einer Parallelverschiebung der Zinsstruktur erfolgen. Da dieser Effekt vor allem für den langfristigen Laufzeitbereich wirksam wird, erscheint die getroffene Zinsänderungsannahme nicht allzu rigid. Wenngleich nicht von einer vollständigen Parallelverschiebung ausgegangen werden kann, wird doch die Richtung der Zinsänderung in den meisten Fällen dieselbe sein. Jene Fälle, in denen beispielsweise der Zinssatz für 15 Jahre zurückgeht und jener für 20 Jahre ansteigt, dürften eher Ausnahmen darstellen.

Es gibt auch Hinweise darauf, daß der Wert der Konvexität überschätzt wird beziehungsweise empirisch nicht uneingeschränkt bestätigt werden kann.[142] Dennoch ist festzuhalten, daß die Mehrheit der Marktteilnehmer konvexe Anleihen gegenüber weniger konvexen Anleihen bevorzugt. Bereits diese positive Erwartungshaltung bewirkt eine Verteuerung von Anleihen mit

---

141 Insbesondere die Liquiditätspräferenztheorie geht von deutlich positiven Prämien in diesem langfristigen Laufzeitsegment aus. Daraus folgt, daß die Gesamtprämie (Risikoprämie und Konvexitätseffekt) bis zu einer Laufzeit von fünf Jahren steigen, dann abflachen und schließlich bei längeren Laufzeiten wieder fallen müßte. Siehe Dziwura/Green (1996), S. 22.

142 Siehe Kahn/Lochoff (1990), S. 45f., die in einer empirischen Analyse feststellen, daß erhöhte Konvexität nicht den erwarteten Zusatzertrag mit sich bringt.

höherer Konvexität gegenüber jenen mit geringerer Konvexität und somit einen entsprechenden Zinsrückgang im langfristigen Laufzeitbereich.

4.2 Derivative Marktsegmente

Der Ausdruck derivativer Markt wird in diesem Kapitel nicht wie üblicherweise auf den Terminmarkt beschränkt, sondern auf alle vom Kassamarkt abgeleiteten Marktsegmente ausgeweitet. Dazu gehören daher neben dem Termin- und Wertpapierpensionsmarkt auch der "when-issued" - und der Strips-Markt. Im folgenden werden insbesondere die Wechselwirkungen der beiden erstgenannten derivativen Segmente mit dem Kassamarkt analysiert.

4.2.1 Wertpapierpensionsmarkt

Wertpapierpensionsgeschäfte[143] (auch Repurchase-, Repo- oder Sell-Buy-Back Geschäfte genannt) werden definiert als Transaktionen, bei denen Wertpapiere für eine bestimmte Zeit gegen Zahlung eines Gegenbetrages vom Pensionsgeber auf den Pensionsnehmer übertragen werden. Bei echten Pensionsgeschäften besteht für den Pensionsnehmer die Verpflichtung, die Wertpapiere gegen Erstattung eines vereinbarten Betrages rückzuübertragen. Bei den selteneren unechten Pensionsgeschäften besteht hingegen das Recht, nicht jedoch die Verpflichtung, den Rückkauf durchzuführen. Ein Pensionsgeschäft setzt sich somit aus dem Kauf des Wertpapiers zu einem festgelegten Kurs und dessen Rückkauf zu einem höheren Kurs zusammen.

In der Regel wird ein Pensionsgeschäft unter dem Gesichtspunkt eines kurzfristigen (ein Tag bis einige wenige Wochen), mit Wertpapieren gesicherten Kredits gesehen, was auch den wirtschaftlichen Zweck am besten charakterisiert. Der ursprüngliche Verkaufspreis des Wertpapiers entspricht der Kreditsumme, der Rückkaufspreis der Rückzahlungssumme für den Kredit. Der Kreditzinssatz dafür ergibt sich aus der Differenz zwischen dem Verkaufs- und

---

143 Auf Wertpapierleihegeschäfte wird im folgenden nicht separat eingegangen, da sich diese lediglich zivilrechtlich, nicht aber wirtschaftlich von Wertpapierpensionsgeschäften unterscheiden. In dieser Arbeit werden die wichtigsten Charakteristika des Pensionsmarktes lediglich kursorisch behandelt. Für eine eingehendere Diskussion seiner Funktionsweise sei auf Stigum (1989) oder Acker (1992) verwiesen.

dem Rückkaufspreis.[144] Falls es sich bei dem der Transaktion zugrundeliegenden Wertpapier um eine Bundesanleihe handelt, entspricht der Kreditsatz (Pensions- oder Repozinssatz) im wesentlichem dem risikolosem Zinssatz ohne Bonitätsrisiko.[145] Dieser liegt aufgrund der Besicherung in der Regel unter dem laufzeitäquivalenten Satz für Verleihungen von Banken untereinander, weshalb es für Banken attraktiv ist, Wertpapierpensionsgeschäfte zur Refinanzierung durchzuführen.

Am Wertpapierpensionsmarkt nehmen zahlreiche Marktteilnehmer mit unterschiedlichen Motiven teil. Institutionelle Investoren sehen den Markt in erster Linie als eine Möglichkeit der Refinanzierung von Wertpapierpositionen, weshalb er auch als Finanzierungsmarkt für den Kassamarkt angesehen werden kann. Oft wird vom Pensionsgeber allerdings weniger die Refinanzierung als vielmehr die preiswerte Aufnahme kurzfristiger Mittel angestrebt, die zu höheren Sätzen am Geldmarkt fristenkongruent investiert werden. Arbitrage- und Hedgestrategien nehmen ebenso eine wichtige Stellung am Pensionsmarkt ein: Bei Arbitragegeschäften zwischen dem Kassa- und Terminmarkt wird beispielsweise das als überbewertet erachtete Wertpapier verkauft und simultan am Terminmarkt gekauft. Hat der Arbitrageur das entsprechende Papier nicht in seinem Bestand, kann er diese Form der Arbitrage nur durchführen, wenn die kurzfristige Beschaffung über ein Pensionsgeschäft möglich ist. Diese Strategie führt allerdings nur zum gewünschten Erfolg, wenn die Kursdifferenzen über die Zeit des Pensionsgeschäfts hinaus bestehen bleiben. Aber auch spekulative Motive führen zu Wertpapierpensionsgeschäften: Bei Erwartung einer rückläufigen Kursentwicklung wird das betreffende Wertpapier mittels Pensionsgeschäft erworben und am Kassamarkt verkauft, in der Hoffnung, den Rückkauf auf niedrigerem Kursniveau noch vor Ablauf des Pensionsgeschäfts tätigen zu können. Von zunehmend untergeordneter Bedeutung sind Wertpapierpensionsge-

---

144 Für rechnerische Beispiele von Wertpapierpensionsgeschäften siehe beispielsweise Acker (1992), S. 9 - 14.

145 Dennoch beinhaltet auch ein Pensionsgeschäft ein - wenngleich geringes - Bonitätsrisiko für den Pensionsnehmer. Dieses Bonitätsrisiko hängt im wesentlichen von der Laufzeit der zugrundeliegenden Anleihe ab: Längerlaufende Anleihen unterliegen größeren Kursschwankungen und beinhalten daher ein potentiell größeres Ausfallsrisiko. Die Kreditdeckung kann bei großen Kursschwankungen unter Umständen nicht mehr ausreichend sein, weshalb der Pensionsnehmer dem Bonitätsrisiko des Pensionsgebers ausgesetzt ist. Dieser Tatsache wird entweder durch Nachschußforderungen und/oder durch einen Abschlag vom Marktwert des in Pension gegebenen Wertpapiers Rechnung getragen. Siehe beispielsweise Duffie (1996), S. 499. Bei einem Abschlag von angenommen 2 Einheiten gewährt der Pensionsnehmer dem Pensionsgeber für ein zu pari notierendes Wertpapier einen Kredit um 98 Einheiten- sodaß auch bei allfälligen Kursverlusten innerhalb der Bandbreite von 98 - 100 Einheiten der Kredit vollständig gedeckt ist.

schäfte zum Ausgleich technischer Lieferverzögerungen, die beispielsweise aus unterschiedlichen Valutierungsfristen bei grenzüberschreitenden Wertpapiergeschäften resultieren.

Um die Zusammenhänge zwischen Pensions- und Kassamarkt zu verdeutlichen, wird im folgenden ein Beispiel für eine Arbitragestrategie angeführt, für das folgende Annahmen gelten:

- Ein Wertpapier kann zum Kurs K am Kassamarkt gegenwärtig verkauft werden.
- Der momentane Zinssatz für eintägige Kreditaufnahme oder -vergabe ist r.
- Der Rückkaufkurs im Wertpapierpensionsmarkt für diese Anleihe beträgt R.

Für den Fall, daß der Rückkaufkurs $R > K\cdot(1+r)$ ist, wird folgende Arbitragestrategie vom Pensionsnehmer durchgeführt: Das Instrument wird zum Kurs K in Pension genommen, wobei der Anschaffungspreis mit Kredit finanziert wird. Einen Tag danach wird das Wertpapier zum Erlös R wieder dem Pensionsgeber verkauft und der Kredit mit $K\cdot(1+r)$ zurückgezahlt. Der Gewinn daraus besteht in der Höhe $R - K\cdot(1+r) > 0$. Umgekehrt wird für den Fall, daß $R < K\cdot(1+r)$ ist, ein Terminkauf zum Kurs R vereinbart, das Instrument zu K leerverkauft und der Erlös K zum Zinssatz r angelegt. Der Arbitragegewinn ergibt sich in der Höhe von $K\cdot(1+r) - R > 0$ beim Rückkauf der Wertpapiere am nächsten Tag. Im dritten Fall, wenn $R = K\cdot(1+r)$ lassen cost-of-carry Argumente keine Arbitrage zu.[146]

Im allgemeinen wird hinsichtlich des Leihzinssatzes nur nach der Laufzeit des Pensionsgeschäftes, nicht aber nach der Art der Anleihe differenziert, sofern es sich, wie bei der Mehrzahl der Pensionsgeschäfte, um Staatsanleihen handelt. In der Fachsprache wird dieser Zinssatz als "general collateral - Satz" bezeichnet und Anleihen, die zu diesem Satz oder nahe diesem Satz am Pensionsmarkt gehandelt werden, als "general collateral". Aufgrund des Sonderstatus spezifischer Anleihen am Pensionsmarkt als Resultat erhöhter Nachfrage sind jedoch auch Zinssätze möglich, die vom „general collateral - Satz" abweichen. In der Fachsprache werden solche Anleihen als "on special" bezeichnet, und deren Zinssätze, die unter der "general repo rate" liegen, als "special repo rate".[147]

---

146 Transaktionskosten wurden nicht berücksichtigt. Für Beispiele siehe auch Duffie (1996), S. 501ff., oder Jordan/Jordan (1997), S. 2055.

147 Duffie (1996), S. 511, beweist in seinem Modell des Repomarktes formal, daß die Reposätze immer kleiner oder gleich dem risikolosen Zinssatz sind, diesen aber nicht übersteigen. Er zeigt auch, warum die "special repo rate" immer *unter*, jedoch nie *über* der "general repo rate" liegt (S. 504). Jordan/Jordan (1997), S. 2057, quantifizieren die Differenz von general und special rate zwischen 10 bis fast 400 Basispunkte für

Der Pensionssatz hängt jedoch nicht nur von der Laufzeit des Pensionsgeschäfts ab. Angebot und Nachfrage nach spezifischen Anleihen können insofern eine Rolle spielen, als in manchen Fällen für eine bestimmte Anleihe niedrigere Pensionssätze als für die Mehrheit der Anleihen gezahlt werden. Die Gründe dafür, daß eine Anleihe einen solchen Sonderstatus am Wertpapierpensionsmarkt einnimmt, sind unterschiedlich.[148] Beispielsweise kann ein Nachfrageüberhang nach einer bestimmten Anleihe vorliegen, wenn zahlreiche Leerverkäufer diese Anleihe zu erwerben suchen, um ihre Positionen einzudecken. Die Eigentümer dieser stark nachgefragten Anleihe profitieren in einer solchen Situation vom Nachfrageüberhang in Form niedriger Pensionssätze (oder überhöhter Sekundärmarktkurse). Dies läßt sich damit begründen, daß Pensionsgeber nur unter der Veraussetzung entsprechend niedriger Kreditsätze bereit sind, die Anleihe zu verleihen beziehungsweise Pensionsnehmer Geldmittel auch unter Inkaufnahme geringer Zinsen bereitstellen, um dadurch in den Besitz der Anleihe zu kommen.

Auch die Liquidität der Wertpapiere wirkt sich auf die Nachfrage am Wertpapierpensionsmarkt aus. Bei zwei ansonsten identischen Anleihen weist jene mit den niedrigeren Transaktionskosten (also in aller Regel die liquidere) meist einen niedrigeren Pensionssatz auf als jene mit den höheren Transaktionskosten.[149] Nicht überraschend ist daher die Tatsache, daß die Pensionssätze für die jeweils jüngsten Anleihen häufig unter jenen von Anleihen mit länger zurückliegendem Emissionsdatum liegen. Neuemissionen unterscheiden sich bekanntermaßen in erster Linie durch ihre höhere Liquidität von älteren Anleihen. Dies ist auf die mit der Zeit zunehmende Wahrscheinlichkeit zurückzuführen, daß Investoren mit einem langfristigen Veranlagungshorizont einen höheren Anteil an dem betreffenden Wertpapier halten als kurz nach der Emission des Wertpapiers und daher der Handel ceteris paribus abnimmt. Somit stehen für den Handel am Wertpapierpensions- und Kassamarkt im Laufe der Zeit immer kleinere Vo-

---

ihren Untersuchungszeitraum September 1991 bis Dezember 1992 bei zwei- bis zehnjährigen US - Staatsanleihen. Groß ist auch die Bandbreite der durchschnittlichen Dauer dieses Sonderstatus, nämlich 4 Tage bis 50 Tage.

148 Für eine detailliertere Analyse siehe Mutkin (1996), S. 23ff., Jordan/Jordan (1997), S. 2058ff., oder Duffie (1996), S. 494f.

149 Während jedoch einerseits die Liquidität einer Anleihe zu höheren Umsätzen im Pensionsmarkt führt, bedingt andererseits wiederum dieser höhere Umsatz einen Anstieg der Liquidität. Siehe auch Duffie (1996), S. 496ff, der feststellt, daß der Sonderstatus einer Anleihe am Repomarkt einen Großteil des "on-the-run effects" erklären kann. So wird zwar in aller Regel festgestellt, daß Benchmark-Emissionen liquider sind als sonstige Anleihen des gleichen Emittenten (was sich auch in deren Kursen und somit in weiterer Folge in der daraus errechneten Zinsstruktur äußert). Jedoch wird nur in wenigen Fällen bedacht, daß die Ursache der

lumina zur Verfügung stehen und wird der Abschluß von großen Transaktionen zu geringen Kursspannen erschwert. Da zahlreiche Marktteilnehmer ihre Positionen in die jeweilige Neuemissionen überwälzen, wird dieser Effekt noch verstärkt. Nicht zuletzt kann die Abnahme der Liquidität auch eine sich selbst erfüllende Prophezeiung darstellen, wenn nämlich Erwartungen niedrigerer Liquidität diese auch tatsächlich verringern.

Wie oben dargestellt, hat der Inhaber eines Wertpapiers, das einen Sonderstatus am Pensionsmarkt innehat, den Vorteil vergleichsweise niedriger Refinanzierungskosten. Insbesondere institutionelle Anleger vermeiden Leerverkäufe einer solchen Anleihe, da diese am Wertpapierpensionsmarkt nur unter ungünstigen Bedingungen erworben werden kann. Dies gilt auch für eine Anleihe, von der lediglich *erwartet* wird, daß sie am Pensionsmarkt "on special" gehandelt werden wird. Daraus folgt, daß von zwei Anleihen mit unterschiedlichem Status am Pensionsmarkt, jedoch ansonsten identischer Ausstattung, diejenige einen höheren Kurs aufweist, die "on special" ist. Dies wird anhand folgender Überlegungen deutlich:[150]

Definitionen:
K_g = Kurs einer Anleihe (A_g), die "general collateral" ist,
K_s = Kurs einer Anleihe (A_s), die "on special" ist,
R_g = Zinssatz für "general collateral",
R_s = Zinssatz für "special collateral",
n = Anzahl der Tage, an denen eine Anleihe "on special" ist.

Der Inhaber der Anleihe A_s verkauft die Anleihe für n Tage zum Kurs K_s und vereinbart, sie zum Preis von $K_s \cdot (1 + n \cdot R_s)$ zurückzukaufen. Der Inhaber der Anleihe A_g verkauft die Anleihe für n Tage zum Kurs K_g und vereinbart, sie zum Preis von $K_g \cdot (1 + n \cdot R_g)$ zurückzukaufen. Nach n Tagen endet der Sonderstatus von A_s und beide, dann identischen Anleihen müßten denselben Kurs aufweisen. Bis zu diesem Zeitpunkt liegt jedoch K_s über K_g, wie in der folgenden Gleichung (4.9) dargestellt:

erhöhten Liquidität in der verstärkten Aktivität am Wertpapierpensionsmarkt zu suchen ist, die sich wiederum aufgrund der geänderten Finanzierungskosten der betreffenden Anleihe auf deren Kurs auswirkt.

150 Siehe auch Jordan/Jordan (1997), S. 2054f.

(4.9) $K_s - K_g = n \cdot (K_g \cdot R_g - K_s \cdot R_s)$

Der Mehrwert von A_s entspricht also der Zinsersparnis $K_g \cdot R_g - K_s \cdot R_s$ pro Tag, multipliziert mit der Dauer n des Sonderstatus. Durch Umformung läßt sich der Kurs der Anleihe A_s daher folgendermaßen darstellen:

(4.10) $K_s = K_g \cdot [(1 + n \cdot R_g) / (1 + n \cdot R_s)]$

Da R_g größer als R_s ist, liegt K_s über K_g. Die Differenz der Kurse zwischen einer "on special"- und einer "general collateral" - Anleihe hängt vom Grad und von der Dauer des Sonderstatus ab. Da beide Faktoren unbekannt sind, muß korrekterweise von den *erwarteten* Zinskosten beziehungsweise der *erwarteten* Dauer gesprochen werden. Eine geringe Differenz kann bereits große Auswirkungen auf die Preisbildung am Kassamarkt haben, wenn die Nachhaltigkeit des Sonderstatus entsprechend lang eingeschätzt wird. Eine hohe Differenz zwischen dem allgemeinen und speziellen Pensionssatz wiederum wird sich kaum in den Kassamarktpreisen niederschlagen, wenn die Unterschiede als lediglich kurzfristig angesehen werden. Schließlich kann auch eine Anleihe einen Preisaufschlag am Kassamarkt aufweisen, obwohl sie "general collateral" ist, nämlich dann, wenn die Wahrscheinlichkeit vom Markt hoch eingeschätzt wird, daß sie in Zukunft "on special" sein wird.

Eine Möglichkeit, den Implikationen des Wertpapierpensionsmarktes auf die Zinsstrukturkurve Rechnung zu tragen, ist die Einführung eines Korrekturfaktors für Anleihen mit besonderer Nachfrage am Pensionsmarkt, der folgendermaßen errechnet wird:[151]

(4.11) $K_s \cdot [(1 + n \cdot R_s) / (1 + n \cdot R_g)]$

---

[151] Vgl. Duffie (1996), S. 521f.

Dieser Korrekturfaktor vermindert den Kassamarktpreis der entsprechenden Anleihe um die Effekte, die dem Pensionsmarkt zuzuschreiben sind und macht sie so vergleichbar mit Anleihen, die am Pensionsmarkt keinen Sonderstatus innehaben.

Die Berücksichtigung dieses Korrekturfaktors erfordert bei der Berechnung der Zinsstruktur nicht nur das Wissen um den Kassamarkt, sondern auch die Beobachtung des Wertpapierpensionsmarktes. Insbesondere wenn lediglich die liquidesten Emissionen als Datenbasis für die Zinsstruktur herangezogen werden, sind die Effekte des Pensionsmarktes zu bewerten. Einerseits haben in diesem Fall einzelne Emissionen ein größeres Gewicht bei der Bestimmung des Verlaufs der Zinsstruktur, andererseits werden liquide Emissionen häufig für Wertpapierpensionsgeschäfte verwendet, weshalb ihre Kurse oft nicht in das allgemeine Preisgefüge passen. Schließlich ist auch zu beachten, daß der Pensionsmarkt auf kurzfristige Transaktionen ausgerichtet ist. Das Vorliegen und das Ausmaß allfälliger Sonderstati von Anleihen ändert sich daher häufig und macht eine ständige Überprüfung des Korrekturfaktors notwendig.

4.2.2 Options- und Terminmarkt

Zinsforwardkontrakte sind vertragliche Vereinbarungen, die den Kauf beziehungsweise Verkauf einer bestimmten Menge einer Anleihe zu einem im voraus fixierten Preis zu einem späteren, feststehenden Zeitpunkt regeln. Zinsfutures sind standardisierte, börsegehandelte Forwardkontrakte. Im Gegensatz zu Futures besteht bei Optionen das Recht, nicht die Verpflichtung, einen zugrundeliegenden Basiswert zu einem bestimmten Zeitpunkt zu kaufen oder zu verkaufen. Dieses Recht wird durch die Bezahlung des Optionspreises bei Vertragsabschluß erworben.[152]

Options- und Futureskontrakte nehmen innerhalb des Finanzsystems eine wichtige Rolle ein, da sie der Übertragung des Preisrisikos dienen. Unerwünschte Kapitalschwankungen und Zinsvolatilitäten können damit ausgeschaltet werden. Ohne die Existenz eines Terminmarktes müssen Investoren bei Erwartung steigender Zinsen ihre Papiere zur Vermeidung von Kurs-

---

152 Hinsichtlich der Grundlagen von Options- und Termingeschäften sei auf die umfangreiche diesbezügliche Literatur verwiesen. Siehe beispielsweise Fabozzi/Fabozzi (1997), S. 1079ff.

verlusten verkaufen. Existiert hingegen ein Terminmarkt, ist ein Verkauf der Kassamarktposition zum Schutz gegen Zinserhöhungen nicht notwendig, da alternativ dazu eine entsprechende Terminmarktposition zur Absicherung eingegangen werden kann.

In aller Regel sehen die Bedingungen für Futureskontrakte vor, daß ein bestimmter Korb von Anleihen zur Erfüllung der Lieferverpflichtung herangezogen werden kann. Lieferbare Anleihen unterscheiden sich in diesem Aspekt von Anleihen, welche die Bedingungen für die Lieferfähigkeit nicht erfüllen. Die Lieferfähigkeit erhöht den Wert der entsprechenden Anleihe, da sie nicht nur zum Handel im herkömmlichen Sinn, sondern bei Bedarf auch zur Lieferung eines fälligen Terminkontrakts oder für Absicherungsgeschäfte verwendet werden kann. Die Möglichkeit der Absicherung erhöht die Qualität des betreffenden Wertpapiers, da sich dessen Kursrisiko reduziert. Anleihen, die nicht jederzeit mit einem laufzeitadäquaten Terminkontrakt abgesichert werden können, unterliegen hingegen einem Zins- beziehungsweise Kursänderungsrisiko, das durch die Basis determiniert ist, also dem Auseinanderdriften des Zinssatzes des Terminkontraktes und der jeweiligen Anleihe.

Die Liefermöglichkeit ist als eine Option zu sehen, deren Wert eine lieferbare Anleihe von nichtlieferbaren Anleihen unterscheidet. Die Lieferoption[153] hängt von der erwarteten Volatilität und der Laufzeit bis zur Fälligkeit des Kontraktes ab. Neben der Prämie für die Lieferoption erhöht die Lieferfähigkeit den Wert der Anleihe auch in einem weiteren Sinn, da viele institutionelle Investoren eher bereit sind, in sie zu investieren als in eine Anleihe, die keine Lieferfähigkeit besitzt. Ohne das Vorhandensein eines Terminmarktes wird der Kassamarkt von zahlreichen Marktteilnehmern als unvollständig angesehen. Insbesondere institutionelle Investoren ziehen ein Engagement am Kassamarkt oft lediglich dann in Erwägung, wenn die entsprechenden Terminmärkte dafür vorhanden sind. Durch die dann erhöhte Anzahl von Marktteilnehmern am Kassamarkt und das gesteigerte Transaktionsvolumen verbessert sich wiederum die Liquidität am Basismarkt. Die positive Beurteilung der Lieferfähigkeit äußert sich auch in der Tatsache, daß Anleihen, die in einen Terminkontrakt lieferbar sind, aufgrund ihrer meist höheren Liquidität häufig sehr niedrige Zinssätze am Wertpapierpensionsmarkt aufweisen.

---

153 Siehe beispielsweise Hedge (1989), S. 421f.

Unter vereinfachenden Annahmen kann argumentiert werden, daß das Vorhandensein von Options- und Terminmärkten keine Ergänzung des Marktes darstellt, da die auf diesen beiden Märkten eingegangenen Positionen auch durch entsprechende Kassamarkttransaktionen repliziert werden können. Geht man jedoch davon aus, daß kein perfekter Markt vorliegt, sondern Transaktionskosten anfallen, Informationsasymmetrien vorhanden sind und Unsicherheit über die zukünftige Volatilität besteht, stellen Options- und Terminmärkte eine Bereicherung des Angebots dar und sind keineswegs redundante Instrumente.[154]

Dies zeigt sich beispielsweise in der verbesserten Informationslage der Marktteilnehmer, die durch die Existenz eines Optionsmarktes entsteht.[155] Durch das Eingehen von Optionspositionen wird anderen Investoren Zusatzwissen vermittelt (beispielsweise über die erwartete zukünftige Volatilität), das bei Darstellung derselben Position durch Kassamarktinstrumente nicht zur Verfügung stünde. Angebot und Nachfrage nach Optionen zu verschiedenen Ausübungspreisen signalisieren die Bereitschaft von Investoren, Anleihen zu kaufen beziehungsweise zu verkaufen in Abhängigkeit von der Kursbewegung des zugrundeliegenden Instruments. Beispielsweise erhöht eine gestiegene Nachfrage nach Verkaufsoptionen die impliziten Volatilitäten und visualisiert damit ein vermehrtes Absicherungsbedürfnis. Dieselbe Information wäre nicht verfügbar, würden entsprechende dynamische Handelsstrategien am Kassamarkt durchgeführt, da die *Absicht*, Anleihen in Abhängigkeit von der Kursentwicklung zu kaufen und zu verkaufen, nicht beobachtbar ist. Zudem können die Preise für die Optionen zur Berechnung der impliziten Volatilität genutzt werden und daraus Rückschlüsse auf die erwartete, zukünftige Volatilität gezogen werden.

Neben Optionsmärkten tragen auch Futuresmärkte zur Gewinnung neuer Informationen bei. Dadurch, daß sich am Handel mit standardisierten Terminkontrakten eine Vielzahl von Marktteilnehmern beteiligen, die unterschiedliche Motive, Risikopräferenzen und Erwartungen aufweisen, ist die Informationsaggregation stärker und die Preisbildung effizienter. Daher ist hinsichtlich der Informationsfunktion der Kassamarkt, nicht aber der Terminmarkt, als de-

---

[154] Eine ausführliche Darstellung der ökonomischen Auswirkungen von derivativen Instrumenten und ihre Effekte auf den Kassamarkt findet sich bei Gibson/Zimmermann (1996).

[155] Siehe auch Varnholt (1995), S. 172f.

rivativer Markt zu betrachten.[156] Auch Arbitragetransaktionen zwischen Termin- und Kassamarkt erhöhen die Liquidität und tragen zur verbesserten Informationslage bei. Damit wird das Risiko verringert, daß Kurse nicht mit den Fundamentaldaten des Marktes übereinstimmen, was in weiterer Folge eine Reduzierung der Transaktionskosten bewirkt.

Aufgrund dieser Ausführungen ist zu erwarten, daß für jene Laufzeitsegmente, für die laufzeitadäquate Terminkontrakte existieren, ceteris paribus ein niedrigeres Zinsniveau vorliegt als für jene Laufzeiten, für die kein Terminmarkt zur Verfügung steht. Die Gründe dafür liegen in der erhöhten Liquidität und verbesserten Informationseffizienz. Jedoch ist auch die Annahme weit verbreitet, daß Terminmärkte eine höhere Volatilität aufweisen als Kassamärkte, wenngleich dafür keine ökonomische Theorie zur Hand und die empirische Evidenz kontrovers ist.[157] Bei Zutreffen dieser Annahme weisen Anleihen, deren Laufzeit im Nahbereich der Laufzeit des Terminkontraktes liegt, dann ein höheres Zinsniveau auf, wenn die höhere Volatilität des Terminmarktes auf den Kassamarkt überschwappt und Investoren für dieses erhöhte Risiko eine Kompensation verlangen.[158]

4.3 Marktanomalien

Dieses Kapitel schließt an die Ausführungen in Kapitel 3.2.2.2 an, in dem den in der traditionellen Finanzmarkttheorie unterstellten rationalen Verhaltensweisen irrationale Entscheidungsregeln gegenüberstellt wurden. Unter Marktanomalien werden einmalige oder regelmäßige Beobachtungen von Kurs- und Renditebewegungen verstanden, die mit den etablierten Kapitalmarkttheorien nicht erklärt werden können. Während Untersuchungen von Anomalien für den Aktienmarkt Tradition haben,[159] existieren für den Anleihemarkt nur wenige diesbezügliche Studien. Zu den bekanntesten Anomalien zählen Renditesaisonalitäten, das sind zeit-

---

156 Siehe Gibson/Zimmermann (1996), S. 22. Zudem stellt Varnholt (1995), S. 173, fest, daß die raschere Informationsverarbeitung am Terminmarkt Kurssprünge am Basismarkt geringer ausfallen läßt, räumt aber ein, daß dies für Aktienmärkte weitaus relevanter ist als für Anleihenmärkte.

157 Kobold (1986), S. 298ff., versucht ein Abwägen zwischen stabilisierenden und destabilisierenden Faktoren, die sich durch einen Terminmarkt ergeben und kommt zur Ansicht, daß erstere überwiegen.

158 Siehe Anderson u. a. (1996), S. 53.

159 Ein Überblick über die bedeutendsten Anomalien am Aktienmarkt findet sich beispielsweise bei Pichler (1993), S. 119.

lich bedingte Schwankungen, die sich mehr oder minder unverändert wiederholen. Deren Auftreten widerspricht der Annahme, daß die Rendite eines Wertpapiers zufällig und unsystematisch um ihren Erwartungswert schwankt. Gemäß der Theorie effizienter Märkte sind alle verfügbaren Informationen zum Zeitpunkt Null in die Wertpapierkurse eingerechnet, weshalb keine bessere Prognose als die des Gesamtmarktes möglich ist. Abweichungen ergeben sich lediglich durch neue Informationen, deren Aufkommen einem reinen Zufallsprozeß unterliegt, die sich in den Berechnungen als "weißes Rauschen" niederschlagen und sich über einen längeren Zeitraum kompensieren.[160] Das Modell schließt somit aus, daß die durchschnittlichen Renditen eines bestimmten Monats (eines bestimmten Wochentages) von anderen Monaten (Wochentagen) signifikant abweichen. Dennoch existieren Untersuchungen, die saisonale Renditemuster feststellen, ohne daß bis dato befriedigende Erklärungen dafür gefunden worden wären.

So wurde für den amerikanischen Anleihemarkt eine Jänneranomalie insofern nachgewiesen, als Anleihen mit niedrigem Rating (BAA und schlechter), einen signifikant höheren Ertrag im Jänner aufweisen als in den restlichen Monaten im Jahr. Darüber hinaus wurde für bonitätsschwächere Anleihen ein höherer Ertrag in der ersten Jahreshälfte als in der zweiten festgestellt. Nicht jedoch konnte für den US-amerikanischen Staatsanleihemarkt diese Ertragssaisonalität bestätigt werden.[161] Zum Teil, jedoch nicht ausschließlich, wird die Jänneranomalie auf steueroptimierendes Verhalten der Marktteilnehmer zurückgeführt. Demnach werden am Jahresende jeweils jene Anleihen verkauft, die während des Jahres die größten Kursverluste erlitten haben. Durch die Realisierung der Kursverluste wird der zu versteuernde Gewinn vermindert. Diese steuerinduzierten Verkäufe drücken die Kurse der Anleihen kurzfristig unter ihr Gleichgewichtsniveau, sodaß im Jänner, wenn dieses Niveau wieder erreicht wird, Überrenditen erzielt werden können.[162]

---

160 Darauf wird in Kapitel 6 dieser Arbeit noch genauer eingegangen werden.

161 Siehe beispielsweise Gudikunst/McCarthy (1997), S. 42, oder Chang/Pinegar (1986), S. 397.

162 Siehe Chang/Pinegar (1986), S. 399. Gegen diese Hypothese argumentieren hingegen beispielsweise Frantzmann (1989), S. 103f., oder Jones/Pearce/Wilson (1987), S. 453ff. Eine weitere Erklärung könnte im sogenannten "window dressing" liegen. Da gegen Jahresende Portefeuillemanager Rechenschaft gegenüber ihren Vorgesetzten und Kunden ablegen müssen, wird eine Portefeuille - Umstrukturierung vorgenommen, indem Anleihen weniger bekannter Unternehmen oder mit niedrigerem Rating verkauft werden und dafür vermehrt in Staatsanleihen oder im Geldmarkt investiert wird. Dadurch wird ein "repräsentatives" Portefeuille ausgewiesen. Aber auch bei dieser Annahme bleibt ungelöst, warum in diesem Fall nicht unterdurchschnittliche Renditen für die für das "window dressing" benutzten Staatsanleihen im Jänner anfallen. Neben

Der auch auf Aktienmärkten wiederholt festgestellte Montagseffekt wurde für den US-amerikanischen Markt unter anderem für den drei-, sieben- und dreißigjährigen Laufzeitbereich festgestellt. Als Montagseffekt wird dabei die Beobachtung bezeichnet, wonach Montagsrenditen (Rendite von Freitag Börsenschluß bis Montag Börsenschluß) kleiner als die an anderen Wochentagen erzielten Renditen sind. Als wahrscheinliche, allerdings empirisch nicht belegbare Erklärung wird meist angeführt, daß Risikoprämien in den Kursen während des Wochenendes zunehmen, um den Investor für das zusätzliche Risiko zu entschädigen, daß während der handelsfreien Tage neue Informationen auftauchen. Da sich diese Risikoprämie am Montag wieder zurückbildet (hohe Freitags-, niedrige Montagskurse) ergibt sich eine vergleichsweise niedrige Rendite.[163] Neueste Untersuchungen jedoch wiederum stellen fest, daß die Renditen der genannten Wertpapierkategorien gleichmäßig über die Wochentage verteilt sind, demnach also kein Monatseffekt vorliegt.[164] Auch marktspezifische Konventionen hinsichtlich Clearing und Settlement können einen Montagseffekt bewirken. Für den deutschen Anleihemarkt wurde ein Dienstagseffekt in Form signifikant negativer Dienstagsrenditen festgestellt, für die allerdings keine ökonomische Erklärung gefunden wurde.[165]

Nicht nur Renditesaisonalitäten, auch zeitlich differierende Schwankungen der Volatilität von Anleihenrenditen wurden empirisch festgestellt.[166] Auch hier ist zu betonen, daß sich diese von Markt zu Markt unterschiedlich darstellen können. Für den US-amerikanischen Markt wurden beispielsweise signifikant höhere Renditevolatilitäten an Freitagen als an anderen Wochentagen festgestellt. Genauere Analysen ergaben, daß sich dieser Effekt darauf zurückführen läßt, daß an diesem Tag eine Reihe von ökonomischen Daten (beispielsweise Arbeitslosen- und Inflationsstatistiken) periodisch publiziert werden. Aufgrund der zunehmenden Globalisierung und der Konformität der Verhaltensweisen, die dazu führt, daß Reaktionen am amerikanischen Markt auch auf die anderen wichtigen Kapitalmärkte überschwappen, ist nicht

---

überdurchschnittliche Jännerrenditen bringt die Untersuchung über den US - Anleihemarkt von Schneeweis/Woolridge (1979), S. 948, auch ebensolche im Oktober zutage.

163 Vgl. beispielsweise Flannery/Protopapadakis (1988), S. 447f. Diese stellen auch fest, daß der Montagseffekt umso ausgeprägter ist, je länger die Restlaufzeit des entsprechenden Wertpapiers ist. Singleton/Wingender (1994), S. 538, führen dies darauf zurück, daß die den Montagseffekt verursachenden schlechten Nachrichten auf längerlaufende Anleihen größere Auswirkungen haben als auf kürzerlaufende.

164 Siehe de Vassal (1998), S. 14.

165 Vgl. Frantzmann (1989), S. 134.

166 Siehe de Vassal (1998), S. 15f.

auszuschließen, daß dieser Effekt auch am österreichischen Anleihemarkt zu beobachten ist, wenngleich vermutlich in abgeschwächtem Ausmaß.

Eine weitere Saisonalität bei Staatsanleihen läßt sich mit den Auktionsterminen in Verbindung bringen. Bei US-Staatsanleihen wurde eine Tendenz steigender Sekundärmarktrenditen in den Tagen *vor*, und sinkender Renditen in den Tagen *nach* einer Auktion beobachtet.[167] Erklärbar ist dieses Muster aufgrund der Aktivitäten im „when-issued" - Markt.[168]

Neben den Kalenderanomalien existieren Verhaltensanomalien, in die im weitesten Sinn alle nicht-rationalen Verhaltensweisen eingereiht werden könnten.[169] Als ein Beispiel für Verhaltensanomalien sei der Überreaktionseffekt genannt, der das empirische Phänomen beschreibt, wonach Akteure auf den Finanzmärkten neuen, außergewöhnlichen Marktdaten zu große Bedeutung für ihre Auswahlentscheidungen beimessen.[170] Ältere (Basis-)Informationen werden unterbewertet, wenn es um Vorhersagen von Kursentwicklungen geht. Auch sogenannte fundamentale (konjunkturelle, etc.) Rahmendaten sind weniger relevant. Vielmehr beeinflussen kurzfristige Nachahmungsstrategien das Entscheidungsverhalten.

Für die Anomalien am österreichischen Anleihemarkt existieren zuwenig Untersuchungen, um ihre möglichen Auswirkungen auf die Zinsstruktur abschätzen zu können. Zusammenfassend läßt sich feststellen, daß Anomalien nicht nur marktspezifisch, sondern auch periodenspezifisch auftreten. Da sich Anomalien von Markt zu Markt unterscheiden, können keine Rückschlüsse von den Untersuchungsergebnissen des einen Marktes auf einen anderen gezogen werden. Unabhängig von detaillierten Studien ist aber jedenfalls anzumerken, daß Renditebewegungen insbesondere um die Jahreswende oft durch Sondereinflüsse verursacht sind.

---

167 Siehe ausführlicher dazu de Vassal (1998), S. 7 - 9.

168 Daher kann diese Saisonalität strenggenommen nicht zu den Anomalien gereiht werden, da Anomalien nicht-erklärbare Renditeschwankungen darstellen. Erläuterungen zum „when - issued" - Markt siehe Kapitel 2.2 dieser Arbeit.

169 Siehe verhaltenswissenschaftlicher Ansatz in Kapitel 3.2.2.2 dieser Arbeit.

170 Vgl. zur Diskussion um die Überreaktionsthese de Bondt/Thaler (1985).

4.4 Zusammenfassung

Die klassischen Zinsstrukturtheorien und ihre modernen Weiterentwicklungen stützen sich bei der Erklärung der Zinsstruktur in erster Linie auf die Rolle von Erwartungen und Laufzeitpräferenzen. Die in diesem Kapitel angesprochenen Effekte der Konvexität, des Wertpapierpensions-, Termin- und Optionsmarktes und der Kursanomalien hingegen werden in der Regel nicht modelliert. Dies liegt vermutlich daran, daß diese Effekte teilweise schwierig zu quantifizieren sind (vor allem hinsichtlich der derivativen Segmente), unregelmäßig auftreten (hinsichtlich der Anomalien) oder als vernachlässigbar angesehen werden (hinsichtlich des Konvexitätseffekts für kurz- bis mittelfristige Laufzeiten). Diese Nichtbeachtung ist allerdings nicht immer gerechtfertigt.

Zunächst wurde der Konvexitätseffekt angeführt, der insbesondere für langfristige Zinsstrukturberechnungen (über zehn Jahre) eine Rolle spielt. Er bewirkt, daß sich die Zinsstruktur für längere Fristigkeiten nach unten krümmt, wobei das Ausmaß der Krümmung von der Volatilität abhängt. Die Quantifizierung dieses Effekts bereitet keine allzu großen Schwierigkeiten, da die Konvexität von Anleihen in anderen Zusammenhängen bereits ausführlich in der Literatur behandelt wurde.

Weiters wurde gezeigt, daß die Preisdifferenzierung von Anleihen nicht nur von Kriterien wie Bonität, Liquidität, etc. abhängt, sondern auch von in ihrer Stellung am Termin- und Wertpapierpensionsmarkt.[171] Die Vernachlässigung dieser derivativen Segmente könnte bei der Ermittlung der Zinsstruktur jedoch zu irreführenden Ergebnissen führen, da deren Bedeutung für die Preisbildung am Kassamarkt steigt.

Abschließend wurde auf Marktanomalien eingegangen, von denen einige exemplarisch genannt wurden. Diese äußern sich vor allem in zeitlich identifizierbaren Renditemustern, die

[171] Nicht eingegangen wurde auf Unterschiede von Anleihen, die stripfähig sind und solchen, die diese Option nicht haben. Grundsätzlich kann argumentiert werden, daß das Anleihestripping die Liquidität im betreffenden Instrument eher reduziert, nicht nur aufgrund des an und für sich geringeren Volumens, sondern auch aufgrund des Wegfalls des "underlyings" für den Wertpapierpensionsmarkt. Diesem negativen Effekt steht die Option des Stripping und einer allfälligen Rekonstruierbarkeit der Anleihe gegenüber, die aufgrund der zusätzlichen Strategien und Arbitragemöglichkeiten einen positiven Wert für die Besitzer der betreffenden Anleihe beinhaltet und durch den dadurch vermehrten Handel auch die Liquidität erhöht.

eine systematische Komponente der Zinsentwicklung erzeugen. Wenngleich am Anleihemarkt die Bedeutung dieser Anomalien weitaus geringer ist als am Aktienmarkt, sollten nicht-rationale Bewertungsmuster und markttechnische Einflüsse, insbesondere um die Jahreswende, bei der Interpretation der Zinsstruktur nicht außer acht gelassen werden.

5 Ermittlung der Zinsstruktur

5.1 Verwendete Datenbasis

Dieses Kapitel leitet zum empirischen Teil der Arbeit über, welcher der Berechnung von Zinsstrukturkurven für den österreichischen Anleihemarkt gewidmet ist. Zwei Entscheidungen beeinflussen das Ergebnis von Zinsstrukturschätzungen. Eine davon ist die Auswahl einer geeigneten Datenbasis, auf die unmittelbar anschließend eingegangen wird. Der zweite Aspekt ist die Wahl eines Schätzverfahrens, das den gestellten Anforderungen, die von der jeweiligen Zielsetzung abhängen, gerecht wird. Dieser Punkt wird nach den Überlegungen zur Datenbasis diskutiert.

5.1.1 Alternative Datenbasen

Vorweggenommen sei, daß in dieser Arbeit die Zinsstruktur aus Kursen von Kuponanleihen abgeleitet wird. Dies ist zwar die gebräuchlichste, jedoch nicht unbedingt die naheliegendste Methode der Zinsstrukturschätzung. Grundsätzlich sind alternative Datengrundlagen wie Nullkuponanleihen, Strips, Futures oder Swaps denkbar, deren jeweiligen Vor- und Nachteile im folgenden kurz erörtert werden.

Wie in Kapitel 3.1.2 dargestellt, können Kassazinssätze auch als Nullkuponsätze angesehen werden, da sie für Instrumente gelten, bei denen einer Einzahlung zu Beginn eine Auszahlung am Ende ihrer Laufzeit gegenübersteht. Die Verwendung von Zinssätzen von tatsächlichen Nullkuponanleihen ist daher der geradlinigste Weg zu einer Zinsstrukturkurve. Allerdings ist dafür Voraussetzung, daß über das gesamte Laufzeitspektrum Kurse von Nullkuponpapieren (nach Möglichkeit desselben Emittenten) zur Verfügung stehen. Dies ist praktisch nie der Fall und auch der österreichische Anleihemarkt bildet hier keine Ausnahme. Alternativ dazu können Strips für Bundesanleihen[172], die de facto Nullkuponanleihen darstellen, als Ausgangsba-

[172] Siehe Kapitel 2.2.4 dieser Arbeit.

sis herangezogen werden. Für die Schätzungen in dieser Arbeit mußte auch diese Möglichkeit verworfen werden, da der Stripsmarkt für Bundesanleihen erst mit Oktober 1996 eröffnet wurde und zudem bis 1998 mangels Börsenotierung keine offiziellen Kurse von Strips zur Verfügung standen. Die direkte Ermittlung der Zinsstrukturkurve aus Strips sieht zudem lediglich auf den ersten Blick verlockend aus. Nach den Erfahrungen in den USA, wo ein etablierter Stripsmarkt bereits seit mehr als einem Jahrzehnt vorliegt, ist die Schätzung der Zinsstruktur im Wege von Kuponanleihen die bessere Alternative. Dies erklärt sich aufgrund von Liquiditätsdifferenzen zwischen den Kuponanleihen und Strips (letztere sind häufig weniger liquide) und aufgrund unterschiedlicher steuerlicher Behandlung zwischen Kuponanleihen und Strips, die zu Kursverzerrungen führt. Nicht zuletzt ist auch der Rekonstituierungseffekt bei Strips (Wiederherstellung der Gesamtanleihe) zu beachten, die dem Inhaber von Strips im Vergleich zu anderen Nullkuponanleihen einen Vorteil bieten.[173]

Eine weitere mögliche Datengrundlage zur Ermittlung der Zinsstruktur ist der Futuresmarkt. Dieser liefert originäre Terminzinssätze, aus denen Kassazinssätze abgeleitet werden können (in Umkehrung der üblichen Vorgehensweise, bei der aus Kassazinssätzen Terminzinssätze errechnet werden). Zwar gelten Staatspapiere und somit auch darauf gehandelte Futureskontrakte nicht unbedingt als bonitätsrisikoident, da die Zahlungen aus den Terminkontrakten nicht vom jeweiligen Staat, sondern (bei börsegehandelten Kontrakten) von einem Clearinghaus garantiert werden. Da allerdings ex ante nicht feststeht, ob zum Zeitpunkt der Fälligkeit des Kontraktes die long - oder short - Position im Geld sein wird, sollte der erwartete Wert der aufgrund der Bonitätsunterschiede bedingten Differenzen Null betragen. Daher dürften auch die kassamarktimpliziten Terminzinssätze (berechnet aus der Kassazinsstruktur) und die am Terminmarkt tatsächlich beobachtbaren Terminzinssätze nicht voneinander abweichen. Allerdings bestehen Differenzen zwischen Kassa- und Terminmarkt aufgrund unterschiedlicher Marktliquidität, Transaktionskosten und Hinterlegungsanforderungen.[174] Wie in Kapitel 4.2.2 bereits erläutert, ist auch der Wert der Lieferoption zu beachten.

All diesen Einschränkungen in der Vergleichbarkeit von Termin- und Kassamarkt steht der Vorteil gegenüber, daß in tatsächlichen Terminmarktzinssätzen keine Risikoprämie enthalten

---

173 Siehe dazu weiterführend für den US - Stripsmarkt Daves/Ehrhardt (1993), S. 315 - 329.

ist, wie sie für die Kassamarktzinssätze postuliert wird.[175] Gerade diese Risikoprämie stellt das Hauptproblem bei der Überprüfung der Zinsstrukturtheorien dar, da sie kaum von den anderen Einflußfaktoren, insbesondere den Erwartungen, zu trennen ist. Die Nichtexistenz einer Risikoprämie könnte daher auch der Grund sein, daß zumindest in einigen Untersuchungen die aus dem Terminmarkt abgeleiteten Zinssätze bessere Prognoseeigenschaften aufweisen als die aus dem Kassamarkt geschätzten.[176] Aber auch dieser Vorteil relativiert sich, da nämlich eine „Versicherungs"prämie in den Terminkontrakten enthalten ist, die von der Bereitschaft abhängt, mit der Spekulanten das Risiko jener übernehmen wollen, die ihre Positionen abzusichern trachten.

Analog zu den Strips ist jedoch als wichtigstes Argument gegen die Verwendung des Terminmarktes die geringe Datenstruktur zu nennen. Selbst in höherentwickelten Kapitalmärkten wird im günstigsten Fall jeweils ein kurz-, mittel- und langfristiger Kontrakt an einer offiziellen Börse gehandelt.[177]

Swapsätze sind die dritte Alternative, die als Datengrundlage für die Zinsstrukturschätzung zu nennen ist. Ein Swap ist eine Kombination aus einem fixverzinsten Teil, dessen Zahlungen auf der Grundlage eines fixen Swapsatzes erfolgen, und einem variabel verzinsten Teil. Wird der Swapsatz derart gewählt, daß die Barwerte beider Seiten gleich hoch sind, dann entspricht der fixe Teil einer fiktiven Kuponanleihe, deren Kuponzahlungen genau auf der Zinsstrukturkurve liegen. Ein Argument gegen die Verwendung von Swapsätzen ist der Umstand, daß sie nicht nur die Abhängigkeit des Zinssatzes von der Laufzeit widerspiegeln, sondern auch ein Bonitätsrisiko beinhalten. Dieses Bonitätsrisiko hängt von den jeweiligen Transaktionspartnern ab (in der Regel Banken) und unterliegt Schwankungen, weshalb es nicht eindeutig

---

174 Siehe Cole/Impson/Reichenstein (1991), S. 592f.

175 Für eine genauere Erörterung des Zusammenhangs zwischen Kassa- und Terminpreisen sowie zur Frage der Existenz einer Risikoprämie am Terminmarkt siehe Levin/Schulte-Mattler (1994), S. 67f.

176 Zugunsten des Terminmarktes ging dieser Vergleich lediglich für das kurzfristige Marktsegment aus. Siehe beispielsweise Kamara (1990), S. 398 - 404, oder Cole/Impson/Reichenstein (1991), S. 595 - 600. Die Analyse langfristiger Zinssätze hingegen am Beispiel von Terminkontrakten von US-Anleihen ergab gemäß Rzepczynksi (1987), S. 660f., daß die Prognosen anhand der Terminkontrakte zu verzerrten Ergebnissen führen. Zu demselben Schluß kamen Levin/Schulte-Mattler (1994), S. 71, für den deutschen Zins-Futuremarkt.

177 Außerbörslich gehandelte Kontrakte eignen sich nicht für diesen Zweck, da die Daten schwer zugänglich sind und (im Gegensatz zu den börsegehandelten Kontrakten) keine Kontinuität gegeben ist.

quantifizierbar ist. Allerdings ist das Bonitätsrisiko von Swaps weit geringer als bei Anleihen, da nur Zins-, nicht jedoch Kapitalzahlungen davon betroffen sind.[178] Schwerer wiegt daher ein weiteres Argument gegen die Verwendung von Swapsätzen, nämlich die aufgrund der Intransparenz des Swapmarkts vorhandenen Probleme bei der Datenbeschaffung. Damit eignen sich Swapsätze nur bedingt für die in dieser Arbeit gesteckte Zielsetzung, die auf einem möglichst effizienten und transparenten Markt aufbaut. Denkbar sind jedoch weitergehende Untersuchungen, die der Analyse des Bonitätsaufschlags sowie seiner Schwankungen dienen. Dies könnte beispielsweise mittels eines empirischen Vergleichs zwischen den aus Staatsanleihen berechneten Zinsstrukturen und den Swapsätzen erfolgen.

Wie einleitend festgestellt erfolgt daher die Ermittlung der Zinsstruktur in dieser Arbeit anhand von kupontragenden Staatsanleihen. Idealerweise besitzen die für die Berechnung der Zinsstruktur ausgewählten Anleihen neben identischer Bonität auch vergleichbare Liquidität, Nominalverzinsung, Besteuerungs- und Tilgungsmodalitäten. Auch sollten sie sich hinsichtlich ihrer Lieferfähigkeit in Terminkontrakte, ihrer Stellung im Wertpapierpensionsmarkt und sonstiger Klauseln wie Stripfähigkeit nicht unterscheiden.[179] Staatsanleihen entsprechen diesen strengen Homogenitätskriterien am ehesten, allerdings keineswegs vollständig. Die Beschränkung auf gänzlich homogene Anleihen, die sich lediglich in ihrer Restlaufzeit unterscheiden, reicht für eine befriedigende Schätzung und eine lückenlose Darstellung der Zinsstrukturkurve nicht aus. Es ist daher ein geeigneter Kompromiß zwischen Homogenitätspostulat einerseits und möglichst vielen Zahlungsströmen (mit breiter Verteilung über das zu schätzende Laufzeitspektrum) andererseits zu finden, für den allerdings kein exaktes Auswahlkriterium existiert. Wie noch im nächsten Kapitel erläutert werden wird, ist für die stärkere Beachtung des einen oder anderen die zugrundeliegende Marktstruktur und der mit der jeweiligen Untersuchung verfolgte Zweck ausschlaggebend.

---

[178] Siehe ausführlicher dazu Tuckman (1995), S. 200f.

[179] Diese Eigenschaften von Anleihen in Zusammenhang mit den abgeleiteten Marktsegmenten werden meist vernachlässigt. In hochentwickelten Anleihenmärkten spiegeln sich diese Merkmale jedoch in den Kursen der Anleihen wider und sollten daher beachtet werden. Siehe auch Kapitel 4.2 dieser Arbeit.

5.1.2 Die Auswahl der Anleihen

Die Datenbasis für die Zinsstrukturermittlung setzt sich aufgrund der soeben genannten Gründe aus den Kursen und Ausstattungsparametern österreichischer Bundesanleihen zusammen. Die Schätzungen wurden auf monatlicher Basis, von Jänner 1991 bis Dezember 1998 durchgeführt, was 90 Zeitpunkten für die Schätzungen entspricht. Grundsätzlich wäre ein längerer Zeitraum von Vorteil gewesen. Die Beobachtungen vor dem Jahr 1991 wurden jedoch nicht in die Untersuchung aufgenommen, da dies, bedingt durch die Modernisierungsmaßnahmen am österreichischen Anleihemarkt[180] zu einem Strukturbruch geführt hätte. Ab dem Jahr 1991 erschien es jedoch vertretbar, davon auszugehen, daß sich Zinssätze nach einheitlichen, nachvollziehbaren Kriterien bildeten, was für die Jahre vor diesem Zeitpunkt nicht ohne weiteres anzunehmen ist.

Die verwendeten Kurse stellen allerdings keine echten Kassa-, sondern Terminpreise dar. Dies ergibt sich aus dem Abwicklungssystem: Die Abwicklung der Käufe und Verkäufe erfolgte bei Börsetransaktionen bis Ende 1997 bis zu 14 Tage nach deren Abschluß, nach diesem Zeitpunkt wurde auf ein rollierendes Settlement mit T+3 übergegangen.[181] Die Differenz zwischen den (Termin-)Kursen und den echten (allerdings nicht beobachtbaren) Kassakursen ergibt sich aufgrund einer Risikoprämie, die von der erwarteten Volatilität des Marktes bis zum Abrechnungszeitpunkt abhängt. Sie fällt umso ausgeprägter aus, je höher die erwartete Volatilität und je größer die Unsicherheit über die zu erwartende Volatilität ist. Die Höhe dieser Risikoprämie wird allerdings als gering eingestuft. Da zudem alle Anleihen gleichermaßen davon betroffen sind - wenngleich aufgrund der laufzeitabhängigen Volatilität nicht im selben Ausmaß - wurde in dieser Untersuchung diese Prämie nicht berücksichtigt. Der Vollständigkeit halber sei erwähnt, daß die Berechnung der Börserenditen in dieser Arbeit unter der Annahme erfolgt, daß der Kurstag mit dem Abrechnungstag identisch ist.

Die Beschränkung auf den Bund als Emittenten bei der Berechnung der Zinsstruktur schaltet zwar Bonitäts-, nicht jedoch Liquiditätsdifferenzen aus. Unterschiedliche Liquidität führt ei-

---

180 Siehe Kapitel 2 dieser Arbeit.

181 Siehe die Erläuterungen in Kapitel 2.2.1 dieser Arbeit.

nerseits zur Verletzung des bereits erwähnten Homogenitätsprinzips, andererseits ist bei unzureichender Liquidität nicht gewährleistet, daß die dem Modell zugrundeliegenden Arbitrageüberlegungen auch tatsächlich umgesetzt werden können.[182] Um einigermaßen vergleichbare Marktgängigkeit der in die Berechnung einbezogenen Wertpapiere zu gewährleisten, wurden Bundesobligationen nicht berücksichtigt, die keinen funktionierenden Sekundärmarkt und daher einen Preisabschlag aufweisen.

Um Liquiditätsdifferenzen noch weiter auszuschalten, könnte bei der Berechnung der Zinsstruktur auf sogenannte Benchmarkemissionen zurückgegriffen werden.[183] Die gegenwärtige Emissionspolitik bei Bundesanleihen bedingt jedoch Schätzprobleme bei einer derartigen Vorgehensweise. In der Regel haben die emittierten Bundesanleihen eine Laufzeit von fünf oder zehn Jahren. Naturgemäß weisen damit davon abweichende Laufzeitbereiche geringere Liquidität auf als diese Segmente, die regelmäßig mit Neuemissionen versorgt werden. Für verläßliche Schätzungen ist jedoch weniger die Anzahl der einbezogenen Anleihen, als vielmehr deren gleichmäßige Verteilung über das gesamte zu schätzende Laufzeitspektrum ausschlaggebend. Die Beschränkung auf echte Benchmarkemissionen hätte bewirkt, daß die vorhin genannten problematischen Laufzeitkategorien nicht besetzt sind und die Schätzung nicht durchführbar oder verfälscht ist. Die entgegengesetzte Alternative wäre die Erweiterung der Datenbasis auf alle ausstehenden Bundesanleihen, was aufgrund deren heterogenen Liquidität ebenfalls Fehlschätzungen nicht ausschließt. Ein Mittelweg zwischen den beiden genannten Alternativen erschien daher zielführend und wurde auch in dieser Arbeit eingeschlagen. Dazu wurde das Alter jeder Bundesanleihe als Indikator für ihre Liquidität festgelegt,[184] und nur jene Anleihen in die Datenbasis aufgenommen, deren Emissionsdatum maximal 2,5 Jahre vor dem jeweiligen Schätzdatum lag.[185] Damit wurden einerseits illiquide Anleihen eliminiert,

---

182 Nicht nur die mangelnde Liquidität, auch die Konvention, wonach Anleihenkurse in Einheiten von maximal 0,01 Schilling dargestellt werden, behindert die ungehinderte Umsetzung der Arbitragetheorie, wenngleich letzteres in vernachlässigbarem Ausmaß.

183 „Benchmarks“ sind Anleihen höchster Bonität und Liquidität, deren Renditen als Richtschnur für die Bewertung anderer Anleihen herangezogen werden, indem je nach Ausstattung dieser anderen Anleihe Aufschläge für Bonität, Liquidität, etc. auf die Benchmark - Rendite vorgesehen werden.

184 Als weiteres oder alternatives Kriterium wäre beispielsweise die Höhe des Emissionsvolumens pro Anleihe denkbar.

185 Eine Anleihe mit Emissionsdatum 4. Jänner 1995 beispielsweise wurde bis zum Schätzdatum Juni 1997 berücksichtigt.

andererseits war aber dennoch gewährleistet, daß alle Laufzeitbereiche ausreichend mit Daten besetzt sind.[186]

Neben der Bonität und Liquidität ist die Höhe der Nominalverzinsung eine weitere Komponente, deren Uneinheitlichkeit zu einer Verzerrung der Zinsstruktur führen kann. Dies hängt mit der steuerlichen Ungleichbehandlung von realisierten Kursgewinnen (außerhalb der Spekulationsfrist) und Kuponzahlungen bei Privatpersonen zusammen.[187] Für steuerpflichtige Privatanleger führen Anleihen mit hohen Kupons zu vergleichsweise niedrigeren Erträgen nach Steuer, was eine Präferenz für Niedrigkuponanleihen seitens dieser Investorengruppe erzeugt. Allerdings ist die dezidierte Berücksichtigung des steuerlichen Kuponeffekts bei der Berechnung der Zinsstruktur in der Literatur lediglich von wenigen Autoren auch tatsächlich durchgeführt worden.[188] In der gegenständlichen Untersuchung wird die steuerliche Kuponverzerrung vernachlässigt, da für eine exakte Erfassung die genaue Erwerbsstruktur zum jeweiligen Schätzzeitpunkt pro Anleihe oder zumindest verläßliche diesbezügliche Schätzungen benötigt werden.[189] Als Alternative wäre es theoretisch denkbar, nur Anleihen mit identischen Kupons in die Schätzbasis aufzunehmen und so den Kuponeffekt zu eliminieren. Klarerweise würde dieses Vorgehen die Datenbasis derart verkleinern, daß die dadurch entstehenden Schätzungenauigkeiten eine allfällige Verbesserung aufgrund der Kuponangleichung mehr als zunichte oder die Schätzung gänzlich unmöglich machen. Die relative Preisgestaltung von Hoch- und Niedrigkuponanleihen dürfte sich zudem eher weniger aus den Präferenzen von Privatanlegern als vielmehr aus jenen der bilanzierenden Investoren ableiten lassen, deren Kapitalerträge dem jeweils individuellen Steuersatz unterliegen. Daher könnte vermutet werden, daß diese Gruppe (Banken, Industrieunternehmen, Versicherungen, etc.) unter pari notierende Anleihen bevorzugt, um Abschreibungen aufgrund negativer Differenzen zwischen Erwerbs- und Rückzahlungskurs zu vermeiden.

---

[186] Der unterschiedlichen Liquidität wurde weiters dadurch Rechnung getragen, als simultan zur Zinsstrukturberechnung auch die Ermittlung von Liquiditätsaufschlägen erfolgte. Dieser Ansatz wird noch erläutert werden.

[187] Siehe Fußnote 21 dieser Arbeit.

[188] Neben Deacon/Derry (1994), S. 42 - 51, berechneten beispielsweise auch Schaefer (1981), S. 417ff., oder McCulloch (1975), S. 813ff., Zinsstrukturkurven unter Berücksichtigung von Steuern.

[189] Auf die mangelhafte Datenbasis hinsichtlich der Erwerbsstruktur am österreichischen Anleihemarkt wurde bereits in Kapitel 2.4 dieser Arbeit hingewiesen.

Die sonstigen Ausstattungsmerkmale, wie Tilgungs- und Kuponzahlungsmodalitäten waren bei den in die Datenbasis aufgenommenen Bundesanleihen identisch,[190] sodaß keine weiteren Anpassungen notwendig wurden. Unterschiede jedoch bestanden in der Lieferfähigkeit von Anleihen in den AGB-Terminkontrakt.[191] Um Vergleichbarkeit zwischen lieferbaren und nicht lieferbaren Anleihen herzustellen, wären der Lieferoption und die erhöhte Liquidität der lieferbaren Anleihen zu berücksichtigen. Die im Vergleich zu anderen Märkten untergeordnete Bedeutung des österreichischen Terminmarktes ließen es jedoch gerechtfertigt erscheinen, die Auswirkungen dieses Segments auf den Kassamarkt zu vernachlässigen. Ebenso blieben etwaige Einflüsse des Wertpapierpensions- und Stripsmarkts außer acht.[192]

Zu beachten ist auch das mögliche Vorliegen von Laufzeitpräferenzen und Marktsegmentierungen.[193] Wenn Käufergruppen existieren, die lediglich in bestimmte Laufzeiten investieren, ist ein in diesem Bereich vergleichsweise niedriges Zinsniveau zu erwarten. Dies ergibt sich nicht nur aufgrund der erhöhten (preisunelastischen) Nachfrage, sondern auch, weil es sich dabei zumindest teilweise um langfristig orientierte Investoren handelt, deren Nachfrage die Liquidität dieses Segments negativ beeinflußt. Allerdings erscheint es mehr als fraglich, daß die Quantifizierung und allfällige Eliminierung der Auswirkungen dieser Präferenzen tatsächlich eine Verbesserung der Zinsstrukturschätzung mit sich bringt. Vielmehr kann argumentiert werden, daß die Zinsstruktur dadurch nicht verzerrt, sondern vielmehr erst spezifiziert wird.[194]

Da nur sehr wenige (und zudem illiquide) Anleihen mit langen Laufzeiten zur Verfügung standen, wurden die Schätzungen auf den Fristigkeitsbereich bis maximal zehn Jahre beschränkt.[195] Anleihen mit weniger als einem Jahr Restlaufzeit wurden nicht in die Datenbasis

---

190 Die in Umlauf befindlichen Anleihen mit Serientilgung fielen aus der in Frage kommenden Teilmenge heraus aufgrund der Restriktion, lediglich Emissionen einzubeziehen, deren Begebungsdatum höchstens zweieinhalb Jahre vor dem Berechnungszeitpunkt liegt. Dies gilt auch für Anleihen mit Kündigungsmöglichkeit.

191 Siehe Kapitel 2.2.2 dieser Arbeit.

192 Für Zinsstrukturanalysen, die zur Auffindung über- beziehungsweise unterbewerteter Titel durchgeführt werden, wäre jedoch eine derartige Vereinfachung vermutlich nicht gerechtfertigt. Diese Annahme sollte zudem bei Verwendung zukünftiger Datenbasen neuerlich überprüft werden, insbesondere, wenn die Entwicklung dieser Segmente einen ähnlichen Verlauf nehmen sollte, wie er international zu beobachten ist.

193 Siehe Kapitel 3.2.1.2 bis 3.2.1.5 dieser Arbeit.

194 Siehe Anderson u. a. (1996), S. 53f.

195 Die erste Emission einer dreißigjährigen Bundesanleihe erfolgte erst im Jahr 1997 - siehe auch Kapitel 2.2.4 dieser Arbeit.

aufgenommen, da in den meisten Fällen keine oder keine verläßlichen Kursdaten vorlagen. Das sehr kurze Ende der Zinsstrukturkurve wird zudem von spezifischen Faktoren beeinflußt, die sich von jenen des restlichen Laufzeitspektrums unterscheiden.[196] Marktsegmentierung und die geringe Liquidität dürften dafür maßgeblich sein. Um eine von diesen Sondereinflüssen bereinigte Zinsstruktur ermitteln zu können, wurden Renditen fiktiver einjähriger Bundespapiere für die Berechnung herangezogen.[197] Zu diesem Zweck wurde empirisch ein durchschnittlicher Aufschlag von Geldmarktpapieren des Bundes auf den VIMEAN[198] in Höhe von 12 Renditebasispunkten ermittelt.[199] Diese 12 Basispunkte, die als Bonitätsdifferenz zwischen der Republik Österreich und den österreichischen Banken interpretiert werden können, wurden vom einjährigen VIMEAN-Satz des jeweiligen Schätzzeitpunkts abgezogen und als synthetische einjährige Bundesanleiherendite in die Datenbasis aufgenommen. Diese Anpassung des Interbankenzinssatzes an das Bonitätsgefüge von Bundesanleihen stellte sich bei Kontrollrechnungen als vorteilhafter heraus als die Aufnahme tatsächlich existierender unterjähriger Bundesanleihen, deren Verzinsung in der Regel die tatsächlichen Kassazinssätze in beträchtlichem Ausmaß verzerrt.

5.1.3 Darstellung der verwendeten Datenbasis

Durchschnittlich wurden 19 Anleihen in die Berechnungen aufgenommen, wie nachfolgender Tabelle 5.1 zu entnehmen ist. Die bereits festgestellte kontinuierliche Ausweitung des Emissionsvolumens bei Bundesanleihen[200] zeigt sich auch darin, daß sich das durchschnittliche Volumen pro einbezogener Anleihe während der Untersuchungsperiode von Euro 0,5 Milliarden im Jahr 1991 auf Euro 1,3 Milliarden im Jahr 1998 fast verdreifachte. Ein ebensolcher Verlauf ist für das Gesamtvolumen aller ausgewählten Anleihen zu verzeichnen.

---

[196] Dieses Faktum wurde auch für andere Märkte festgestellt. Siehe beispielsweise Phoa (1997), S. 45, für den US-amerikanischen Markt.

[197] Eine ähnliche Vorgehensweise wählten Uhrig/Walter (1997), S. 126, für die empirische Ermittlung der deutschen Zinsstrukturkurve.

[198] Der VIMEAN ist der Durchschnitt aus VIBID (Vienna Interbank Bid Rate) und VIBOR (Vienna Interbank Offered Rate, das ist jener Satz, zu dem Banken in Wien untereinander kurzfristige Mittel zur Verfügung stellen).

[199] Da Daten für Zinssätze kurzfristiger Bundespapiere erst ab Oktober 1995 vorlagen, wurde davon ausgegangen, daß der ermittelte Aufschlag auch für die früheren Berechnungszeiträume gegolten hätte.

[200] Siehe Kapitel 2.3 dieser Arbeit.

Dieses stieg von durchschnittlich Euro 8,3 Milliarden im Jahr 1991 auf Euro 22,7 Milliarden im Jahr 1998. Die mittlere Restlaufzeit (etwa 5,5 bis 6,5 Jahre) und Duration (etwa 4,7 bis 5 Jahre) änderte sich im Laufe der Untersuchung nur wenig, was ein Hinweis auf die bereits erwähnte gleichbleibende Emissionspolitik des Bundes ist, sich auf fünf- und zehnjährige Laufzeiten zu beschränken und regelmäßige Begebungsintervalle einzuhalten.

Aus dem ziemlich kontinuierlichen Absinken der Durchschnittsrendite von etwa 8 % im Jahr 1991 auf wenig mehr als 4 % im Jahr 1998 (mit Ausnahme des leichten Anstiegs im Jahr 1994) läßt sich der vorherrschende Zinstrend der Untersuchungsperiode ablesen. Dieser wird auch in der Kuponhöhe der einbezogenen Anleihen reflektiert, deren Spannweite von 3,9 % bis 8,875 % reicht. Da die Beobachtungsperiode tendenziell von sinkenden Zinsen geprägt war, nahm die Bedeutung der Anleihen mit hoher Nominalverzinsung in der Datenbasis tendenziell ab, wie auch nachfolgende Abbildung 5.1 zeigt. Aus ihr geht hervor, daß in den Jahren eines vergleichsweise niedrigen Zinsniveaus (1996 bis 1998) zumindest die Hälfte der Anleihen eine im Vergleich zur Rendite hohe Nominalverzinsung aufwies. Diese Diskrepanz zwischen Kupons und Renditen läßt das Auftreten von Kuponeffekten vermuten, die allerdings in dieser Untersuchung ausgeklammert werden.[201]

Die erwähnte Konzentration auf fünf- und zehnjährige Emissionen bewirkte in Verbindung mit dem Kriterium, lediglich Anleihen mit einem maximalen Alter von 2,5 Jahren in die Datenbasis einzubeziehen, daß die Restlaufzeiten der ausgewählten Anleihen schwerpunktmäßig im Laufzeitbereich zweieinhalb bis fünf beziehungsweise siebeneinhalb bis zehn Jahre lagen. Dies wird auch durch Abbildung 5.2 zum Ausdruck gebracht. Dieser Umstand ist zu beachten, da die mangelnde Datenbasis im sehr kurzfristigen und im fünf- bis siebenjährigen Segment zu weniger verläßlichen Schätzungen führen kann als in den genannten liquideren Bereichen.

---

[201] Siehe Seite 97dieser Arbeit.

Tabelle 5.1: ***Deskriptive Statistiken der verwendeten Datenbasis (Jahresdurchschnitte)***

Zeit- raum	Anlei- henzahl	Einzelvolumen Euro Millionen	Gesamtvolumen Euro Millionen	Restlaufzeit in Jahren	Duration in Jahren	Kupon in %	Rendite in %
1991	18	471	8.286	6,49	4,88	7,66	8,07
1992	19	506	9.688	6,61	4,95	7,86	7,76
1993	20	608	12.160	6,43	5,01	7,50	6,27
1994	20	812	15.910	5,96	4,78	6,52	6,40
1995	20	883	17.283	6,05	4,86	6,30	6,19
1996	19	960	18.413	6,04	4,90	6,15	5,28
1997	18	1.036	18.555	5,93	4,87	5,67	4,82
1998	17	1.325	22.665	5,58	4,72	5,19	4,14
91-98	19	808	15.196	6,01	4,77	6,49	5,99

Abbildung 5.1: ***Durchschnittliche Kuponverteilung der in die Datenbasis einbezogenen Anleihen im jeweiligen Schätzzeitraum***

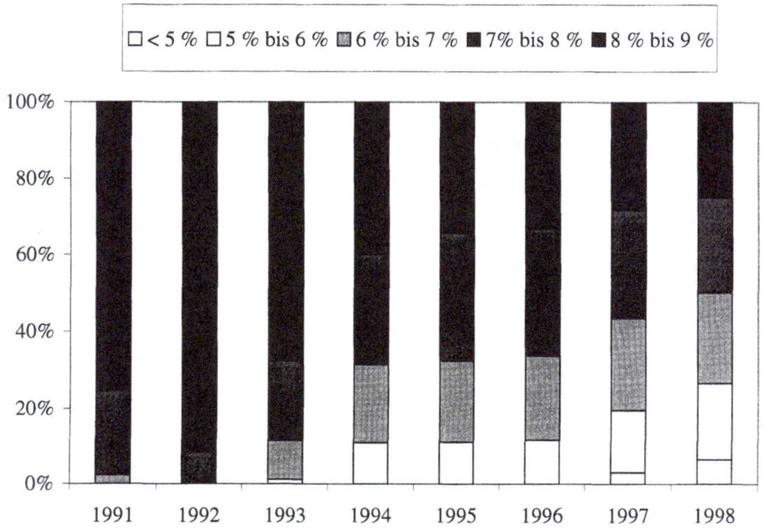

Abbildung 5.2: ***Durchschnittliche Verteilung der Restlaufzeiten der in die Datenbasis einbezogenen Anleihen***

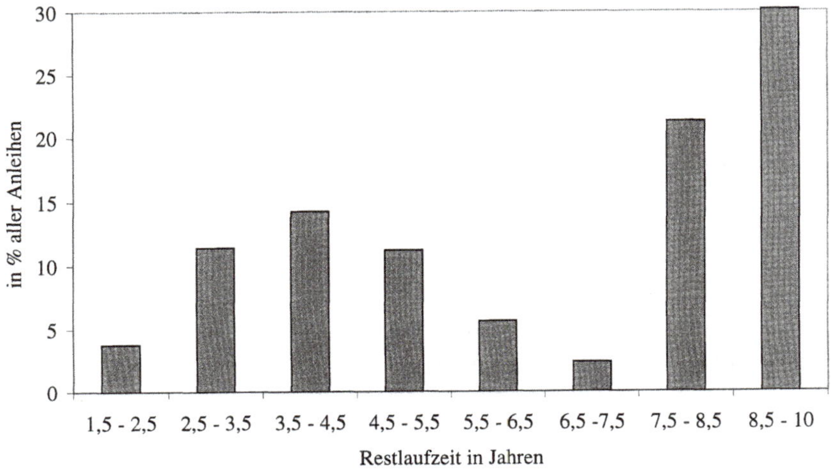

Abschließend soll noch das durchschnittliche Emissionsvolumen der ausgewählten Anleihen betrachtet werden. Nachfolgende Abbildung 5.3 zeigt zunächst die Verlagerung zu großvolumigen Emissionen. Während zu Beginn der Untersuchungsperiode noch etwa ein Drittel der Anleihen ein Volumen von weniger als Euro 0,4 Milliarden aufwies und die volumensstärksten Anleihen nicht über Euro 1 Milliarde umfaßten, bestand im letzten Jahr der Untersuchungsperiode die Datenbasis bereits jeweils zu einem Drittel aus Anleihen über Euro 0,7 Milliarden, Euro 1 Milliarde und Euro 1,5 Milliarden. Dementsprechend verbesserte sich die Liquidität der Anleihen.

Als zweite Schußfolgerung aus Abbildung 5.3 läßt sich erkennen, daß die Streuung der Einzelemissionsvolumina in der Datenbasis für die einzelnen Schätzzeitpunkte in etwa gleich blieb. In den Jahren 1991 bis 1993 sowie im Jahr 1997 und 1998 sind jeweils drei der aufgelisteten Volumenskategorien besetzt, in den Jahren 1994 bis 1996 ist eine etwas breitere Auffächerung mit vier Kategorien zu beobachten.

Abbildung 5.3: ***Verteilung des durchschnittlichen Emissionsvolumens pro Bundesanleihe im jeweiligen Schätzzeitraum***

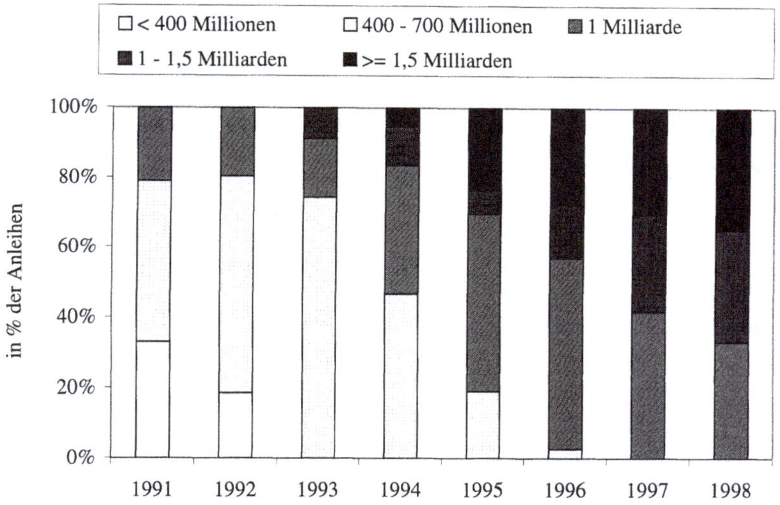

5.2 Methoden der Zinsstrukturschätzung

5.2.1 Vorbemerkungen

Wie bereits einleitend bemerkt, ist neben der soeben diskutierten Auswahl einer passenden Datenbasis ein geeignetes Verfahren der Zinsstrukturschätzung zu finden. Zwischen diesen beiden Entscheidungen besteht eine Wechselwirkung, da die Art der Datenbasis manche Schätzmethoden bereits von vornherein ausschließt oder benachteiligt. Bestimmte Ermittlungsverfahren liefern bei einer lückenhaften Datenstruktur verzerrte Schätzergebnisse, während andere auf dieses Manko weniger sensitiv reagieren. Abgesehen von der Datenbasis ist ein weiteres Kriterium für die Wahl des Schätzverfahrens der mit der Zinsstrukturschätzung verfolgte Zweck. Je nach Ziel kann es ratsamer erscheinen, eine möglichst flexible Schätzmethode zu finden, die keinerlei Beschränkungen in der Form der Zinsstrukturkurve unterworfen ist, oder ein Verfahren, das mit Ausreißern in der Datenbasis gut zurechtkommt oder auch eine Methode, die glatte Kurven generiert. Letztere ist beispielsweise für den Fall volkswirtschaftlicher Analysen wünschenswert, während sie bei der Aufdeckung von Arbitragemöglichkeiten wenig hilfreich ist.

In der Literatur werden verschiedenste Techniken zur Bestimmung der Zinsstruktur vorgestellt.[202] Eine detaillierte Analyse der jeweiligen Vor- und Nachteile der einzelnen Verfahren ist nicht Ziel dieser Arbeit, weshalb im folgenden lediglich ein Überblick über die gebräuchlichsten Methoden gegeben wird.

Allen Methoden ist gemeinsam, daß Kuponanleihen in ihre Zahlungsströme (Kupon- und Tilgungszahlungen) zerlegt werden und jede Zahlung als eine Nullkuponanleihe betrachtet wird. Ebenso grundlegend ist der theoretische Barwertansatz gemäß Gleichung (3.2). Da die Anforderungen hinsichtlich Markteffizienz in der Realität nie vollständig erfüllt werden, kommt es bei allen Schätzverfahren zu Abweichungen zwischen den beobachteten Marktkursen und den im Verfahren ermittelten theoretischen Barwerten, die sich aufgrund der geschätzten Kassazinssätze ergeben. Diese Abweichungen werden bei allen Methoden mit Ausnahme der noch zu erläuternden rekursiven Berechnung minimiert. Sie ergeben sich aus der Tatsache, daß steuerliche Aspekte und Transaktionskosten nicht berücksichtigt werden, sowie eine vollkommen homogene Datenbasis nicht erreicht werden kann. Schließlich reflektieren sie auch Marktunvollkommenheiten, temporäre Bewertungsunterschiede und Informationsbeschaffungskosten.

5.2.2 Kurzdarstellung häufig verwendeter Methoden

Für die folgende Kurzdarstellung ausgewählter Schätzmethoden wird mit der rekursiven Zinsstrukturermittlung begonnen, die sich wie folgt darstellen läßt:[203]

$$(5.1) \qquad R_n = [Z_n / (P_i - \sum_{t=1}^{n-1} Z_{i,t}(1+R_t^*)^{-t})]^{1/t} - 1$$

[202] Für eine weitergehende Analyse diverser Schätzmethoden siehe beispielsweise Pichler (1995), S. 33 - 46 und S. 57 - 61.

[203] Siehe beispielsweise Uhlir/Steiner (1994), S. 38 - 43.

Aus Gleichung (5.1) geht hervor, daß der Kassazinssatz für die Veranlagungsdauer n, (R_n), mittels der in früheren Ermittlungsstufen festgestellten Zinssätze R_t (t = 1, ..., n - 1) errechnet wird. Diese bereits feststehenden Zinssätze werden zur Diskontierung der Zahlungen $Z_{i,t}$ der Anleihe i verwendet. Zunächst wird daher anhand einer einjährigen Anleihe der Kassazinssatz für ein Jahr ermittelt. Anschließend wird dieser als R* dafür verwendet, um den zweijährigen Kassazinssatz anhand einer Anleihe mit (möglichst exakt) zweijähriger Restlaufzeit zu berechnen. Diese beiden gehen in die nächste Stufe für die Berechnung des dreijährigen Satzes ein, usw. Der Kassazinssatz R_n ergibt sich, wenn die Zahlung $Z_{i,n}$ dieser Anleihe in Bezug zum Preis P_i abzüglich des Barwertes aller früheren Zahlungen gesetzt wird. Das Ergebnis ist eine diskrete Zinsstruktur, die allerdings - wie jede andere Zinsstruktur auch - mittels Interpolation in eine stetige Zinsstruktur übergeführt werden kann.

Der größte Vorteil der rekursiven Methode liegt in der einfachen Berechenbarkeit. Sie ist jedoch lediglich für Märkte sinnvoll, die über eine relativ gleichverteilte Tilgungsstruktur von Anleihen ohne größere Datenlücken verfügen, da sonst die Berechnung nicht durchgeführt werden kann. Schätzfehler aufgrund von Marktunvollkommenheiten in einer früheren Stufe der Berechnung setzen sich in den nachfolgenden Ermittlungsschritten fort, weshalb diese Methode nur auf gut funktionierenden Märkten angewendet werden sollte. Nicht eindeutig gelöst ist die Frage, welche Anleihe bei mehreren möglichen mit gleicher Restlaufzeit und Schuldnerqualität für die Berechnung ausgewählt wird, sollten unterschiedliche Zinssätze quotiert werden.[204]

Eine weitere, unkomplizierte Methode zur Zinsstrukturschätzung ist der multiple lineare Regressionsansatz.[205] Dabei werden mittels der Methode der kleinsten Quadrate jene Diskontfaktoren ermittelt, welche die Differenz zwischen geschätzten und tatsächlichen Marktpreisen minimieren:

(5.2) $$P_{vektor} = Z_{matrix} \cdot d_{vektor} + e_{vektor}$$

---

204 Nach Uhlir/Steiner (1994), S. 38, ist jene Anleihe mit dem höchsten Zinssatz auszuwählen.

205 Siehe Carleton/Cooper (1976), S. 1072f.

Die unabhängigen Variablen der Regression ergeben sich durch die Zahlungen Z, während die Anleihenkurse P die abhängigen Variablen darstellen. Die ermittelten Regressionskoeffizienten sind als die Diskontfaktoren d zu interpretieren, die in Kassazinssätze umgerechnet werden können. Der Vektor e stellt die Störvariablen dar.

Analog zur rekursiven Methode ist das Ergebnis der Regressionsmethode eine diskrete Zinsstruktur. Hauptproblem dieser Methode sind allfällige Kollinearitätsprobleme, die sich aus der Streuung der Daten ergeben. Da die Anleihen in aller Regel unterschiedliche Kupontermine aufweisen, existieren zahlreiche Zahlungszeitpunkte, in denen keine Anleihe fällig wird, sodaß die Spaltenvektoren linear abhängig sind. Die Datenmatrix der erklärenden Variablen ist in diesem Fall singulär und eine Schätzung unmöglich. Dieses Problem wird in der Regel dadurch gelöst, daß zeitlich nahe beieinander liegende Zahlungen auf diskrete Zahlungszeitpunkte (beispielsweise t = 1, 2, ..., 10) gebündelt werden. Positiv zum Regressionsansatz zu vermerken sind nicht nur die einfache Berechnung, die empirisch festgestellte gute Wiedergabe der Marktkurse, die statistischen Auswertungsmöglichkeiten, die mit der Regressionsschätzung verbunden sind, sondern auch die Flexibilität der darstellbaren Formen der Zinsstrukturkurve. Durch die mittels dieser Methode erzielte ziemlich genaue Anpassung der Marktpreise sind allerdings zackige Verläufe der Terminzinsstruktur häufig.

Splineverfahren sind ebenfalls eine oft verwendete Methode zur Ermittlung der Zinsstruktur. Mittels dieser Technik können komplexe Funktionsverläufe auch dann approximiert werden, wenn deren funktionale Form nicht bekannt ist.[206] Dazu wird eine aus mehreren Teilstücken zusammengesetzte Kurve exakt durch eine Anzahl von festgelegten Werten gelegt. Diese Kurve besteht in der Regel aus Polynomen vom Grad eins bis vier, wobei der Name der Splines vom Polynomgrad abgeleitet wird. Man spricht daher von kubischen Splines, wenn es sich um Polynome dritten Grades handelt. Kritisch ist vor allem die Festlegung der Knoten, das

---

[206] Grundlegend für die Splineverfahren ist der Approximationssatz von Weierstraß. Dieser besagt, daß sich für jede stetige Funktion in einem abgeschlossenen Intervall des Definitionsbereichs ein Polynom angeben läßt, das diese Funktion beliebig genau approximiert. Das approximierende Polynom weist dabei meist einen niedrigeren Grad auf als die vorgegebene Funktion. Ein Überblick zu diversen Splineverfahren findet sich beispielsweise bei Anderson u. a. (1997), S. 22 - 48, oder Hess (1995), S. 103 - 141. Für eine Diskussion zu den Vor- und Nachteilen diverser Splineverfahren siehe beispielsweise Deacon/Derry (1994), S. 22 - 41.

sind die Grenzen der Intervalle, für die jeweils die Polynome definiert sind.[207] An den Intervallgrenzen müssen die Werte der Polynome mit den vorgegebenen Werten übereinstimmen. Dies wird dadurch erreicht, daß die erste und zweite Ableitung der Funktionen benachbarter Intervalle gleichgesetzt werden. Durch derartige Restriktionen ergibt sich ein stetiger Verlauf der Kurve sowie eine identische Krümmung links und rechts der Intervallgrenzen. Die so gewählte Splinefunktion wird beispielsweise mittels der gewöhnlichen Methode der kleinsten Quadrate oder eines Optimierungsalgorithmus geschätzt.[208]

Im folgenden wird ein Beispiel für eine kubische Splineapproximation gezeigt,[209] bei der die Parameter der folgenden 10 Funktionen zu bestimmen sind:

$R_n = a_1 + b_1 n + c_1 n^2 + d_1 n^3 \qquad 0 \le n < 1$

$R_n = a_2 + b_2 n + c_2 n^2 + d_2 n^3 \qquad 1 \le n < 2$

...

$R_n = a_{10} + b_{10} n + c_{10} n^2 + d_{10} n^3 \qquad 9 \le n < 10$

Für die 40 gesuchten Parameter muß gelten, daß

a) die vorgegebenen Kassazinssätze exakt dargestellt werden können

$R_n = a_1 + b_1 n + c_1 n^2 + d_1 n^3 \qquad n = 1$

$R_n = a_1 + b_1 n + c_1 n^2 + d_1 n^3 \qquad n = 2$

...

$R_n = a_{10} + b_{10} n + c_{10} n^2 + d_{10} n^3 \qquad n = 9$

$R_n = a_{10} + b_{10} n + c_{10} n^2 + d_{10} n^3 \qquad n = 10$

---

207 Diese werden oft in Anlehnung an McCulloch (1971), S. 31, so gewählt, daß in jedem Intervall möglichst gleich viele Fälligkeitstermine liegen.

208 McCulloch (1975), S. 813 und S. 827ff., wird als Pionier der Zinsstrukturschätzung mittels Splineverfahren angesehen. Er verwendete unter anderem kubische Splines. Fisher/Nychka/Zervos (1994) haben die kubische Spline - Methode noch erweitert. Langetieg/Smoot (1989), S. 187 - 211, Steeley (1991), S. 514 - 518, und Vasicek/Fong (1982), S. 344 - 348, gebrauchten exponentielle Splines. Empirisch wurde diese Methode beispielsweise von Deppner/Kischka (1990), S. 360f., anhand des schweizerischen Anleihemarktes überprüft. Chambers/Carleton/Waldman (1984), S. 236ff., passen die Zinsstruktur über den ganzen Fristigkeitsbereich mit einem einzigen Polynom an.

209 Vgl. Bühler (1995), S. 98f.

b) die ersten Ableitungen zweier benachbarter kubischer Funktionen in den Übergangspunkten gleich sind

$b_1 + 2c_1n + 3d_1n^2 = b_2 + 2c_2n + 3d_2n^2 \qquad n = 2$

...

$b_9 + 2c_9n + 3d_9n^2 = b_{10} + 2c_{10}n + 3d_{10}n^2 \qquad n = 9$ und

c) die zweiten Ableitungen zweier benachbarter kubischer Funktionen in den Übergangspunkten gleich sind

$2c_1 + 6d_1n = 2c_2 + 6d_2n \qquad n = 2$

...

$2c_9 + 6d_9n = 2c_{10} + 6d_{10}n \qquad n = 9$

Trotz ihrer Beliebtheit weisen Splineverfahren zahlreiche Nachteile auf. Zunächst existiert keine eindeutige Regel, wie die Intervalleinteilung des zu schätzenden Laufzeitbereichs erfolgen soll. Orientiert man sich an der gängigen Faustregel, wonach jedes Intervall etwa gleich viele Tilgungszahlungen enthalten soll, ist eine ständige Überprüfung und allfällige Anpassung der Intervallgrenzen vorzunehmen. Tilgungen und/oder Neuemissionen von Anleihen können somit aufgrund neuer Intervallgrenzen eine Verschiebung der Zinsstruktur bewirken, die nicht auf tatsächlichen Zinssatzänderungen zurückzuführen ist.[210] Ein weiterer Nachteil sind die teilweise welligen Kurvenverläufe aufgrund von Überanpassungen, die bei höheren Polynomgraden auftreten können.[211] Zudem wurde festgestellt, daß die Güte der Schätzung im langfristigen Bereich abnimmt und auch zu negativen Terminzinssätzen führen kann.[212] Eine Extrapolation der Zinsstruktur über den geschätzten Laufzeitbereich hinaus liefert im Fall der Splineschätzung unplausible Resultate. Als Vorteil ist hingegen anzuführen, daß Splineverfahren flexibel auf verschiedenste Verläufe der Zinsstruktur reagieren und stetige Zinsstrukturen liefern, weshalb eine Interpolation von einer diskreten zu einer stetigen Kurve entfällt.

---

210 Vgl. Deacon/Derry (1994), S. 30ff.

211 Vgl. beispielsweise McCulloch (1975), S. 827f.

212 Siehe Hess (1995), S. 1. Allerdings ist anzumerken, daß dem Auftreten negativer Terminzinssätze durch entsprechende Restriktionen entgegengewirkt werden kann.

Ein weiterer Ansatz spezifiziert eine funktionale Form der Zinsstruktur, die bestimmte Formen der Kurve erlaubt, welche als "vernünftig" angesehen werden. Zu dieser Gruppe gehören unter anderen Nelson/Siegel[213] und Svensson[214] mit einer flexibleren Version des Nelson/Siegel Verfahrens. Svensson beispielsweise beschreibt den Zusammenhang zwischen Zinssätzen und Restlaufzeiten mit Hilfe von Exponentialtermen gemäß folgender Gleichung:

$$(5.3) \quad R_t = \beta_o + \beta_1 \frac{1-\exp(-t/\tau_1)}{t/\tau_1} + \beta_2 \left[\frac{1-\exp(-t/\tau_1)}{t/\tau_1} - \exp(-t/\tau_1) \right] + \beta_3 \left[\frac{1-\exp(-t/\tau_2)}{t/\tau_2} - \exp(-t/\tau_2) \right]$$

Der Modellparameter β_0 beschreibt den langfristigen Zinssatz. Die Summe aus β_0 und β_1 kann als kurzfristiger Zinssatz angesehen werden, da der Term mit zunehmender Laufzeit monoton fällt und rasch gegen Null konvergiert. In einem Optimierungsverfahren, bei dem die Marktkurse möglichst genau repliziert werden sollen, werden jene Parameter bestimmt, welche die beste Anpassung an die Zinssätze liefern.

Die funktionalen Methoden eignen sich insbesondere, wenn ein ausgewogener Kompromiß zwischen möglichst genauer Beschreibung der Daten und einem glatten Kurvenverlauf gesucht wird.[215] Hinsichtlich des Svensson-Ansatzes ist auch anzuführen, daß zahlreiche Zentralbanken diesen verwenden, weshalb auch die internationale Vergleichbarkeit der Daten gewährleistet ist.[216] Im Gegensatz zu den Splineverfahren erlauben die funktionalen Vorgaben eine Fortschreibung der Zinsstruktur auch außerhalb des geschätzten Laufzeitspektrums mit guten Resultaten. Nachteil dieser Methode ist allerdings, daß die Modellparameter sich teilweise einer Interpretation entziehen und das Formenspektrum der möglichen Kurvenverläufe eingeschränkt ist.

---

213 Siehe Nelson/Siegel (1987), S. 475. Hinsichtlich möglicher Kurvenverläufe der Nelson/Siegel - Technik siehe Brandner/Jaeger (1992), S. 66, Abb. 4.1. Genauer mit dem Nelson/Siegel - und dem Svensson - Verfahren setzt sich Schich (1997), S. 13ff., auseinander.

214 Siehe Svensson (1994), S. 6.

215 Vgl. Schich (1997), S. 33.

216 Für Hintergrundinformation dazu siehe Schich (1996), S. 51.

Die in Kapitel 3.2.2.1 anhand des Vasicek-Modells exemplarisch erläuterten optionspreistheoretischen Modelle können auch zur Bestimmung der Zinsstruktur verwendet werden.[217] Diese Modelle beinhalten einen theoretisch begründeten Zusammenhang zwischen bestimmten Faktoren und der Zinsstruktur. Neben der Anzahl der Faktoren unterscheidet sie auch die Spezifikation des zugrundeliegenden Prozesses über die stochastische Entwicklung des Momentanzinssatzes. Einige Modelle nehmen eine Normalverteilung für den Momentanzinssatz an, andere eine Log-Normalverteilung. Bei der ersten Variante lassen sich die Modellparameter analytisch spezifizieren, allerdings weisen sie unter Umständen negative Zinssätze auf. Bei den Lognormal-Modellen liegt keine analytische Lösung vor; sie müssen mittels Iterationsverfahren berechnet werden. Allen gemeinsam ist jedoch, daß sie zu einer partiellen Differentialgleichung als fundamentaler Bewertungsansatz einer Nullkuponanleihe führen, die sich zu einer Zinsstrukturfunktion umformen läßt. Anhand des Vasicek-Modells wurde bereits ein Beispiel für eine solcherart abgeleitete Zinsstrukturfunktion gezeigt, weshalb auf eine nochmalige Erörterung an dieser Stelle verzichtet wird. Manche Modelle spiegeln nicht nur die Zinsstruktur, sondern auch die Laufzeitstruktur der Volatilität wider. Mit einer zeitlich- und / oder laufzeit-variablen Volatilität erhöht sich allerdings die Komplexität der Modelle beträchtlich.

Im Gegensatz zu den vorhin genannten Anpassungsfunktionen sind bei den optionspreistheoretischen Modellen alle Parameter ökonomisch interpretierbar. Die größte Schwäche dieser Modelle besteht allerdings darin, daß lediglich einige wenige Formen der Zinsstrukturen dargestellt werden können. Daher hängt die Güte des Schätzergebnisses meist von der zugrundeliegenden tatsächlichen Zinsstruktur ab. Bei ausgewählten Parameterkonstellationen ergeben sich auch unplausible Zinsstrukturformen. Insbesondere bei Einfaktormodellen verwundert dies nicht, ist doch die Ausrichtung der gesamten Zinsstruktur an lediglich einer Determinante eher unwahrscheinlich.[218] Vorteil der Einfaktormodelle ist, daß meist analytische Lösungen

---

[217] Neben Vasicek sind weitere, jedoch bei weitem nicht alle, Vertreter von optionspreistheoretischen Modellen Cox/Ingersoll/Ross (1985), Ho/Lee (1986), Hull/White (1990), Black/Derman/Toy (1990), Black/Karasinski (1991), Brennan/Schwartz (1979) und Heath/Jarrow/Morton (1992). Diese Modelle wurden in ihrer ursprünglichen Form in Hughston (1996) wieder abgedruckt. Ein Klassifizierungsversuch mit weiteren Literaturhinweisen findet sich beispielsweise bei Smithson (1997), S. 158f., oder bei Heitmann (1997), Anhang 2A, S. 25 - 27.

[218] Diese Aussage soll den Nutzen der Modelle keineswegs abwerten. Das Einsatzgebiet dieser Modelle liegt eher in der Bewertung von Finanzderivaten, deren Preis im wesentlichen von der Volatilität der Zinsstruktur abhängt. Für diesen Zweck dürften sie weitaus besser geeignet sein als für Zinsstrukturkurvenschätzungen.

vorliegen und die notwendigen Parameter relativ einfach zu schätzen sind. Beides ist bei Mehrfaktorenmodellen nicht der Fall. Zudem haben Untersuchungen ergeben, daß die empirische Übereinstimmung mit tatsächlichen Marktdaten bei Mehrfaktorenmodellen nicht notwendigerweise besser ist als bei Einfaktormodellen.[219]

5.2.3 Kriterien für die Auswahl einer Methode

Nach der Darstellung einiger Modelle sowie dem Eingehen auf deren Vor- und Nachteile stellt sich die Frage nach den Kriterien für die Auswahl eines bestimmten Ansatzes. Die nachfolgend genannten Aspekte sind dabei zu berücksichtigen.

Der Bewertungsfehler, also die Abweichung der aus der Zinsschätzung abgeleiteten theoretischen Kurse und den tatsächlichen Marktkursen, sollte möglichst gering sein. Als Maß für die Abweichung wird meist die durchschnittliche quadrierte Differenz oder der durchschnittliche absolute Fehler verwendet. Darüber hinaus ist ein glatter Verlauf der Zinsstruktur ohne erratische Schwankungen anzustreben. Dies impliziert auch, daß die Diskontierungsfunktion monoton fällt, was der Forderung nach nicht-negativen Terminzinssätzen entspricht. Gleichzeitig ist damit Konsistenz mit der Theorie der Arbitragefreiheit gewährleistet. Die aus der Kassazinsstruktur abgeleiteten Terminzinssätze sollten keinen übermäßig gezackten Verlauf aufweisen. Dennoch sollte das Modell genügend Flexibilität hinsichtlich der Anpassung an unterschiedliche Zinskonstellationen aufweisen, um typische Muster in der Zinsstruktur und im Zeitverhalten der Zinssätze[220] abbilden zu können. Für bestimmte Fragestellungen ist auch darauf zu achten, daß das Modell die Enden der Zinsstrukturkurve plausibel darstellt beziehungsweise Extrapolationen ermöglicht.

---

[219] Siehe beispielsweise Hsin (1995), S. 83. Für eine weitergehende empirische Untersuchung ausgewählter Modelle sowie deren Eignung zur Bewertung von deutschen Bundesanleihen siehe Röhrs (1993), S. 46 - 78 und S. 108 - 168. Siehe auch die Abbildungen für Zweifaktorenmodelle in Gong/Remolona (1996) im Anhang. Hingegen weist das von ihnen analysierte Dreifaktorenmodell vergleichsweise gute Schätzparameter auf.

[220] Dazu gehören insbesondere Parallelverschiebungen, Drehungen (gegenläufige Zinsbewegungen am langen und kurzen Ende) und Reversionen (Übergang von einer normalen in eine inverse Zinsstruktur und umgekehrt).

Weitere Kriterien sind die Sparsamkeit des Modells im Sinne von möglichst wenigen Schätzparametern und die Stabilität, da allzu vielschichtige Modelle die Gefahr der Überanpassung an die aktuelle Marktsituation und der instabilen Schätzung bergen. Im Hinblick auf die praktische Anwendung und die effiziente Implementierung ist das Kriterium der numerischen Traktabilität entscheidend.

Eine Methode, die allen anderen generell überlegen ist, existiert nicht. Einfache Verfahren, wie beispielsweise die multiple Regression weisen häufig eine sehr gute Anpassungsgüte auf. Nachteilig ist allerdings, daß sie hohe Anforderungen an die Datendichte und -qualität stellen.[221] Insbesondere reagieren sie stark auf Ausreißer, weshalb sie für einen gering entwickelten Markt mit Ineffizienzen eher nicht zu empfehlen sind. Die Entscheidung für oder gegen ein bestimmtes Verfahren ist neben den genannten Kriterien auch noch von anderen Faktoren abhängig. Einer dieser Faktoren ist die Anzahl und Verteilung der zur Verfügung stehenden Anleihen. Weiters ist die Methode vor allem vom Analysegegenstand abhängig und hierbei wiederum vor allem von der Frage, welchem Ziel größere Bedeutung zukommen soll: Minimierung der Preisfehler, Glättung der Zinsstruktur oder auch Flexibilität der Anpassung an unterschiedliche Zinskonstellationen.

5.3 Spezifizierung des verwendeten Verfahrens

5.3.1 Vorbemerkungen

In dieser Arbeit wird ein Verfahren zur empirischen Bestimmung der Zinsstruktur am österreichischen Anleihemarkt angewendet, das sich von jenen im vorangegangenen Kapitel durch die Flexibilität in seiner Zielsetzung unterscheidet. Der Ansatz setzt sich aus mehreren Stufen zusammen. Im ersten Schritt erfolgt die Schätzung der Diskontierungsfunktion mittels eines quadratischen Optimierungsansatzes, der die Differenz zwischen den Marktkursen und den

---

221 Siehe beispielsweise Pichler (1995), S. 82f., dessen Untersuchung zufolge das Regressionsverfahren von Carleton/Cooper die beste Anpassungsgüte aller 19 verglichenen Rendite- und Zinsstrukturschätzmethoden aufweist. Allerdings stellt er auch fest, daß das Regressionsverfahren häufig nicht anwendbar ist, da nicht genügend Kurse vorhanden sind.

theoretischen Kursen minimiert. Dieses Grundprinzip wird in den weiteren Schritten durch ergänzende Nebenbedingungen gelockert. Diese Nebenbedingungen können in Abhängigkeit der jeweiligen Marktbesonderheiten und des Zwecks der Zinsstrukturschätzung wahlweise in die Optimierungsfunktion einbezogen werden oder auch unberücksichtigt bleiben. Daraus leitet sich der bereits angedeutete Vorteil dieser Methode ab, die sich durch die Anpassungsmöglichkeiten an unterschiedliche Zielsetzungen und Datenstrukturen auszeichnet und daher den vorhergehend erläuterten Schätztechniken vorgezogen wird.

Nach der Diskussion diverser Nebenbedingungen wird eine Möglichkeit vorgestellt, gleichzeitig mit der Schätzung der Zinsstruktur auch Liquiditätsaufschläge zu ermitteln. Damit geht das Verfahren im Vergleich zu den in der Literatur vorzufindenden Techniken einen Schritt weiter. Die Quantifizierung von Liquiditätsaufschlägen erscheint deshalb von Bedeutung, da trotz sorgfältiger Auswahl die in die Datenbasis einbezogenen Anleihen unterschiedliche Marktgängigkeit aufweisen. Die Liquiditätsdifferenzen manifestieren sich in niedrigeren Kursen und damit höheren Renditen der weniger liquiden Anleihen gegenüber den liquideren Anleihen. Eine gänzliche Ausschaltung von Liquiditätsdifferenzen läßt sich meist nicht realisieren, will man der Zinsstrukturschätzung eine den Gesamtmarkt einigermaßen gut repräsentierende Datenbasis zugrunde legen. Da somit kaum ein Weg daran vorbei führt, Anleihen unterschiedlicher Liquidität für die Berechnungen heranzuziehen (und damit das Homogenitätsprinzip zu verletzen), werden die Unterschiede mittels eines ergänzenden Schätzparameters quantifiziert und damit Zusatzinformationen aus der Datenbasis gewonnen werden.

5.3.2 Grundstruktur des Verfahrens

Ausgangspunkt für die Zinsstrukturschätzung ist wiederum die Barwertgleichung für bonitätsrisikolose Anleihen gemäß (3.2), wonach sich der theoretische Wert einer gesamtfälligen Kuponanleihe ohne Sonderrechte als Summe aller diskontierten zukünftigen Zahlungsströme ergibt. Diese Barwertgleichung wird auf alle ausgewählten Anleihen ausgedehnt und lautet in Vektor-Matrixnotation:

(5.4) $$P = Z \cdot d$$

oder in ausführlicherer Schreibweise:

$$\begin{bmatrix} P_1 \\ P_2 \\ . \\ . \\ . \\ P_I \end{bmatrix} = \begin{bmatrix} Z_{1,1} & Z_{1,2} & . & . & . & Z_{1,T} \\ Z_{2,1} & Z_{2,2} & . & . & . & Z_{2,T} \\ . & . & & & & . \\ . & . & & & & . \\ . & . & & & & . \\ Z_{I,1} & Z_{I,2} & . & . & . & Z_{I,T} \end{bmatrix} \begin{bmatrix} d_1 \\ d_2 \\ . \\ . \\ . \\ d_T \end{bmatrix}$$

Die Zahlungsmatrix Z enthält in den T Spalten die jeweiligen Zahlungsströme (Kupon- und Tilgungszahlungen) der Anleihen. Die Anzahl der Zeilen I entspricht der Anzahl der in die Berechnung eingehenden Anleihen. Die zu schätzenden Diskontierungsfaktoren werden durch den Vektor d symbolisiert, die Marktkurse inklusive Stückzinsen[222] durch den Vektor P. Damit entspricht $Z \cdot d$ den theoretischen Kursen, die sich aufgrund der geschätzten Diskontierungsfaktoren ergeben.

Da sich in aller Regel die Zahlungstermine der Anleihen voneinander unterscheiden, ergeben sich aus der Lösung von Gleichung (5.4) ebenso viele Diskontierungsfaktoren wie Zahlungszeitpunkte. Wie bereits erwähnt, ist es aus methodischen Gründen erforderlich, daß die Zahl der Zahlungszeitpunkte nicht zu groß ist, da widrigenfalls falsche Ergebnisse geliefert werden.[223] Aus diesem Grund werden die Zahlungsströme der Anleihen den jeweils benachbarten ganzzahligen Zeitpunkten 1, 2, ..., 10 zunächst linear zugeordnet, was dazu führt, daß künstliche Zahlungsströme zu den genannten fiktiven Zeitpunkten kreiert werden. Beispielsweise

---

222 Findet eine Transaktion nicht gerade zum Kupontermin statt, hat der Verkäufer einer Anleihe Anspruch auf Stückzinsen (=zeitanteilige Zinsen), die ihn dafür entschädigen, daß er die Anleihe für einen Zeitraum gehalten hat, für den er keine Kuponzahlung erhalten wird. Stückzinsen sind daher jener Kuponanteil, der zwischen dem letzten Kuponzahlungstermin und dem aktuellen Schätzzeitpunkt angefallen ist. Die Berechnung der Stückzinsen erfolgte gemäß der Praxis am österreichischen Markt, indem die Anzahl der Tage seit der letzten Kuponzahlung durch die Gesamtanzahl der Tage im Jahr dividiert und mit dem Kupon multipliziert wurde. Dabei wurden jedem vollendeten Monat 30 Tage und jedem Jahr 360 Tage zugrundegelegt. (Diese Usance wurde im Zuge der Vereinheitlichung der Marktstandards in der Europäischen Währungsunion beim jeweiligen ersten Kupontermin des Jahres 1999 auf aktuell/aktuell umgestellt, d. h. es werden die tatsächlichen Tage für die Stückzinsenberechnung herangezogen.)

223 Siehe beispielsweise Wilhelm/Brüning (1992), S. 272.

wird eine in 2,75 Jahren fällige Zahlung zu 25 % auf den Zeitpunkt t = 2 und zu 75 % auf den Zeitpunkt t = 3 verschoben.[224]

Eine exakte Lösung der Gleichung (5.4) ist nicht erzielbar, bedingt durch die vorgenommene Reallokation der Zahlungsströme, die verbleibende Heterogenität der Anleihen, steuerlicher Aspekte, Marktunvollkommenheiten und den bereits erwähnten Einschränkungen hinsichtlich der theoretischen Umsetzung des Arbitragekonzepts. Daher wird anstelle einer exakten Ermittlung lediglich eine gute Approximation der Zinsstruktur durch die Minimierung der quadrierten Differenzen zwischen den tatsächlichen Marktkursen und den theoretischen Kursen Z·d angestrebt. Der Vektor der Störvariablen stellt hierbei die Abweichungen der beobachteten Marktpreise von den theoretischen Barwerten dar. Die mit einem geeigneten Verfahren zu minimierende Funktion lautet somit:[225]

(5.5) $$\min \rightarrow (Z \cdot d - P)$$

oder in ausführlicherer Schreibweise:

$$\min \rightarrow \begin{bmatrix} Z_{1,1} & Z_{1,2} & . & . & . & Z_{1,T} \\ Z_{2,1} & Z_{2,2} & . & . & . & Z_{2,T} \\ . & . & & & & . \\ . & . & & & & . \\ . & . & & & & . \\ Z_{I,1} & Z_{I,2} & . & . & . & Z_{I,T} \end{bmatrix} \begin{bmatrix} d_1 \\ d_2 \\ . \\ . \\ . \\ d_T \end{bmatrix} - \begin{bmatrix} P_1 \\ P_2 \\ . \\ . \\ . \\ P_I \end{bmatrix}$$

224 Carleton/Cooper (1976), S. 1074, hingegen fassen Anleihen mit unterschiedlichen Kuponterminen unter Berücksichtigung eines Korrekturfaktors zusammen. Bußmann (1989), S. 123, verschiebt die Zahlungen nicht auf jährliche, sondern auf quartalsweise Abstände. Die Fehlerquelle wird durch die kürzeren Abstände zwar kleiner, ist jedoch auch bei jährlichen Intervallen nicht problematisch. Zudem wird in dieser Arbeit, wie noch erläutert wird, der aufgrund der Verschiebung entstehende Fehler durch iterative Anpassung noch weiter reduziert.

225 Die Lösung dieses Optimierungsproblems wurde mittels der Solver-Funktion des spreadsheet - Programms Excel durchgeführt. Das vom Programm unterstützte Newton-Raphson - Verfahren gehört zu den Gradientenmethoden, die dem iterativen Herantasten an die optimale Lösung dienen, indem mittels Gradienten (Vektor der ersten partiellen Ableitungen) das globale Minimum der Zielfunktion gesucht wird. Es ist jedoch möglich, daß das Iterationsverfahren bei Erreichen eines lokalen Minimums abgebrochen wird, weshalb grundsätzlich suboptimale Lösungen nicht ausgeschlossen sind. Dies kann durch Vorgabe sinnvoller Startwerte weitgehend verhindert werden. Die gewählte Gradientenmethode findet auch bei weiter vom Optimum entfernten Startwerten rasch die grobe Anpassungsrichtung, konvergiert aber relativ langsam zum Optimum. Dies stellt Röhrs (1994), S. 95, allgemein für Gradientenverfahren fest. Für eine Einführung in Optimierungsmodelle siehe beispielsweise Fabozzi (1997), S. 435 - 441, für eine ausführlichere Beschreibung des Newton-Raphson - Verfahrens siehe beispielsweise Bagus (1994), S. 240 - 244.

Wie bereits erwähnt wird die Differenz zwischen den theoretischen Kursen und den tatsächlichen Kursen bei der Suche nach geeigneten, die Funktion minimierenden Diskontfaktoren quadriert, damit sich nicht positive und negative Kursabweichungen aufheben und zu ungültigen Ergebnissen führen. Es wäre jedoch auch die Verwendung absoluter Werte wäre denkbar. Neben der Forderung, daß der Diskontierungsfaktor für gegenwärtige Zahlungen d_0 den Wert 1 annehmen muß, sind folgende Bedingungen für die weiteren gesuchten Diskontierungsfaktoren d_t einzuhalten:

(5.6) $d_t \leq 1$ und

(5.7) $d_t - d_{t-1} \leq 0$

Die Gleichungen (5.6) und (5.7) besagen, daß die Diskontierungsfaktoren 1 nicht übersteigen und mit wachsendem zeitlichen Abstand der Zahlungen sinken (genauer: nicht steigen), womit sichergestellt wird, daß alle Kassazinssätze positiv sind. Die Monotonieforderung für die Diskontierungsfunktion gemäß Gleichung (5.7) ist zudem äquivalent der Nichtnegativitätsbedingung der Terminzinssätze.[226]

Von einer expliziten Berücksichtigung dieser beiden Ungleichheitsbedingungen im Optimierungsalgorithmus wird in dieser Arbeit jedoch zur Reduzierung des Rechenaufwands abgesehen, da die Ergebnisse gezeigt haben, daß sie von der ermittelten Lösung ohnehin erfüllt werden. Selbst wenn dies nicht festzustellen gewesen wäre, wäre die Verletzung dieser Bestimmungen vermutlich auf eine bestimmte Anleihe zurückzuführen, die - aus welchen Gründen auch immer - nicht in das allgemeine Preisgefüge einzuordnen ist. Es erscheint in einem solchen Fall ratsamer, die betreffende Anleihe aus der Datenbasis zu eliminieren, als der Diskontstruktur durch die explizite Aufnahme der Bedingungen (5.6) und (5.7) den als vernünftig angesehenen Verlauf aufzuzwingen.[227]

---

[226] Siehe Fußnote 110 dieser Arbeit und Heitmann (1997), S. 176, Fußnote 4.

[227] Diese Ansicht vertreten auch Uhrig/Walter (1997), S. 123.

Zur Gewährleistung einer eindeutigen Lösung der Gleichung (5.5) sind redundante Anleihen (mit gleichen Kuponterminen und Fristigkeiten) zu eliminieren, wenn sie beispielsweise aufgrund von Marktunvollkommenheiten unterschiedliche Marktkurse aufweisen. Ein exaktes Kriterium, welche Anleihe von mehreren möglichen in einem solchen Fall bei der Schätzung tatsächlich zu berücksichtigen ist, existiert nicht. Beispielsweise könnte jene ausgewählt werden, deren Kupon die geringste Differenz zum durchschnittlichen Kupon aller einbezogenen Anleihen aufweist.[228] Die breite Streuung der Zahlungszeitpunkte am österreichischen Anleihemarkt (innerhalb des geschätzten Laufzeitbereichs) reduziert diese Frage allerdings zu einem hypothetischen Problem.

Bei der Schätzung der Diskontierungsfaktoren tritt im ersten Optimierungslauf ein verfahrensbedingter Fehler auf, der auf die bereits erwähnte lineare Verschiebung der Zahlungsströme auf fiktive ganzzahlige Zeitpunkte zurückzuführen ist. Die entstehende Verzerrung der Ergebnisse ist jedoch nicht für alle Zinssätze identisch, sondern nimmt mit zunehmender Fristigkeit ab, da der Verschiebungszeitraum relativ gesehen geringer wird.[229] So wirkt sich die Aufteilung einer in 2,75 Jahren fälligen Zahlung auf den zwei- und dreijährigen Zeitpunkt stärker auf deren Barwert aus als die Zuordnung einer in 9,75 Jahren fälligen Zahlung auf den neun- und zehnjährigen Zeitpunkt.

Die Effizienz des Verfahrens läßt sich jedoch durch Iteration verbessern, bei welcher die aufgrund der vorgenommenen Bündelung der Zahlungen entstehende Unschärfe schrittweise beseitigt wird. Dabei wird zunächst die Diskontierungsfunktion mittels der linear verschobenen Zahlungsstruktur geschätzt und daraus die entsprechende Kassa- und Terminzinsstruktur abgeleitet. Anschließend werden die Terminzinssätze dazu verwendet, um die neu zugeordneten Zahlungsströme mit dem für den Verschiebungszeitraum geltenden Terminzinssatz ab- beziehungsweise aufzuzinsen. Um bei dem erwähnten Beispiel zu bleiben, werden daher 25 % der in 2,75 Jahren fälligen Zahlung mit dem geschätzten Terminzinssatz ${}_2r_1$ abgezinst und dem Zeitpunkt t = 2 zugeordnet sowie 75 % der Zahlung mit diesem Terminzinssatz aufgezinst und

---

228 Diese Vorgangsweise schlägt beispielsweise Heitmann (1997), S. 181, vor.

229 Vgl. Wilhelm/Brüning (1992), S. 274f.

auf den Zeitpunkt t = 3 verschoben. Dies wäre klarerweise im ersten Schritt nicht durchführbar, da in der Ausgangssituation der entsprechende Terminzinssatz noch nicht bekannt ist, sondern dieser vielmehr erst im Schätzverfahren ermittelt wird. Zwar ist der Terminzinssatz der ersten Ermittlungsstufe ebenfalls fehlerbehaftet, da er ja aufgrund der vereinfachenden Linearverschiebung der Zahlungsströme zustandegekommen ist. Durch zusätzliche Iterationen kann jedoch das Ergebnis immer weiter verbessert werden. Anhand der für einige Schätzzeitpunkte durchgeführten Kontrollrechnungen hat sich gezeigt, daß bereits im ersten Iterationsschritt nur mehr geringfügige Verbesserungen des Zielfunktionswerts erzielt werden. Dieser Umstand läßt sich dadurch erklären, daß sich die Fehler durch die lineare Verschiebung der Zahlungsströme großteils kompensieren, da ein Teil der Zahlung als zu früh, der andere Teil als zu spät angenommen wird. Zudem wirkt sich, wie bereits erwähnt, die Nichtberücksichtigung des Zeitfaktors durch die lineare Zuordnung lediglich in den naheliegenderen Zeitpunkten nennenswert aus.

Während die Berücksichtigung des Zeiteffekts bei der Zahlungsstromverschiebung somit keine wesentliche Verbesserung des Zielfunktionswerts bewirkt, kann durch eine eingehende Ausreißeranalyse sehr wohl eine deutliche Verringerung der Residuen (Abweichung zwischen Marktkurs und Schätzkurs) bewirkt werden. Daher werden Anleihen, die aufgrund der geschätzten Zinsstruktur rechnerische Barwerte aufwiesen, die um mehr als 0,5 Prozentpunkte im Kurs von den tatsächlichen Marktkursen abweichen, für den betreffenden Schätzzeitpunkt aus der Datenbasis ausgeschlossen. Anschließend wird mit den Startwerten der ersten Phase für die Diskontierungsfunktion eine neuerliche Berechnung der Zinsstruktur durchgeführt. Damit kann der durchschnittliche Fehler gesenkt werden und die Zacken in der Zinsstruktur verschwinden meist. Bei Vorliegen von mehreren Anleihen mit Schätzfehlern, die über der erwähnten Schranke von 0,5 Prozentpunkten liegen, erfolgt die Eliminierung schrittweise, beginnend mit der Anleihe mit der größten Fehlbewertung. Oft zeigt sich, daß nach erfolgter Neuberechnung ohne die betreffende Anleihe eine weitere Dezimierung der Datenbasis überflüssig wird, da sich die Schätzfehler der verbleibenden Anleihen unter die gesetzte Marke von 0,5 Prozentpunkte reduziert haben. Dies läßt sich dadurch erklären, daß die Fehlbewertung einer bestimmten Anleihe auch auf die übrigen Anleihen der Datenbasis „ausstrahlt“. Ein Beispiel dafür liefert Tabelle 5.2.

Tabelle 5.2: ***Die Auswirkung von Ausreißerbeseitigung auf den Schätzfehler am Beispiel der Schätzung Ende September 1994***

Kenn-Nummer	Börsekurs inkl. Stückzinsen	Börserendite in %	Restlaufzeit in Jahren	Alter in Jahren	Erster Optimierungslauf		Zweiter Optimierungslauf 2)	
					Schätzkurs in %	Residuum 1) in %punkten	Schätzkurs in %	Residuum 1) in %punkten
einj. Satz[230]	100,00	5,43	1,00	0	100,00	0,00	100,01	-0,01
38225	104,82	6,11	1,94	2	104,62	0,20	104,63	0,19
38240	106,84	6,76	2,53	2	107,22	-0,38	107,24	-0,40
38248	107,78	6,77	3,11	2	107,57	0,21	107,58	0,20
38266	100,52	6,97	3,68	1	100,41	0,11	100,38	0,14
38280	100,43	7,10	4,03	1	100,47	-0,04	100,43	0,00
38282	98,79	7,07	4,12	1	98,66	0,13	98,64	0,15
38261	99,84	7,22	4,44	2	99,97	-0,13	100,05	-0,21
38297	97,56	7,25	4,45	1	97,77	-0,21	97,86	-0,30
38306	99,74	7,16	4,94	0	99,29	0,45	99,51	0,23
38243	**105,61**	**7,56**	**5,61**	**2**	**106,32**	**-0,71**		
38285	96,42	7,31	6,18	1	95,76	0,66	96,42	0,00
38301	99,28	7,41	6,60	0	99,48	-0,20	99,28	0,00
38245	103,89	7,55	7,93	2	103,86	0,03	103,82	0,07
38247	107,79	7,55	8,03	2	107,70	0,09	107,72	0,07
38251	101,55	7,57	8,28	2	101,64	-0,09	101,65	-0,10
38265	98,28	7,56	8,63	1	98,41	-0,13	98,41	-0,13
38271	92,10	7,57	8,93	1	92,33	-0,23	92,32	-0,22
38287	91,25	7,44	9,27	1	90,79	0,46	90,79	0,46
38293	93,09	7,51	9,35	1	93,03	0,06	93,03	0,06
38303	98,99	7,53	9,76	0	99,18	-0,19	99,19	-0,20
Durchschnittlicher absoluter Schätzfehler:						0,23		0,16

1) Differenz zwischen Börsekurs inklusive Stückzinsen und Schätzkurs

2) Optimierung unter Weglassung der Anleihe mit der Kenn-Nummer 38243

230 Siehe Erläuterungen dazu in Kapitel 5.1.2 dieser Arbeit.

Tabelle 5.2 zeigt, daß die Anleihe mit der Kenn-Nummer 38243 eine sehr hohe Fehlbewertung in Höhe von 0,71 Prozentpunkten nach dem ersten Optimierungsdurchgang aufweist. Jedoch liegt auch die benachbarte Anleihe mit der Kenn-Nummer 38285 noch über der gesetzten Obergrenze von 0,50 Prozentpunkten für den Kursfehler. Ein nochmaliger Optimierungsdurchgang ohne die Anleihe mit der Kenn-Nummer 38243 hingegen bewirkt eine deutliche Reduktion des durchschnittlichen Schätzfehlers von 0,23 Prozentpunkte auf 0,16 Prozentpunkte und macht zudem eine Streichung der Anleihe mit der Kenn-Nummer 38243 aus der Datenbasis überflüssig. Nicht nur im angeführten Beispiel, sondern auch zu anderen Schätzzeitpunkten zeigt sich, daß Anleihen mit hohen Kursfehlern fast ausnahmslos der sechs- bis siebenjährigen Laufzeitgruppe angehören, die – wie bereits erläutert – vergleichsweise niedrige Liquidität aufweist. Darauf weist auch der Verlauf der Börserenditen hin, die in Tabelle 5.2 nach Restlaufzeiten in aufsteigender Reihenfolge sortiert sind und bei der betreffenden Anleihe einen deutlichen Knick erfahren. Meist halten deren hohe Residuen über mehrere Schätzzeitpunkte an, was ebenfalls diese Interpretation unterstützt.

5.3.3 Nebenbedingungen des Verfahrens

Wie bereits erwähnt, kann die in Gleichung (5.5) dargestellte Optimierungsaufgabe durch Nebenbedingungen ergänzt werden. Drei Beispiele für derartige Nebenbedingungen werden im folgenden erläutert. Es sind dies die Glättung der Terminzinsstruktur, die Korrektur heteroskedastischer Preisfehler durch Einbeziehung der Duration sowie die Berücksichtigung von verbleibenden Liquiditätsdifferenzen.

5.3.3.1 Glättung der geschätzten Zinsstrukturkurve

Die meisten Verfahren zur Ermittlung der Zinsstruktur, welche auf die soeben beschriebene Minimierung der Kursfehler abzielen, führen bei entsprechender Datenbasis zu guten Ergebnissen hinsichtlich des durchschnittlichen Schätzfehlers. Auch der Verlauf der ermittelten Kassazinsstruktur stellt sich meist plausibel und „hinreichend" glatt dar. Die Beurteilung der geschätzten Terminzinsstruktur fällt allerdings häufig anders aus. Für diese ist oft eine erratische Entwicklung mit unplausibel hohen und/oder niedrigen Zinssätzen festzustellen, die einer ökonomischen Interpretation nicht zugänglich ist.[231] Ursächlich dafür ist, daß sich kleine Schätzfehler in der Kassazinsstruktur kaum bemerkbar machen, sich jedoch in der Terminzinsstruktur verstärken. Dies liegt im Durchschnittsprinzip der Kassazinssätze, das dem Grenzprinzip der Terminzinssätze gegenübersteht.[232]

Zur Erreichung einer glatteren Terminzinsstruktur wird daher der ursprünglichen Zielsetzung eine Nebenbedingung hinzugefügt, die bewirkt, daß jeweils benachbarte Terminzinssätze (beispielsweise ${}_1r_1$ und ${}_2r_1$ oder ${}_2r_1$ und ${}_3r_1$) nicht „allzu hohen" Differenzen unterliegen. Denkbar wäre die Einführung einer expliziten Obergrenze für diese Differenz. Der hier verwendete Ansatz besteht jedoch darin, die tolerierte Abweichung benachbarter Terminzinssätze von deren Laufzeitbeginn abhängig zu machen. Beispielsweise wird die (quadrierte) Abweichung zwischen ${}_1r_1$ und ${}_2r_1$ mit dem Faktor 1 multipliziert, jene zwischen ${}_2r_1$ und ${}_3r_1$ mit dem Faktor 2 usw. Neben dieser laufzeitabhängigen Gewichtung der Glättung wird auch ein allgemeiner Glättungsfaktor eingeführt, der regelt, wie stark die Betonung der Optimierung auf der Nachbildung der Börsekurse oder auf der Straffung der Zinsstruktur liegt.

Die zu minimierende Zielfunktion, die den Schätzfehler möglichst gering hält und zusätzlich einen gleichmäßigen Verlauf der Terminzinssätze bewirkt, lautet daher:[233]

(5.8) $$\min \rightarrow (Z \cdot d - P) + a \cdot b \cdot \Delta r$$

oder in ausführlicherer Schreibweise:

231 Dies gilt auch für die daraus abgeleiteten Volatilitätsstrukturen, die hier allerdings nicht behandelt werden.

232 Siehe auch Erläuterungen zu Gleichung (3.6) dieser Arbeit.

233 Vgl. auch die Schätzfunktion von Langewand/Nielsen (1998), S. 670, die darüber hinaus noch unterschiedliche Gewichtungsfaktoren für die Anleihen und die Terminzinssätze enthält. Auf diese Erweiterungen wird später noch eingegangen. Die hier verwendete Zielfunktion unterscheidet sich allerdings im zweiten Term von der Funktion von Langewand/Nielsen, die nicht die quadrierte Abweichung aufeinanderfolgender Terminzinssätze verwenden, sondern die quadrierte Abweichung von geschätzten und theoretischen Terminzinssätzen, wobei die theoretischen Sätze mittels eines allgemeinen Gleichgewichtsmodells ermittelt werden. Diese Vorgehensweise wird in dieser Arbeit nicht gewählt, da dies ein zusätzliches Schätzmodell notwendig macht und angenommen wird, daß die Zinssätze des Gleichgewichtsmodells die theoretisch richtigen sind, die daher möglichst gut repliziert werden sollen.

$$\min \rightarrow \left[\begin{bmatrix} Z_{1,1} & Z_{1,2} & . & . & . & Z_{1,T} \\ Z_{2,1} & Z_{2,2} & . & . & . & Z_{2,T} \\ . & . & & & & . \\ . & . & & & & . \\ . & . & & & & . \\ Z_{I,1} & Z_{I,2} & . & . & . & Z_{I,T} \end{bmatrix} \begin{bmatrix} d_1 \\ d_2 \\ . \\ . \\ . \\ d_T \end{bmatrix} - \begin{bmatrix} P_1 \\ P_2 \\ . \\ . \\ . \\ P_I \end{bmatrix} \right] + a \begin{bmatrix} b_1 \\ b_2 \\ . \\ . \\ . \\ b_{T-1} \end{bmatrix} [\Delta r_1, \Delta r_2, \ldots, \Delta r_{T-1}]$$

Beim Skalar a handelt es sich um den allgemeinen Gewichtungsfaktor für die Glättung der Terminzinsstruktur. Der Vektor b dient zur Gewichtung der quadrierten Abweichungen zwischen den jeweils aufeinanderfolgenden einjährigen Terminzinssätzen (beispielsweise bedeuted in obiger Minimierungsfunktion Δr_1 die Differenz zwischen dem in einem Jahr vorherrschenden Einjahres-Terminzinssatz und dem gegenwärtigen Einjahres-Terminzinssatz).

Bei den beiden bisher erörterten Zielen, einerseits die möglichst genaue Abbildung der Marktkurse (erster Teil von (5.8)) und andererseits die Darstellung eines geglätteten Verlaufs der Terminzinssätze (zweiter Teil von (5.8)), handelt es sich um konkurrierende Funktionen. Die Entscheidung, welche der beiden Bedingungen wie stark zu gewichten ist, richtet sich in erster Linie nach dem Zweck der Berechnungen. In Abhängigkeit von der Wahl des Faktors a liegt somit die Betonung der Zielsetzung auf dem einen oder anderen Extrem. Ein hoher Faktor a bewirkt einen größeren Schätzfehler, da dem Kriterium der Schätzfehlerminimierung weniger Bedeutung zugemessen wird. Ein niedriger Faktor a stringiert zwar den Schätzfehler deutlicher, führt jedoch häufig zu Zacken in der Terminzinsstruktur. Ein Nebeneffekt des Glättungsparameters a ist, daß die Bedeutung der einzelnen Anleihen, die in die Berechnungsbasis einbezogen werden, abnimmt und somit auch allfällig vorhandene Inhomogenitäten und/oder Preisanomalien weniger stark zum Ausdruck kommen.

Während der Gewichtungsfaktor a generell die Bedeutung des Ziels einer glatten Terminzinsstruktur beinhaltet, bewirkt der Vektor b die bereits erwähnte individuelle Gewichtung der Abweichungen benachbarter Terminzinssätze in Abhängigkeit von ihrem Laufzeitbeginn. Durch dieses Vorgehen wird erreicht, daß die (jeweils einjährigen) Terminzinssätze am zeitlich entfernteren Ende der Zinsstruktur stärker geglättet werden als jene Sätze, die in unmittelbarer Zukunft Gültigkeit haben.[234] Die Zinsstruktur kann somit für kürzere Laufzeiten eine diffizilere Form annehmen als für längere Fristigkeiten. Eine ökonomische Erklärung für die Akzeptanz stärkerer Schwankungen im zeitlich naheliegenderen Laufzeitbereich ist, daß die Marktteilnehmer aufgrund der leichter abschätzbaren Wirtschaftsentwicklung und Geldpolitik eine differenziertere Sicht über die in näherer Zukunft erwarteten Zinssätze haben als über jene in fernerer Zukunft. Schließlich ist kaum jemand in der Lage, aussagekräftige Prognosen darüber abzugeben, in welchem Stadium der Entwicklung sich die Wirtschaft in fünf bis zehn Jahren befinden wird. Es wird daher als wahrscheinlich erachtet, daß die Zinsstruktur am kürzeren Ende komplexer verläuft als die für über mittlere Fristigkeiten hinausreichenden Perioden. Für diese Fristigkeiten sind Zinssätze mit relativ konstanten Werten anzunehmen, die sich am langfristigen Durchschnitt orientieren.[235]

Am Beispiel der Zinsstruktur vom August 1992 wird in Abbildung 5.4 gezeigt, welche Auswirkungen unterschiedliche Glättungsfaktoren auf die Minimierung des Schätzfehlers (MAF = mittlerer absoluter Fehler in Prozentpunkten) beziehungsweise den Verlauf der Terminzinssätze (ZA = Standardabweichung der Terminzinssätze) haben.

Im fünf- und zehnjährigen Laufzeitbereich sind Zacken nach unten in der Zinsstruktur ersichtlich, die nicht nur zum dargestellten Beobachtungszeitpunkt, sondern systematisch und unabhängig vom Verlauf der Zinsstruktur auftreten. Zurückzuführen ist dies darauf, daß in den beiden genannten Segmenten höhere Liquidität als in den anderen Laufzeitbereichen vorzufinden ist, weshalb letztere eine Liquiditätsprämie beinhalten dürften. Bei Einführung des Glättungsparameters hingegen verschwinden die durch die inhomogene Liquidität der Anleihen verursachten Zinsdifferenzen. Somit kann die geglättete Zinsstruktur als jene Zinsstruktur interpretiert werden, die vorliegen würde, wenn sich die Neuemissionen und der Sekundärmarkthandel auf alle Laufzeitbereiche gleichmäßig verteilen würden. Sie kann jedoch nicht als jene Zinsstruktur angesehen werden, die Liquiditätsprämien ausschließt, vielmehr ist davon auszugehen, daß sie eine durchschnittliche Prämie der einbezogenen Emissionen enthält.

---

[234] Uhrig/Walter (1994), S. 121, beschränken sich auf die Minimierung der quadrierten Differenzen aufeinanderfolgender Diskontierungsfaktoren. Dies entspricht einem Weglassen des Faktors b in Gleichung (5.8) dieser Arbeit.

[235] Dementsprechend stellt auch Allen (1997), S. 43, fest, daß Nullkuponsätze in fünf Jahren weniger den Konjunkturzyklus als vielmehr den durchschnittlichen Konjunkturverlauf widerspiegeln.

Auch der Wechsel vom Geldmarkt- in den Kapitalmarktbereich, also der Übergang von ein- zu zweijährigen Zinssätze weist im Beispiel - wie auch zu den meisten anderen Berechnungszeitpunkten - Kanten auf, was auf die Art der Berechnung des fiktiven einjährigen Zinssatzes, die Datenstruktur und die Marktsegmentierung in diesem Bereich zurückzuführen ist.

Abbildung 5.4: ***Kassazinssätze für unterschiedliche Glättungsfaktoren am Beispiel der Schätzung für Ende August 1992***

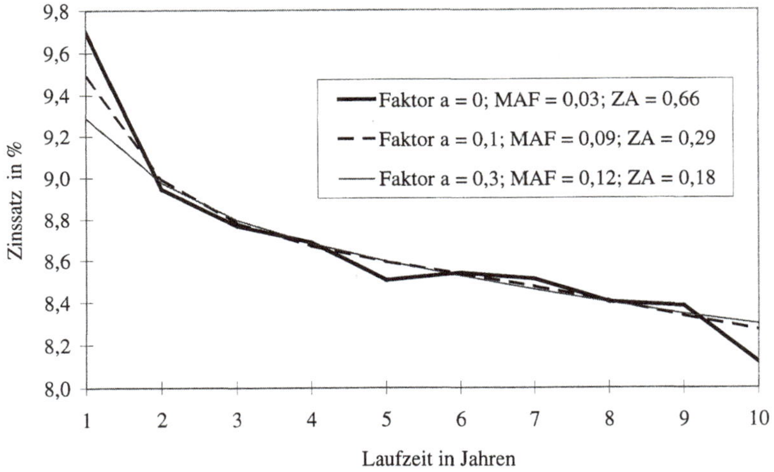

Wie sich jedoch anhand Abbildung 5.4 zeigen läßt, genügt bereits ein vergleichsweise geringer Glättungsparameter, um einen ebenmäßigeren Verlauf der Zinsstruktur zu erzielen. Mit der stärkeren Gewichtung des Faktors a geht klarerweise eine Zunahme des mittleren absoluten Schätzfehlers MAF einher. Bei einem Faktor a = 0 beträgt der Schätzfehler 0,03 Prozentpunkte, bei einem Faktor von a = 0,1 erhöht er sich auf 0,09 Prozentpunkte, bei einem Faktor von a = 0,3 auf 0,12 Prozentpunkte des Kurses. Gleichzeitig sinkt die Standardabweichung der Differenzen benachbarter Terminzinssätze von 0,66 % im ersten Fall auf 0,29 % im zweiten und 0,18 % im dritten Fall.

Während die Kassazinsstruktur in Abbildung 5.4 auch ohne Glättungsparameter ökonomisch plausibel erscheint, zeigt sich anhand nachfolgender Abbildung 5.5 für die daraus abgeleiteten Terminzinssätze ein sehr instabiler Verlauf bei der ungeglätteten Version.

Abbildung 5.5: ***Einjährige Terminzinssätze für unterschiedliche Glättungsfaktoren am Beispiel der Schätzung für Ende August 1992***

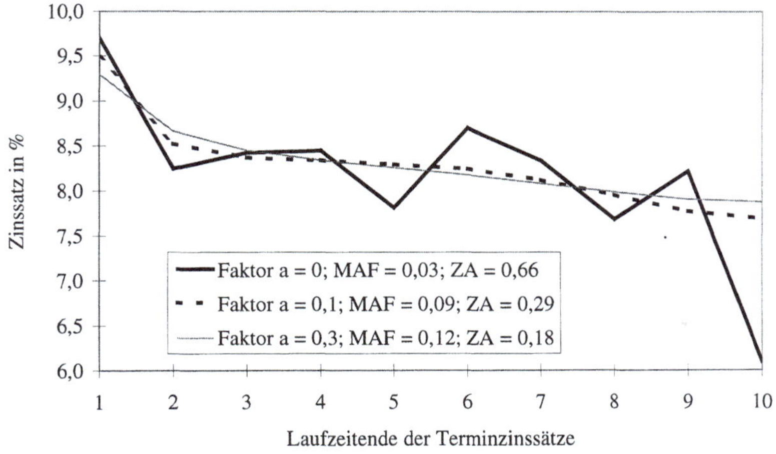

Die erratische Verlauf der Terminzinssätze für den Fall a = 0 läßt sich klar erkennen. Inhomogenitäten in der Datenbasis treten stärker hervor als dies bei der Kassazinsstruktur beobachtet wurde. Bereits eine leichte Glättung durch Aufnahme eines Faktors a = 0,1 bringt auch graphisch sichtbare Verbesserungen. Deutlicher wird im geglätteten Fall auch die Implikation der Erwartungstheorie. Der inverse Verlauf der Kassazinssätze in Abbildung 5.4 ist gemäß dieser Theorie auf Erwartungen sinkender Zinssätze zurückzuführen, die im zeitlich abnehmenden Verlauf der Terminzinssatzstruktur in Abbildung 5.5 zum Ausdruck kommt.

Die bereits in den beiden vorangegangenen Schaubildern dargestellte Flexibilität des Verfahrens im Hinblick auf die Zielfunktion wird in Abbildung 5.6 noch offensichtlicher. Diese zeigt den Zielkonflikt zwischen Kursfehler und Glattheit der Zinsstruktur (definiert als Standardabweichung der Terminzinssatzdifferenzen) für unterschiedliche Ausprägungen des Glättungsparameters. Der äußerste rechte Punkt in der Abbildung bezieht sich hierbei auf das Extrem der Schätzfehlerminimierung (Faktor a = 0), der äußerste linke Punkt auf eine sehr starke Glättung der Zinsstruktur (Faktor a = 0,9).

Abbildung 5.6: ***Zielkonflikt zwischen Schätzfehlerminimierung und Zinskurvenglättung am Beispiel der Schätzung für Ende August 1992***

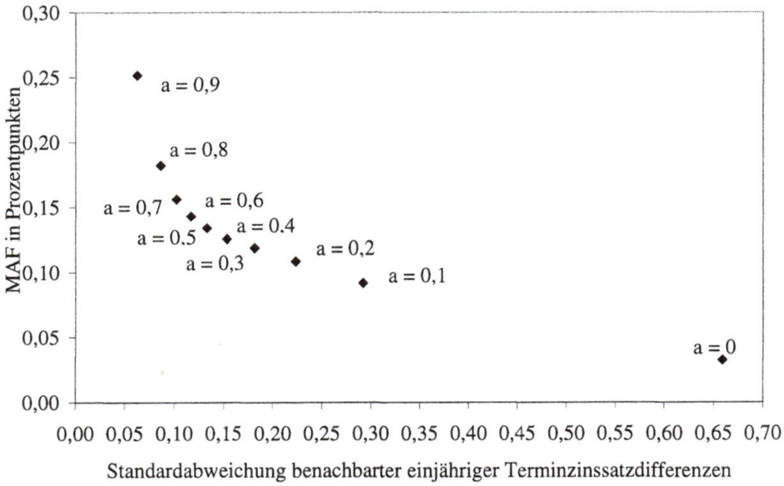

Angesichts dieser an eine im Portefeuillemanagement gebräuchliche Effizienzkurve erinnernde Abbildung stellt sich die Frage der Wahl eines geeigneten Glättungsparameters, die sich allerdings kaum eindeutig beantworten läßt, sondern vielmehr im Kontext der jeweiligen Anwendung gesehen werden sollte. Wird die geschätzte Zinsstruktur beispielsweise zur Identifizierung von fehlbewerteten Anleihen herangezogen, ist ein vergleichsweise niedriger Glättungsparameter oder der gänzliche Verzicht auf diesen angebracht, damit keine Informationen unberücksichtigt bleiben. Wird hingegen die Zinsstruktur für volkswirtschaftliche Analysen verwendet, ist ein glatterer Zinsstrukturverlauf vorzuziehen. Dennoch ist auch in diesem Fall darauf zu achten, daß der Glättungsparameter nicht derart restriktiv gewählt wird, daß Informationen über Markterwartungen in der Zinsstruktur verloren gehen und Fehlinterpretationen zur Folge haben. Dies ist vermutlich im Beispiel August 1992 beim Faktor a = 0,3 bereits der Fall (siehe Abbildung 5.4), wenn man die starke Abweichung des geglätteten einjährigen Kassazinssatzes vom ungeglätteten Pendant heranzieht. Das Verfahren erscheint in diesem Fall bereits zu träge, um sich an geänderte Zinssätze rechtzeitig anzupassen.

5.3.3.2 Heteroskedastizität der Residuen

In Kapitel 4.1 wurde in Zusammenhang mit der Konvexitätsverzerrung bereits auf die Duration eingegangen und gezeigt, daß bei gegebener Zinsänderung die Kursänderung einer Anleihe umso größer ist, je höher die Duration dieser Anleihe ist. Vice versa ist daher festzustellen, daß eine gegebene Kursänderung eine geringere Zinsänderung bei einer Anleihe mit hoher Duration bewirkt als bei einer Anleihe mit niedrigerer Duration. Dies erklärt sich daraus, daß sich jede Anleihe mit abnehmender Duration (beziehungsweise Restlaufzeit) ihrem Rückzahlungswert annähert und ihr Kurs in immer geringerem Ausmaß um diesen Wert schwankt. Die Kursvolatilität von Anleihen mit kurzen Restlaufzeiten ist daher kleiner als jene von Anleihen mit langen Restlaufzeiten und verhält sich konträr zur Zinsvolatilität.

Das Faktum der abnehmenden Kursvolatilität bei schwindender Restlaufzeit soll nun im Modell berücksichtigt werden. Bis dato wurde die Minimierung der *Kurs*fehler als Ziel der Schätzung formuliert, wenngleich alternativ dazu die Minimierung von *Rendite*fehlern zu überlegen ist. Das Kriterium des Kursfehlers hat den Nachteil, daß sich identische Kursabweichungen bei kurz- beziehungsweise langlaufenden Anleihen in unterschiedlich großen Renditeabweichungen niederschlagen. So ergibt sich bei einem Zinsniveau von beispielsweise durchgehend 6 % für alle Laufzeiten aus einer Fehlbewertung des Kurses in Höhe von 0,10 Prozentpunkten bei einer zehnjährigen Nullkuponanleihe eine Renditedifferenz von 0,02 Prozentpunkten, bei eine einjährigen Nullkuponanleihe hingegen eine Renditedifferenz von 0,11 Prozentpunkten. Ein bestimmter Schätzfehler für kurzlaufende Anleihen impliziert eine weitaus höhere Fehlbewertung als derselbe Schätzfehler für langlaufende. Daher sind Abweichungen zwischen tatsächlichem Marktkurs und geschätztem Wert einer Anleihe umso eher tolerierbar, je länger die Laufzeit oder - exakter - je höher die Duration der betreffenden Anleihe ist.

In der folgenden Abbildung 5.7 werden die Kurs-Schätzfehler von Anleihen in Abhängigkeit von ihrer Restlaufzeit analysiert, um etwaige Heteroskedastizität feststellen zu können. Die Schätzungen wurden mit einem Glättungsfaktor von a = 0,1 durchgeführt. Für diese Schätzungen wurde von der gegen Ende des Kapitels 5.3.2 erwähnten Ausreißerbeseitigung abgesehen, weshalb die Kursfehler in der Abbildung auch ± 0,5 Prozentpunkte überschreiten.

Abbildung 5.7: Abhängigkeit des Schätzfehlers von der Restlaufzeit

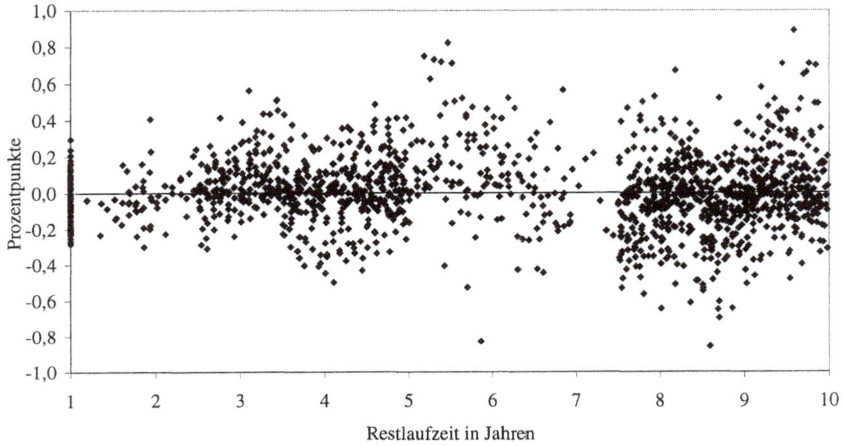

Im Vorzeichen des Schätzfehlers treten kaum Verzerrungen auf. Positive und negative Abweichungen kompensieren sich und der durchschnittliche Kursfehler beträgt Null. Nicht gänzlich unverzerrt dürfte hingegen die Verteilung der Kursfehler in Abhängigkeit von der Restlaufzeit sein, da die Varianz der Kursfehler mit der Restlaufzeit der Anleihen zunimmt. Allerdings ist dies keineswegs eindeutig und wird insbesondere durch die geringe Datenlage im sechs- bis siebenjährigen Laufzeitbereich beeinflußt. Dieselbe Beobachtung trifft im übrigen auch für die Schätzungen ohne Berücksichtigung eines Glättungsparameters zu, die daher hier nicht detailliert dargestellt werden, aber in weiter unten erläuterter Tabelle 5.3 zum Ausdruck kommen werden. Die stärkere Fehleranfälligkeit bei längeren Laufzeiten läßt sich nicht nur mit der erhöhten Volatilität, sondern auch mit der Schätztechnik selbst begründen. Jede einzelne Zahlung wird mit dem geschätzten Kassazinssatz auf den gegenwärtigen Zeitpunkt diskontiert. Je mehr Zahlungen somit bewertet werden, desto länger setzt sich ein allfälliger Schätzfehler aus einer früheren Stufe fort beziehungsweise akkumuliert sich.[236]

Nach der Verteilung der Kursfehler sollen nun in Abbildung 5.8 auch die Renditenfehler analysiert werden. Die Kursdifferenzen im kurzfristigen Segment rechnen sich in vergleichsweise höhere Renditenfehler um als die Kursdifferenzen im langfristigen Laufzeitbereich. Während bei den Kursfehlern das Vorliegen von Heteroskedastizität zweifelhaft ist, ist dies bei den Renditenfehlern eindeutig der Fall.[237] Die Beobachtung, wonach die Renditenfehler von der Laufzeit abhängen, läßt sich auch auf die Schätzungen mit Glättungsparameter übertragen.

Abbildung 5.8: Abhängigkeit des Renditenfehlers von der Restlaufzeit

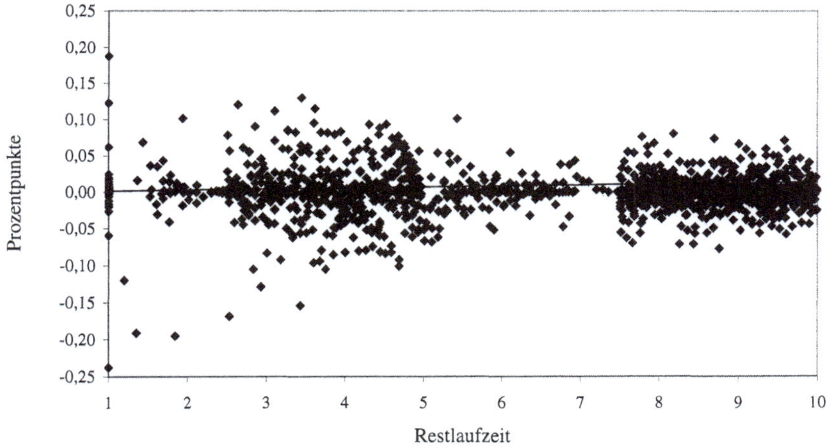

In Tabelle 5.3 sind die durchschnittlichen Kurs- und Renditenschätzfehler der Zinsstrukturschätzungen mit beziehungsweise ohne Glättungsfaktor über alle Erhebungszeitpunkte, ge-

[236] Siehe auch Röhrs (1994), S. 143, zu dieser Argumentation. Chambers/Carleton/Waldman (1984), S. 241, geben als Erklärung an, daß für längere Laufzeiten geringere Umsätze getätigt werden und daher die Kurse langlaufender Anleihen weniger akkurat sind. Dies trifft für den österreichischen Anleihemarkt allerdings keineswegs zu; vielmehr weisen gerade Langläufer die höchsten Umsätze auf. Als weitere Ursachen von Heteroskedastizität nennt McCulloch (1971), S. 21, Steuern und Transaktionskosten.

[237] Dies entspricht mit umgekehrten Vorzeichen einer Aussage von Vasicek/Fong (1982), S. 345, wonach homoskedastische Renditeresiduen zu heteroskedastischen Preisresiduen führen.

gliedert nach Laufzeitkategorien, zusammengefaßt. Die Angaben beziehen sich auf Kurs- beziehungsweise Renditeprozentpunkte.

Tabelle 5.3: ***Kurs- und Renditenfehler nach Laufzeitklassen für die Berechnungen mit und ohne Glättungsfaktor (a = 0,1 bzw. 0)***

	Berechnungen ohne Glättungsfaktor				Berechnungen mit Glättungsfaktor			
Laufzeit-klassen	Kurs-fehler	absoluter Kurs-fehler	Rendite-fehler	absoluter Rendite-fehler	Kurs-fehler	absoluter Kurs-fehler	Rendite-fehler	absoluter Rendite-fehler
1 Jahr	0,005	0,009	0,002	0,012	-0,034	0,116	-0,038	0,124
1 bis 2 Jahre	-0,006	0,046	-0,005	0,029	-0,038	0,112	-0,024	0,065
2 bis 3 Jahre	0,000	0,048	0,001	0,020	0,022	0,098	0,009	0,041
3 bis 4 Jahre	0,005	0,087	0,002	0,028	0,040	0,128	0,014	0,041
4 bis 5 Jahre	0,008	0,103	0,002	0,027	0,018	0,138	0,004	0,036
5 bis 6 Jahre	-0,021	0,082	-0,004	0,018	0,164	0,233	0,037	0,051
6 bis 7 Jahre	0,011	0,050	0,002	0,009	0,034	0,176	0,006	0,034
7 bis 8 Jahre	0,004	0,092	0,001	0,015	-0,066	0,172	-0,010	0,028
8 bis 9 Jahre	-0,006	0,087	-0,001	0,014	-0,056	0,168	-0,008	0,026
9 bis 10 Jahre	0,004	0,107	0,001	0,016	0,037	0,154	0,005	0,022
Durchschnitt	0,000	0,071	0,000	0,019	0,012	0,150	0,000	0,047

Tabelle 5.3, welche die durchschnittlichen Schätzfehler nach Laufzeitkategorien auflistet, zeigt für die geglättete Variante, daß der durchschnittliche absolute Kursfehler bei Laufzeiten bis fünf Jahren etwa zwischen 0,1 und 0,15 Prozentpunkten pendelt, was sich mit etwa 0,15 bis 0,23 Prozentpunkte für den fünf- bis zehnjährigen Bereich vergleicht. Der höchste durchschnittliche Fehler tritt im fünf- bis sechsjährigen Laufzeitbereich auf, was auf die mangelnde Datenqualität zurückzuführen ist, die eine verstärkte Abweichung vom Börsekurs bewirkt. Hingegen treten bei der ungeglätteten Variante die größten durchschnittlichen Schätzfehler gerade in den liquidesten Bereichen (vier bis fünf Jahre und neun bis zehn Jahre) auf. Der Renditefehler reduziert sich von 0,12 Prozentpunkte im einjährigen Bereich sukzessive auf 0,02 Prozentpunkte im längsten Laufzeitsegment. An dieser Stelle sei auch auf das negative Vorzeichen der Kursfehler im einjährigen Laufzeitbereich bei der geglätteten Schätzvariante (-0,03 Prozentpunkte) verwiesen. Die geglätteten Kurse lagen somit im Durchschnitt unter den tatsächlichen Kursen, die für dieses Segment fiktiv aus dem einjährigen Interbanken-

Geldmarktsatz und einem Bonitätsabschlag ermittelt wurden.[238] Dies deutet darauf hin, daß die fiktiven Kurse zu hoch angesetzt werden beziehungsweise der Bonitätsabschlag, der notwendig ist, um einen Bankenzinssatz mit einem Zinssatz für Staatsschuld vergleichbar zu machen, zu niedrig ausfiel.

Zur Beseitigung der Heteroskedastizität müßte die Zielfunktion um einen zusätzlichen Faktor erweitert werden, der als $(I \times 1)$ - Vektor für die Gewichtung des Schätzfehlers jeder Anleihe entsprechend dem Kehrwert ihrer Duration oder vereinfachend ihrer Restlaufzeit sorgt. Dieselbe Abweichung zwischen Markt- und Schätzpreis bekommt durch diese Vorgehensweise umso höheres Gewicht, je kürzer die Duration der zugehörigen Anleihe ist. Damit wird von der Minimierung der Kursabweichungen auf das Ziel möglichst geringer Renditedifferenzen umgeschwenkt.[239] Durch die genauere Nachbildung der Kurse kurzlaufender Anleihen im Vergleich zu langlaufenden werden gleichzeitig die kurzfristigen Kassazinssätze weniger stark geglättet als die langfristigen Kassazinssätze. Damit wird auch dem bereits erläuterten Umstand Rechnung getragen, daß kurzfristige Zinssätze stärker schwanken als langfristige. Auch die Marktsegmentierungstheorie spricht für diese Vorgehensweise: Während die Nachfrage langfristig orientierter Investoren über den Zeitablauf relativ stabil verläuft, ist die Nachfrage nach kurzen Laufzeiten in Abhängigkeit von der Konjunktursituation stärkeren Schwankungen ausgesetzt und die Volatilität kurzfristiger Zinssätze entsprechend höher als jene langfristiger. Nicht zuletzt läßt sich auch mit der Erwartungstheorie die geringere Volatilität langfristiger Zinssätze im Vergleich zu kurzfristigen argumentieren, da die erwarteten langfristigen Zinssätze einen Durchschnitt des vorherrschenden kurzfristigen Kassazinssatzes und der erwarteten kurzfristigen Kassazinssätze (Terminzinssätze) darstellen. Änderungen der kurzfristigen Zinssätze wirken sich daher lediglich über einen Puffer auch auf die langfristigen Zinssätze aus, was zu einem Glättungsprozeß führt.

---

238 Siehe die Erläuterungen in Kapitel 5.1.2 dieser Arbeit.

239 Schich (1997), S. 18, beispielsweise entscheidet sich für die Minimierung von Renditenirrtümern anstelle von Preisirrtümern. Allerdings minimiert er die Renditenirrtümer direkt und nicht, wie in dieser Arbeit vorgeschlagen, in indirekter Form, indem die Preisirrtümer mit der Duration gewichtet werden. Die Vorgehensweise von Schich führt zu einem komplexeren Optimierungsproblem, da Renditenirrtümer eine nichtlineare Funktion der gesuchten Parameter sind, weshalb in dieser Arbeit die indirekte Formulierung gewählt wurde. Phoa (1997), S. 48, hingegen minimiert Renditenschätzfehler und multipliziert diese anschließend mit der Duration, um zu Preisminimierungen zu gelangen.

Es ist jedoch zu bedenken, daß sich aus der genaueren Nachbildung der Kurse kurzlaufender Anleihen im Vergleich zu den Kursen langlaufender speziell für die hier verwendete Datenbasis ein gravierender Nachteil ergibt. Da die Datenbasis im kurzfristigen Bereich aus älteren Emissionen besteht, ist die Liquidität in diesem Segment geringer als im langfristigen Laufzeitabschnitt. Damit werden gerade jene Anleihenkurse, die möglicherweise am ehesten Marktineffizienzen und Liquiditätsaufschläge widerspiegeln, am genauesten modelliert. Daher wird bei der am österreichischen Anleihemarkt vorherrschenden Datenstruktur eine verstärkte Gewichtung der Kurse kürzerfristiger Anleihen abgelehnt und dieser Ansatz hier nicht weiter verfolgt.

5.3.3.3 Berücksichtigung der Liquiditätsunterschiede

Liquidität[240] kann definiert werden als ein Maß für die Einfachheit, Transaktionen im gewünschten Ausmaß durchführen zu können, also Wertpapiere in Geld zu tauschen und vice versa. Gemessen wird sie in Form von Kosten und Dauer. Weniger liquide Anleihen weisen ceteris paribus gegenüber liquideren einen Zinsvorsprung auf, der die erhöhten Such- und Informationskosten beinhaltet sowie das Risiko widerspiegelt, nicht sofort und im gewünschten Ausmaß die Anleihe verkaufen zu können beziehungsweise lediglich zu einem ungünstigeren Preis. Zudem ist mit zunehmender Liquidität eher gewährleistet, daß der Preis der Anleihe marktkonform ist, weil mit höherer Wahrscheinlichkeit soeben eine Transaktion stattgefunden hat. Nicht zuletzt weisen liquidere Anleihen öfters einen Sonderstatus am Wertpapierpensionsmarkt auf und offerieren somit einen Finanzierungsvorteil.[241]

Diese Überlegungen lassen die Liquidität als zusätzlichen Faktor in den Berechnungen wünschenswert erscheinen. Zentrale Bedeutung kommt allerdings dabei der Operationalisierung des Liquiditätsfaktors zu. Anstelle der tatsächlichen Such- und Informationskosten wird in der Regel mangels vorhandener Aufzeichnungen über diese Kosten auf Indikatoren dafür zurückgegriffen werden müssen. Für diese Indikatoren existiert jedoch kein allgemein akzeptierter Ansatz, vielmehr wird in Abhängigkeit der jeweiligen Marktspezifikationen auf mehrere

---

240 Siehe auch Kapitel 2.5 dieser Arbeit. Zum Unterschied zwischen Liquidität und Liquidierbarkeit sowie der Zeit- und der Kostenkomponente von Liquidität siehe Schmidt-von Rhein (1998), S. 46ff.

241 Siehe Kapitel 2.2.3 dieser Arbeit.

Merkmale geachtet (Emissions-, Umsatzvolumen, Restlaufzeit, Anzahl der Market Maker, Geld / Brief-Spanne, Investorenstruktur, etc.).[242]

Die Aufnahme des ausgewählten Indikators für die Liquidität einer Anleihe in die Optimierungsfunktion erfolgt analog zur bisherigen Vorgehensweise. Wird beispielsweise die Liquidität als Funktion des Umsatzes angesehen, sollten umsatzstärkere Anleihen mit einem höheren Gewicht in die Optimierung eingehen als umsatzschwächere. Dadurch kommt der Kursabweichung einer Anleihe umso mehr Bedeutung zu, je höher ihr Umsatz und damit je verläßlicher ihr Marktkurs einzustufen ist. In der folgenden modifizierten Zielfunktion entspricht der Parameter c dem Vektor der Liquiditätskennzahl (mit gleich vielen Zeilen wie der Vektor P), alle anderen Parameter wurden unverändert beibehalten (für die ausführlichere Schreibweise siehe unter (5.8)):

(5.9) $$\min \rightarrow c \cdot (Z \cdot d - P) + a \cdot b \cdot \Delta r$$

Die durchschnittliche Geld / Brief-Spanne wäre eine weitere Kennziffer für die Liquidität einer Anleihe, da diese Differenz großteils die Kosten für die Durchführung einer Transaktion für die Banken beinhaltet. Je höher diese Spanne (und damit die vermuteten Kosten), desto illiquider die Anleihe. Allerdings ist zu beachten, daß bis Jahresbeginn 1997 für den gesamten Beobachtungszeitraum diese Kennziffer für den österreichischen Markt nicht geeignet ist, da die Höhe der Geld/Brief-Spanne vertraglich fixiert wurde und daher nur in eingeschränktem Ausmaß frei gestaltbar war.[243] Auch die Höhe des Emissionsvolumens wäre als Liquiditätsindikator problematisch: Gleiche Emissionsvolumina können mit differierenden Liquiditätsgraden einhergehen, wenn die Investorenstruktur für die betroffenen Anleihen unterschiedlich ist. Eine breite Streuung des Anleihebesitzes (und damit unterschiedliche Kauf- und Verkaufmotive) wird aller Wahrscheinlichkeit eine größere Liquidität nach sich ziehen als wenn einige Großinvestoren die gesamte Anleihe in ihren Portefeuilles haben. Zudem ist das Emissions-

---

[242] Bei Mackintosh (1995), S. 7, werden 44 Faktoren genannt, welche die Liquidität beeinflussen. Auch Schmidt-von Rhein (1998), S. 47, listet die Bestandteile und Einflußfaktoren der Liquidität detailliert auf.

[243] Siehe Kapitel 2.5 dieser Arbeit.

volumen wohl nur in Verbindung mit dem Alter der Anleihe ein aussagekräftiger Liquiditätsparameter.

Die hier nicht präsentierten Berechnungen der Zinsstruktur unter Einbeziehung des Umsatzvolumens pro Anleihe ergaben keine wesentlichen Verbesserungen der Ergebnisse im Hinblick auf die Höhe des Schätzfehlers. Neben dem Umstand, daß die Qualität der zur Verfügung gestandenen Umsatzzahlen mangelhaft war, dürften auch die bereits allzu zahlreichen Parameter der Schätzfunktion und die dadurch entstehenden Zielkonflikte dieses Ergebnis bewirkt haben. Als Alternative zur Vorgehensweise, Anleihen mit hohen Umsätzen stärker in der Zielfunktion zu gewichten, wurde daher in dieser Arbeit versucht, neben der Zinsstruktur auch Liquiditätsaufschläge zu schätzen. Die konkrete Umsetzung wird im folgenden erläutert.

5.3.3.4 Schätzung von Liquiditätsaufschlägen

Wie bereits festgestellt, wurde zur Verminderung der Liquiditätsunterschiede zwischen den in die Berechnung einbezogenen Anleihen eine Vorauswahl getroffen. Es wurden lediglich Anleihen in die Datenbasis aufgenommen, deren Begebungsdatum höchstens 2,5 Jahre vor dem jeweiligen Schätzzeitpunkt lag. Nichtsdestotrotz blieben Liquiditätsdifferenzen zwischen den Anleihen bestehen, die zu einer Verzerrung der errechneten Zinsstruktur führen, wenn sich diese Differenzen in entsprechenden Aufschlägen für geringere Liquidität niederschlagen.

Simultan zur Schätzung der Diskontierungsfaktoren werden daher auch Liquiditätsaufschläge für Anleihenkategorien ermittelt. Aufgrund der bereits erwähnten mangelhaften Umsatzdaten wird das Alter der Anleihe als Indikator für die Liquidität herangezogen und für die zu schätzenden Liquiditätsaufschläge zunächst drei Kategorien ($k = 0, 1, 2$) von Anleihen gebildet:

Kategorie 0: Anleihen, deren Begebung nicht länger als 0,5 Jahre vor dem jeweiligen Schätzzeitpunkt erfolgte, mit einem postulierten Liquiditätsaufschlag von $s_0 = 0$.

Kategorie 1: Anleihen, die zwischen 0,5 und 1,5 Jahre vor dem Schätzzeitpunkt zur Emission gelangten, mit einem Liquiditätsaufschlag von $s_1 >= 0$.

Kategorie 2: Anleihen, die zwischen 1,5 und 2,5 Jahren vor dem Schätzdatum begeben worden waren, mit einem Liquiditätsaufschlag von $s_2 >= s_1$.

Die Definition der Liquiditätskategorien erscheint zwar willkürlich, jedoch wäre eine weitere Unterteilung wenig sinnvoll, da die Anzahl der einbezogenen Anleihen nicht ausreicht, einen möglicherweise vorhandenen detaillierteren Zusammenhang zwischen dem Alter und dem Zinssatz aufzudecken. Eine gröbere Klassifizierung wiederum birgt die Gefahr, keine ausreichende Differenzierung der Liquiditätskategorien zu beinhalten und reduziert damit die geschätzten Liquiditätsaufschläge erst recht wieder zu Durchschnittsgrößen.

Die Umsetzung dieser Annahmen in der Zinsstrukturschätzung erfolgt durch eine Modifizierung der Barwertgleichung gemäß (3.2) im Sinne der „option-adjusted spread" (OAS)-Methode.[244] Der OAS entspricht dem Aufschlag, der den Barwert weniger liquider und/oder bonitätsrisikobehafteter Anleihen oder auch den Barwert von Anleihen mit Optionscharakteristika dem Barwert der liquidesten, bonitätsrisikofreien Anleihen gleichsetzt. Da in dieser Arbeit nur traditionell ausgestattete Bundesanleihen betrachtet werden, die sich nicht in der Bonität, sondern lediglich in der Liquidität unterscheiden, bezieht sich die weitere OAS-Analyse lediglich auf die Liquidität. Grundsätzlich könnte jedoch die nachfolgend skizzierte Vorgehensweise auch beispielsweise dazu verwendet werden, um Zinsstrukturkurven für unterschiedliche Kategorien von Emittenten beziehungsweise deren durchschnittlichen Bonitätsaufschlag zu berechnen.[245]

In Gleichung (5.10) wird die geänderte Barwertberechnung deutlich. Werden periodenäquivalente Liquiditätsaufschläge $s_{k,t}$ der drei oben genannten Kategorien für die jeweilige Laufzeit berücksichtigt, ergibt sich formal folgende Bewertungsgleichung für eine Anleihe der Kategorie k.

$$(5.10) \qquad BW_k = \sum_{t=1}^{n} Z_t(1 + R_t + s_{k,t})^{-t}$$

---

244 Ausführlicher zu dieser Methode siehe beispielsweise Rose (1994).

245 Für den österreichischen Anleihemarkt bietet sich am ehesten die Berechnung einer Zinsstrukturkurve für Bankemissionen an. Aus dem Vergleich der Staats - Zinsstrukturkurve mit der Banken - Zinsstrukturkurve kann der durchschnittliche Aufschlag ermittelt werden, den Banken zusätzlich zu zahlen haben.

Der Kassazinssatz R_t bezieht sich hierbei auf jenen Zinssatz, der für die Anleihen der Kategorie 0, der höchsten Liquiditätsstufe, festzustellen ist. Der Liquiditätsaufschlag $s_{k,t}$ führt zu einer stärkeren Abdiskontierung der zukünftigen Zahlungen beziehungsweise zu einem niedrigeren Barwert der Anleihe. Der erste tiefgestellte Index k für den Liquiditätsaufschlag s bezieht sich auf die Liquiditätskategorie, der zweite zeigt, daß theoretisch für jeden einzelnen Zahlungsstrom ein laufzeitäquivalenter Liquiditätsaufschlag zu berücksichtigen ist.[246] Bei den in dieser Arbeit verwendeten drei Liquiditätskategorien und einer maximalen Laufzeit von zehn Jahren, wären somit dreißig unterschiedliche Kassazinssätze (jeweils zehn für die Kategorien 0 bis 3) zu ermitteln. Aus methodischen Gründen ist es jedoch erforderlich, diese hohe Anzahl der Schätzparameter zu vermindern, da ansonsten keine verläßlichen Ergebnisse erzielt werden können. Die in dieser Arbeit gewählte Vorgehensweise besteht darin, lediglich *einen* Liquiditätsparameter pro Kategorie zu schätzen und diesen jeweils als Funktion der Zeit t darzustellen. Dadurch wird erreicht, daß der OAS einer Anleihe nicht nur von der Liquiditätsklasse, sondern auch von ihrer Laufzeit abhängt. Die Begründung für die Abhängigkeit von der Laufzeit liegt im unterschiedlichen Liquiditätsänderungsrisiko von beispielsweise zwei Anleihen mit derselben aktuellen Liquidität, wenn die eine Anleihe eine Restlaufzeit von fünf Jahren und die andere eine Restlaufzeit von zehn Jahren aufweist. Im Fall der längerfristigen Schuldverschreibung trägt der Investor das Liquiditätsrisiko nicht nur länger, er nimmt auch ein größeres Liquiditätsverschlechterungsrisiko auf sich. Der OAS der zehnjährigen Anleihe wird daher höher ausfallen als jener der fünfjährigen.

Da in der Optimierungsfunktion nicht Kassazinssätze, sondern Diskontierungsfaktoren geschätzt werden, war es notwendig, anstelle eines Liquiditäts*auf*schlags auf den Kassazinssatz einen Liquiditäts*ab*schlag l_k auf den Diskontierungsfaktor vorzunehmen, wobei $l_{k,t}$ den Liquiditätsabschlag auf den entsprechenden Diskontierungsfaktor der Kategorie 0 darstellt. Der Barwert einer Anleihe der k-ten Liquiditätskategorie läßt sich unter Verwendung von Diskontierungsfaktoren daher in folgender Form darstellen:

(5.11) $$BW_k = \sum_{t=1}^{n} Z_t(d_t - l_{k,t})$$

[246] Siehe auch die Bewertungsgleichung von Langewand/Nielsen (1998), S. 656.

Die Implementierung des Liquiditätsabschlags in die Optimierungsfunktion erfolgte mittels des Vektors l, der die jeweils mit der Laufzeit multiplizierten Liquiditätsabschläge darstellt:

(5.12) $$\min \rightarrow [(Z \cdot (d - l) - P] + a \cdot b \cdot \Delta r$$

oder in ausführlicherer Schreibweise für die k-te Liquiditätskategorie:

$$\min \rightarrow \begin{bmatrix} Z_{1,1} & Z_{1,2} & . & . & . & Z_{1,T} \\ Z_{2,1} & Z_{2,2} & . & . & . & Z_{2,T} \\ . & . & & & & . \\ . & . & & & & . \\ . & . & & & & . \\ Z_{I,1} & Z_{I,2} & . & . & . & Z_{I,T} \end{bmatrix} \begin{bmatrix} d_1 - 1l_k \\ d_2 - 2l_k \\ . \\ . \\ . \\ d_T - 3l_k \end{bmatrix} - \begin{bmatrix} P_1 \\ P_2 \\ . \\ . \\ . \\ P_I \end{bmatrix} + a \begin{bmatrix} b_1 \\ b_2 \\ . \\ . \\ . \\ b_{T-1} \end{bmatrix} [\Delta r_1, \Delta r_2, \ldots, \Delta r_{T-1}]$$

Somit werden anstelle *einer* Diskontierungsfunktion *k* (im vorliegenden Fall *drei)* Diskontierungsfunktionen geschätzt und in die entsprechenden Kassazinsstrukturen umgerechnet. Diese Kassazinsstrukturen repräsentieren die Zinssätze für die drei vorhin genannten Anleihenkategorien, wobei definitionsgemäß die erste Gruppe keinen Liquiditätsaufschlag aufweist. Der Liquiditätsaufschlag der beiden anderen Gruppen errechnet sich aus der Differenz der jeweils laufzeitkonformen Kassazinssätze zu dieser liquidesten Kategorie.

Als Beispiel dient Abbildung 5.9, bei der die Liquiditätsdifferenzen von ein bis zehn Jahren für Anleihen der Kategorie 0 (höchste Liquiditätsklasse) und Anleihen der Kategorie 2 (niedrigste hier verwendete Liquiditätsklasse) für Dezember 1996 dargestellt werden. Die beiden ziemlich parallel verlaufenden Zinsstrukturkurven in der Graphik stellen die geschätzten Kassazinssätze für die Kategorien 0 und 2 dar, deren Differenz, der Liquiditätsaufschlag der Kategorie 2 auf die Kategorie 0, zur Verdeutlichung auch abgebildet ist. Der ansteigende Verlauf des Liquiditätsaufschlags wird dadurch offensichtlich. Dieser Aufschlag kann als Zusatzertrag zum risikolosen Ertrag der liquiditätsstärksten Anleihen interpretiert werden, um Investoren für die schlechtere Marktgängigkeit der Kategorie 2 zu entschädigen. Im Dezember 1996 belief sich bei einer einjährigen Nullkuponanleihe dieser Zusatzertrag auf 0,06 Renditeprozentpunkte, bei einer zehnjährigen Nullkuponanleihe hingegen auf 0,11 Renditeprozentpunkte.

Abbildung 5.9: ***Zinsstruktur für unterschiedliche Liquiditätskategorien am Beispiel der Schätzung für Dezember 1996***

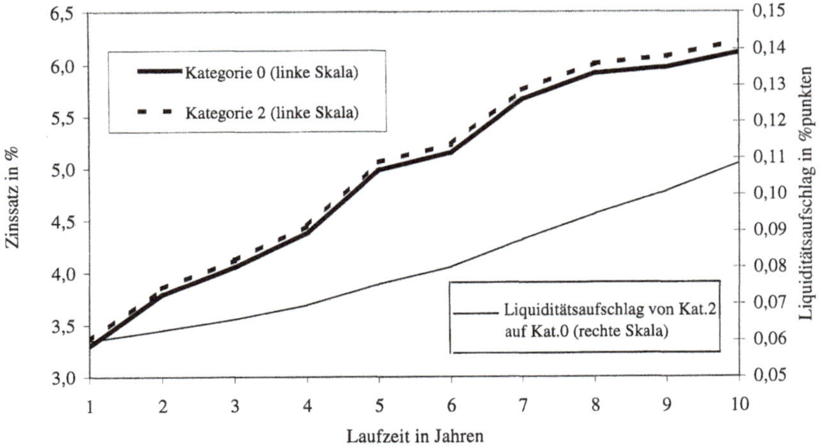

5.3.3.5 Schätzung einer stetigen Zinsstruktur

In den vorhergehenden Ausführungen wurde gezeigt, wie aus den Anleihekursen diskrete Kassazinssätze für die Laufzeiten von ein bis zehn Jahren geschätzt werden können. Die bisherige Berechnungsmethode gibt daher lediglich Auskunft über jene Kassazinssätze, die für diese ganzzahligen Fristigkeiten gelten. Die meisten der heute üblichen Verfahren zur Zinsstrukturschätzung versuchen jedoch, eine stetige Zinsstruktur zu generieren, um für jede beliebige Fristigkeit den entsprechenden Kassazinssatz darstellen zu können. Die nach dem bisherigen Verfahren ermittelte diskrete Zinsstruktur kann mit Hilfe unterschiedlicher Interpolationsmethoden in eine stetige Zinsstruktur umgerechnet und so für jeden möglichen Zeitpunkt (bis zum maximalen Tilgungstermin) ein Kassazinssatz festgestellt werden.

Zur Berechnung einer stetigen Zinsstruktur werden einander im folgenden zwei mögliche Verfahren - lineare und kubische Interpolation - gegenübergestellt.[247] Das Grundprinzip der kubischen Splineinterpolation wurde bereits in Kapitel 5.2.2 erläutert. Die folgende Vorgehens-

---

[247] Die nachfolgenden Berechnungen wurden mit der MATHCAD - Software durchgeführt.

weise unterscheidet sich allerdings etwas von der üblichen Anwendung der Splinetechnik im Rahmen der Zinsstrukturschätzung. Hier wird dieses Verfahren nicht dazu verwendet, um aus den Marktdaten Zinsstrukturen zu schätzen, da diese ja bereits anhand der soeben beschriebenen Optimierungsmethode ermittelt wurde. Vielmehr wird die Splineapproximation eingesetzt, um aus der diskreten Zinsstrukturkurve eine stetige zu erhalten. Aufgrund des Umstands, daß die (ganzzahligen) Eckpunkte bereits durch die vorangegangene Schätzung vorliegen, entfällt hier die Auswahl der Art und Anzahl der Eckpunkte. Da diese nahe beieinander liegen und somit eine relativ einfache Kurvenanpassung ausreicht, bietet sich die lineare oder kubische Interpolation an. Diese Interpolation hat keinen Einfluß auf den durchschnittlichen Bewertungsfehler der in die Datenbasis einbezogenen Anleihen, sondern liefert lediglich Kassazinssätze für beliebige Restlaufzeiten. Veranschaulicht werden beide Methoden anhand der Zinsstruktur von Ende Oktober 1991 in Abbildung 5.10.

Abbildung 5.10: ***Vergleich von kubischer und linearer Interpolation der Zinsstruktur am Beispiel der Schätzung für Oktober 1991***

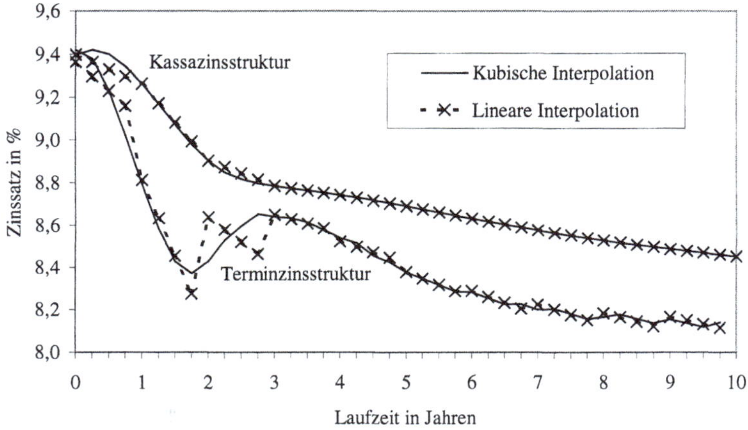

Es zeigt sich, daß ab einem Laufzeitbereich von etwa drei Jahren die kubische und lineare Interpolation zu beinahe identischen Ergebnissen gelangen (weshalb in Abbildung 5.10 sich die beiden Linie teilweise überlagern). Im kurzfristigen Bereich, insbesondere im unterjährigen Laufzeitsegment, verursacht die kubische Interpolation geringere Zacken in der Kurve als die lineare Interpolation. Beide Kurven enden bei 9,75 Jahren, da für die Berechnung des Terminzinssatzes in zehn Jahren ein Kassazinssatz über zehn Jahre hinaus nötig wäre. Aufgrund des erwähnten Grenzprinzips der Terminzinssätze überzeichnen sie die Kassazinssätze, weshalb sich auch die Unterschiede in den beiden Interpolationsarten bei den Terminzinssätzen krasser darstellen als bei den Kassazinssätzen. Insbesondere bei der Drehung der Kurve im eineinhalb- bis dreijährigen Segment ist der geglättete Verlauf der kubischen Interpolation jener der linearen vorzuziehen. Zusammenfassend kann festgehalten werden, daß die lineare Interpolation dann als ausreichend angesehen werden kann, wenn die diskrete Zinsstruktur bereits einen ausreichend glatten Verlauf aufweist. In den meisten Fällen jedoch wird die kubische Interpolation geringere Diskontinuitäten als die lineare Interpolation aufweisen.

Es wäre jedoch auch denkbar, anstelle der gewählten Fokussierung der Zahlungen auf jährliche Zeitpunkte beispielsweise quartalsweise Zahlungszeitpunkte einzuführen. Eine derartige Zinsstruktur käme einer stetigen für praktische Zwecke bereits sehr nahe. Fehlen trotzdem Zinssätze für bestimmte Zeitpunkte, könnte interpoliert werden (wobei vermutlich eine lineare Interpolation in diesem Fall ein ebenso gutes Ergebnis liefern würde wie eine kubische).

5.4 Ergebnisse der Zinsstrukturschätzungen

5.4.1 Analyse der Schätzfehler

Für jeden Berechnungszeitpunkt werden jeweils drei alternative Varianten des vorgestellten Verfahrens präsentiert, für die folgende Kurzbezeichnungen verwendet werden:

O1: Minimierung der Schätzfehler ohne Nebenbedingungen gemäß Gleichung (5.5)

O2: Wie O1, allerdings mit gleichzeitiger Schätzung von Liquiditätsaufschlägen

O3: Minimierung der Schätzfehler unter der Nebenbedingung a = 0,1[248] gemäß Gleichung (5.8) und gleichzeitiger Schätzung von Liquiditätsaufschlägen

In den Tabellen 5.4 bis 5.7 sind deskriptive Statistiken für die drei Optimierungsarten dargestellt. Der mittlere quadratische Fehler MQF (durchschnittliche quadrierte Differenz zwischen Schätzkurs und Börsekurs) wird in zahlreichen Untersuchungen als Gütekriterium verwendet und ist daher zu Vergleichszwecken angeführt. Besser eignet sich allerdings der mittlere absolute Fehler MAF als Maßstab, da er dieselbe Dimension wie die Anleihekurse aufweist.

Weder der mittlere absolute noch der mittlere quadratische Fehler lassen allerdings eventuell vorhandene systematische Verzerrungen (beispielsweise das Überwiegen eines Vorzeichens) noch die Streuung der Abweichungen erkennen. Daher sind auch die Mediane der absoluten Fehler und die Standardabweichungen der absoluten sowie quadrierten Fehler STD_{AF} und STD_{QF} aufgelistet. Die Mediane zeigen, wie die absoluten Fehler um ihren Mittelwert verteilt sind, die Standardabweichungen erlauben eine Einschätzung der Verläßlichkeit des MAF und MQF. Um die Bandbreite der Schätzfehler zu zeigen, sind auch der kleinste und größte Fehler pro Jahr ausgewiesen.

Wie bereits mehrfach betont, ist die Höhe des Schätzfehlers nicht das alleinige Gütemaß, das zur Bewertung eines Zinsstrukturmodells herangezogen werden sollte. Um auch der zweiten wichtigen Kennzahl zur Messung, der Glattheit der Zinsstruktur, Rechnung zu tragen, sind auch die durchschnittlichen absoluten Abweichungen benachbarter einjähriger Terminzinssätze, MAZ, und die durchschnittlichen quadrierten Abweichungen benachbarter einjähriger Terminzinssätze, MQZ, angeführt.

---

[248] Die Verwendung eines Faktors von 0,1 ist arbiträr (siehe auch die entsprechenden Ausführungen zu den konkurrierenden Zielen Schätzfehlerminimierung und Zinskurvenglättung).

Tabelle 5.4: ***Mittlere quadratische Differenz zwischen Schätz- und Börsekursen sowie deren Standardabweichung für unterschiedliche Optimierungsvarianten***

Schätzzeitraum	MQF in Basispunkten			$STD_{(QF)}$		
	O1	O2	O3	O1	O2	O3
1991	0,49	0,42	1,53	0,75	0,62	1,88
1992	0,54	0,47	1,57	0,97	0,85	2,69
1993	1,64	1,29	6,49	2,92	2,04	10,84
1994	3,62	2,57	7,65	4,94	3,38	9,67
1995	2,76	2,66	7,63	3,44	3,23	8,52
1996	2,31	1,99	5,54	2,98	2,24	6,45
1997	0,54	0,43	1,85	0,90	0,67	2,54
1998	0,76	0,59	2,10	1,83	1,21	3,88
1991 - 1998	1,58	1,30	4,30	2,34	1,78	5,81

Tabelle 5.5: ***Mittlere absolute Differenz zwischen Schätz- und Börsekursen sowie deren Standardabweichung für unterschiedliche Optimierungsvarianten***

Schätzzeitraum	MAF in Basispunkten			$STD_{(AF)}$		
	O1	O2	O3	O1	O2	O3
1991	4,16	3,79	9,31	5,20	4,56	7,66
1992	4,24	3,90	8,65	4,57	4,29	8,19
1993	8,96	8,00	18,19	8,99	7,61	16,75
1994	14,36	12,03	21,45	11,78	9,67	15,66
1995	12,29	12,13	21,62	9,97	9,64	15,14
1996	11,30	10,39	19,08	9,04	7,62	13,19
1997	5,22	4,77	10,90	4,82	4,17	7,98
1998	5,34	5,20	9,80	6,63	5,56	9,50
1991 – 1998	8,28	7,48	14,87	7,63	6,64	11,76

Tabelle 5.6: ***Median sowie kleinster und größter durchschnittlicher Schätzfehler im Schätzzeitraum für unterschiedliche Optimierungsvarianten***

Schätzzeitraum	Median			Kleinster Schätzfehler			Größter Schätzfehler		
	O1	O2	O3	O1	O2	O3	O1	O2	O3
1991	1,93	2,02	7,24	2,21	1,12	6,56	7,81	7,17	13,16
1992	2,81	2,71	7,34	1,29	1,17	3,92	11,40	10,32	16,32
1993	6,00	5,74	14,06	7,60	6,02	11,73	12,47	12,13	24,86
1994	11,62	10,52	17,02	9,19	6,67	14,06	18,94	17,26	28,93
1995	10,72	9,84	18,99	9,30	8,91	14,17	18,52	19,49	30,25
1996	8,91	8,58	18,07	3,81	3,16	11,17	18,90	18,74	28,62
1997	4,31	3,99	8,92	3,96	3,06	6,72	8,38	7,85	14,14
1998	3,00	3,45	6,46	1,91	2,15	3,15	7,35	7,32	17,17
1991 - 1998	6,16	5,86	12,26	1,29	1,12	3,15	18,94	19,49	30,25

Tabelle 5.7: ***Mittlere absolute und quadrierte Abweichung aufeinanderfolgender einjähriger Terminzinssätze für unterschiedliche Optimierungsvarianten***

Schätzzeitraum	MAZ			MQZ		
	O1	O2	O3	O1	O2	O3
1991	1,61	1,52	0,13	2,91	8,61	0,06
1992	1,03	1,08	0,17	2,28	2,51	0,09
1993	1,41	1,36	0,23	4,53	4,04	0,08
1994	2,46	1,86	0,35	12,97	7,20	0,27
1995	3,14	3,06	0,46	17,45	16,26	0,33
1996	2,38	2,11	0,61	9,37	7,71	0,56
1997	1,61	1,63	0,40	6,04	5,89	0,26
1998	1,15	0,99	0,32	2,86	2,15	0,36
1991 - 1998	1,85	1,70	0,33	8,19	6,79	0,25

Zunächst sei die zeitliche Entwicklung der Schätzfehler betrachtet. Die Anpassungsgüte, definiert als Abbildung der Marktkurse durch die theoretischen Kurse und quantifiziert durch die durchschnittliche mittlere absolute und quadratische Abweichung, ist generell befriedigend, angesichts der durchschnittlichen Geld / Brief-Spannen von 5 bis 30 Basispunkten. Die relativ geringen mittleren absoluten Abweichungen in den ersten beiden Jahren der Untersuchungsperiode (etwa 4 Kursbasispunkte im Optimierungslauf 1 beziehungsweise etwa

9 Kursbasispunkte im Optimierungslauf 3) erhöhten sich zwar um etwa das Dreifache in den Jahren 1994 bis 1996 (11 bis 14 Kursbasispunkte in O1 beziehungsweise 19 bis 22 in O3), erreichten jedoch zum Ende der Untersuchungsperiode wieder das Ausgangsniveau (etwa 5 Basispunkte in O1 beziehungsweise etwa 10 Basispunkte in O3). Hinsichtlich der Mediane ist festzustellen, daß sie generell unter den durchschnittlichen Fehlern liegen. Die Verteilung der Bewertungsfehlers ist somit infolge von Ausreißern nicht symmetrisch.

Nach dem zeitlichen Verlauf der Schätzfehler sollen nun die Unterschiede in den Fehlern der einzelnen Optimierungsläufen O1 bis O3 erläutert werden. Der höchste Schätzfehler ergibt sich immer im Fall O3, in dem auf eine ausreichende Glättung der Terminstrukturkurve geachtet wurde. Bei O1 und O2 hingegen wurde von einer Glättung der Terminzinsstruktur - die zu Lasten einer möglichst genauen Replizierung der beobachteten Kurse geht - Abstand genommen. Die leicht geringeren Schätzfehler von O2 gegenüber O1 lassen darauf schließen, daß der Liquiditätsfaktor einen zusätzlichen Erklärungsbeitrag zur Zinsstruktur liefert.

Abbildung 5.11: ***Zeitlicher Verlauf der durchschnittlichen absoluten Schätzfehler für unterschiedliche Optimierungsvarianten***

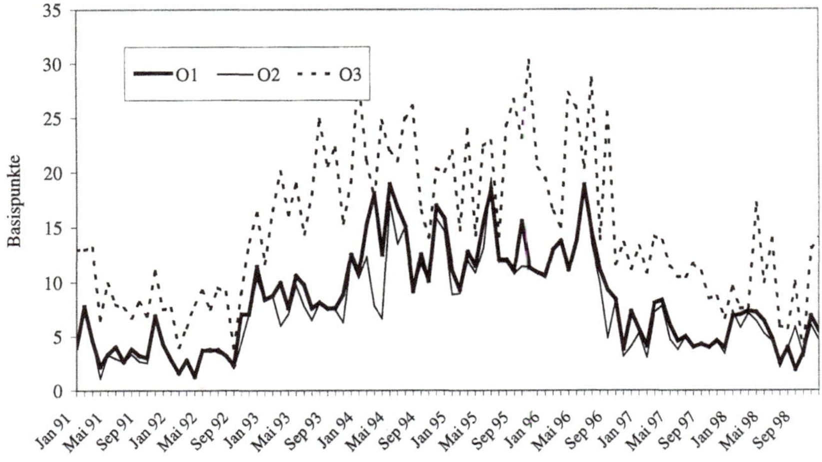

Die tendenziell höheren Schätzfehler in der Mitte der Untersuchungsperiode (siehe Abbildung 5.11) erscheinen zunächst verwunderlich, da angenommen werden könnte, daß aufgrund der zunehmenden Professionalisierung des Marktes Fehlbewertungen, nicht ausgenutzte Arbitragemöglichkeiten, ungültige Kursstellungen, etc. im Laufe der Untersuchungsperiode abgenommen haben und daher die Differenzen zwischen geschätzten und tatsächlichen Kursen geringer werden sollten. Daß dies nicht der Fall ist, könnte unter anderem in der Krise im Europäischen Währungssystem und im generell volatilen Marktumfeld im Jahr 1994 liegen.[249] In diesem Jahr ist nicht nur der höchste Bewertungsfehler, sondern auch die größte Schwankungsbreite festzustellen. Die geringste Volatilität war hingegen im Jahr 1991 zu verzeichnen, das wiederum einen sehr kleinen durchschnittlichen Bewertungsfehler aufweist.

Die Regression der durchschnittlichen monatlichen Schätzfehler MAF_m in Tabelle 5.8 auf die im betreffenden Monat vorherrschende Volatilität zehnjähriger Bundesanleihen, $\sigma_{m,10}$, ergibt einen relativ geringen, jedoch signifikanten Zusammenhang. Die Volatilität kann nach diesen Ergebnissen zwar keineswegs als alleiniger Einflußfaktor auf den Schätzfehler angesehen werden, sie dürfte jedoch einen - wenngleich geringen - Effekt auf diesen haben. Es ist aber auch zu bedenken, daß der Schätzfehler auf Basis von Anleihen mit Restlaufzeiten von ein bis zehn Jahren berechnet wurde. Da dieser Durchschnitt auf die Schwankungsbreite zehnjähriger Bundesanleihen regressiert wurde, ist implizit eine flache Volatilitätsstruktur unterstellt worden. Dies entspricht nicht dem empirisch wiederholt festgestellten Umstand, wonach laufzeitabhängige Volatilität vorliegt. Die Regression dürfte daher den tatsächlichen Zusammenhang unterschätzen.

Tabelle 5.8: Zusammenhang zwischen Volatilität und Schätzfehler (OLS-Schätzung)

Regressionsansatz: $MAF_m = \alpha + \beta\, \sigma_{m,10} + \varepsilon_m$ für den Schätzzeitraum 1991 bis 1998			
	Wert	Standardfehler	t-Wert
R^2	0,12		
α	0,05	0,01	7,15
β	0,36	0,10	3,56

249 Zu den Hintergründen der hohen Fluktuationen auf den Anleihenmärkten im Jahr 1994 siehe beispielsweise Borio/McCauley (1996).

5.4.2 Analyse der geschätzten Liquiditätsaufschläge

Die geschätzten Liquiditätsaufschläge im Fall der geglätteten Zinsstruktur sind generell höher als bei der ungeglätteten Variante, was darauf zurückzuführen ist, daß aufgrund der geänderten Zielfunktion auch Bewertungsunterschiede in den geschätzten Aufschlag eingehen, die nicht auf Liquiditätsdifferenzen zurückzuführen sind. Der Glättungseffekt verzerrt somit den Liquiditätsfaktor nach oben. Höhe und Verlauf der Liquiditätsdifferenzen werden in Tabelle 5.9 dargestellt:

Tabelle 5.9: ***Geschätzte Liquiditätsaufschläge für unterschiedliche Optimierungsvarianten in Zinsbasispunkten***

Schätzzeitraum	Liquiditätsaufschlag (ungeglättete Variante 02)		Liquiditätsaufschlag (geglättete Variante 03)	
	Anleihen Kategorie 1	Anleihen Kategorie 2	Anleihen Kategorie 1	Anleihen Kategorie 2
1991	0,31	3,40	0,06	0,46
1992	0,64	1,54	2,17	3,38
1993	2,38	4,11	9,25	16,24
1994	3,49	8,35	4,55	16,76
1995	1,52	3,62	3,60	5,65
1996	1,70	5,04	4,97	9,85
1997	1,97	2,43	2,54	7,53
1998	2,22	3,22	2,79	4,23
1991 - 1998	1,78	3,97	3,74	8,01

Im Durchschnitt des Beobachtungszeitraumes beträgt der Aufschlag 1,79 Basispunkte für Anleihen mit einem Alter von 0,5 bis 1,5 Jahren (Kategorie 1) beziehungsweise 4,07 Basispunkte für Anleihen mit einem Alter von 1,5 bis 2,5 Jahren (Kategorie 2). Insbesondere die außergewöhnlich hohen Aufschläge der zweiten Kategorie in den Jahren 1993 und 1994 in Höhe von jeweils über 16 Renditebasispunkten fallen in diesem Zusammenhang auf und könnten auf die allgemeinen Turbulenzen auf den internationalen Anleihenmärkten und die damit verbundene Unsicherheit zurückgeführt werden. Somit dürfte nicht nur eine „flight into quality", sondern auch eine „flight into liquidity" bei erhöhter Unsicherheit zu beobachten sein, die sich darin äußert, daß ältere, weniger liquide Anleihen einen Kursabschlag und damit Renditeaufschlag zu verzeichnen haben. Da gerade bei erhöhter Unsicherheit der Möglichkeit des jederzeitigen Kaufens und Verkaufens ein wichtiger Stellenwert zukommt, erscheint eine vermehrte Nachfrage nach liquiden Anleihen beziehungsweise der höhere Aufschlag für weniger liquide Anleihen in einem solchen Umfeld plausibel.

Nach der Durchschnittsbetrachtung soll nun der zeitliche Verlauf des Liquiditätsaufschlags analysiert werden. Die nachfolgende Abbildung 5.12 beschränkt sich auf die Darstellung des Liquiditätsaufschlags der Kategorie 2, wobei dieser für die beiden Optimierungsvarianten O2 und O3 dargestellt wird.

Abbildung 5.12: Zeitverlauf des Liquiditätsaufschlags für Anleihen der Kategorie 2

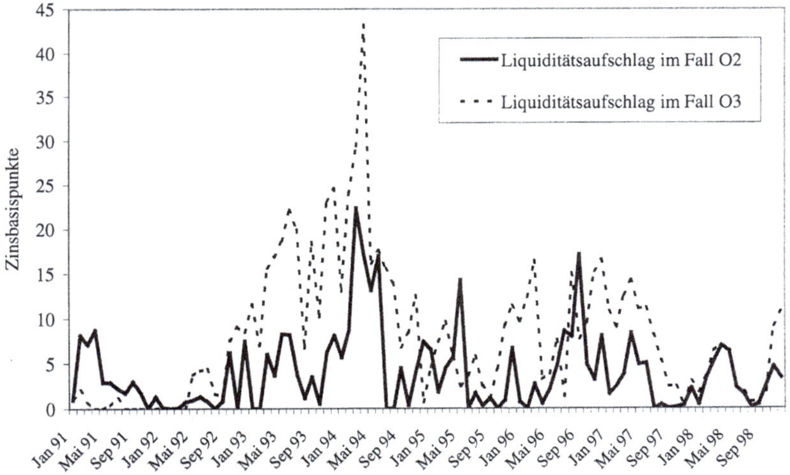

Die höheren Liquiditätsaufschläge bei der geglätteten Version (O3) und im volatilitätsstarken Jahr 1994 kommen auch in diesem Schaubild noch einmal zum Ausdruck. Deutlich ist allerdings auch der relativ erratische Verlauf des Liquiditätsaufschlags zu erkennen. Der hohe Aufschlag in der Schätzung im April 1994 ist allerdings primär durch die Datenbasis bedingt, da keine geeignete Anleihe mit einer sechsjährigen Fälligkeit für diesen Zeitpunkt zur Verfügung stand und dadurch Schätzprobleme auftraten. Grundsätzlich könnten aus den vorliegenden Terminzinssätzen für die Kategorie 1 und 2 auch die zukünftigen Liquiditätsaufschläge („forward spreads") errechnet werden. Angesichts der starken Schwankungen des Kassamarkt-Liquiditätsaufschlags ist jedoch darauf verzichtet worden, da davon keine zusätzlichen Informationen erwartet werden. Um zu klären, ob ein Zusammenhang zwischen der Volatilität und der Höhe des Liquiditätsaufschlags besteht, wurden Regressionen der Liquiditätsaufschläge auf die Schwankungsbreite der Zinssätze durchgeführt, wobei die Ergebnisse keine eindeutige Schlußfolgerung zuließen und daher hier nicht präsentiert werden.

Möglicherweise spielen auch die verwendeten Daten eine Rolle für das Zustandekommen dieses eher an Zufallseinflüsse als an tatsächliche Liquiditätsaufschläge erinnernde Ergebnis. Jene Investorengruppen, die bei ihrer Bewertung Unterschiede in der Liquidität am stärksten berücksichtigen (in der Regel ausländische Investoren aufgrund ihres international üblichen „Benchmark-Denkens"), schließen ihre Transaktionen nicht an der Börse, sondern außerbörslich ab. Die verwendeten Börsekurse dürften somit die Liquiditätsunterschiede nicht in dem Maße widerspiegeln, wie sie am Gesamtmarkt unter Einbeziehung des außerbörslichen Geschäftes vorliegen.

5.4.3 Evaluierung anderer Zinsstrukturschätzungen

Einen aktuelle empirische Überprüfung verschiedener Verfahren anhand von Daten des österreichischen Anleihemarkts wurde von Kucera[250] durchgeführt. Die Ergebnisse dieser Studie im Hinblick auf den mittleren absoluten Schätzfehler in Basispunkten, MAF, sind für die Schätzzeitpunkte Ende Juni 1993 bis Ende Dezember 1997 (in halbjährlichen Abständen) in Tabelle 5.10 wiedergegeben. Die durchschnittlichen Schätzfehler in Tabelle 5.10 liegen zwischen 30 und 37 Basispunkten. Die im Vergleich zu den eigenen Schätzungen höheren Abweichungen sind auf die vergrößerte Datenbasis (alle börsenotierten Bundesanleihen im Gegensatz zu liquiden Bundesanleihen) zurückzuführen. Dies läßt sich anhand eine Proberechnung ableiten, die für die eigenen Berechnungen mit einer erweiterten Datenbasis durchgeführt wurden. In diese wurden Anleihen mit einem Alter bis zu 3,5 Jahren (anstelle 2,5 Jahren) einbezogen. Die Optimierung nach der Variante O1 ergab eine beinahe Verdoppelung des durchschnittlichen Schätzfehlers von 9 Kursbasispunkte auf 15 Kursbasispunkte. Die erhöhte

[250] Siehe ausführlicher dazu Kucera (1998).

Schätzungenauigkeit ist auf die stärkere Inhomogenität der Anleihen zurückzuführen, die sich aufgrund unterschiedlicher Liquidität, Kuponhöhe, etc. ergibt.

Tabelle 5.10: ***Durchschnittlicher absoluter Schätzfehler diverser Zinsstruktur-Schätzmethoden***[251] ***basierend auf börsenotierten österreichischen Bundesanleihen für ausgewählte Schätzzeitpunkte***

Kurstag	Anzahl Anleihen	Cox/Ingersoll/ Ross	Vasicek	Nelson & Siegel	Svensson	Schaefer	Basis Splines
30.06.93	55	32,89	36,59	37,12	32,81	21,95	19,95
30.12.93	56	41,77	45,89	40,70	40,70	24,83	24,30
30.06.94	59	50,60	52,00	52,84	54,67	40,81	39,69
29.12.94	59	26,91	29,25	23,81	26,98	25,95	26,22
30.06.95	63	48,31	48,40	49,00	47,50	43,94	45,24
28.12.95	61	52,25	53,49	54,38	51,74	48,09	48,23
28.06.96	62	35,14	34,85	35,18	35,10	37,71	37,42
30.12.96	62	25,88	28,23	29,15	27,54	28,57	29,02
30.06.97	66	17,25	20,47	21,04	18,14	15,84	16,93
30.12.97	64	18,10	22,50	20,89	15,42	14,80	13,55
Durchschnitt	61	34,91	37,17	36,41	35,06	30,25	30,05

Wie Tabelle 5.10 zu entnehmen ist, kristallisiert sich kein Verfahren heraus, das im Hinblick auf den mittleren absoluten Schätzfehler generell überlegen ist. Die relativ besten Ergebnisse werden mit der Splinemethode erzielt. Die Modelle von Vasicek und Cox/Ingersoll/Ross schneiden entgegen anderen Untersuchungen nicht schlechter ab als beispielsweise das Nelson/Siegel- oder Svensson-Verfahren. Es ist allerdings zu bedenken, daß für den gesamten Untersuchungszeitraum eine normal ansteigende Zinsstruktur vorlag. Da eine Reihe von Verfahren bei bestimmten Zinskonstellationen gute Resultate erzielt, auf andere Zinslandschaften hingegen wiederum nicht flexibel genug reagiert, kann beispielsweise ein jahrelang bewährtes Verfahren plötzlich ungünstige Schätzresultate erzielen und umgekehrt. Vor einem abschließenden Urteil müßte daher die Untersuchung auch auf andere Zinsstrukturformen ausgedehnt werden.

---

[251] Siehe Hughston (1997), S. 91 - 110, für das Cox/Ingersoll/Ross Modell und S. 63 - 71, für das Vasicek - Modell. Siehe weiters Nelson/Siegel (1987), Svensson (1994), Schaefer (1981) sowie Steeley (1991) für die Basis Splines.

Eine weitere, allerdings weiter zurückliegende Untersuchung für den österreichischen Anleihemarkt stammt von Pichler, der für den Zeitraum 1989 - 1991 unterschiedliche Berechnungsverfahren hinsichtlich ihrer Schätzgenauigkeit vergleicht.[252] Die besten diesbezüglichen Ergebnisse erzielt in dieser Untersuchung die Methode der multiplen linearen Regression, die allerdings aufgrund der Unvollständigkeit des Marktes nur in 12,6% der Fälle eingesetzt werden konnte.[253] Die zweitbeste Gruppe stellen Splineapproximationen dar.

Zahlreiche weitere empirische Untersuchungen existieren zur Evaluierung unterschiedlicher Verfahren zur Zinsstrukturberechnung für andere Märkte.[254] Diese Studien unterscheiden sich in den verwendeten Schätzmethoden, Daten, Gütekriterien und Untersuchungszeiträumen. Da die Schätzergebnisse stark vom Betrachtungszeitraum und verwendeten Datenmaterial abhängen, ist eine vergleichende Analyse problematisch. Schließlich sei daran erinnert, daß auch die Zielfunktion selbst variieren kann (Schätzfehlerminimierung, Zinskurvenglättung), was vergleichende Analysen zusätzlich erschwert.

---

252 Siehe Pichler (1995), S. 64, Tabelle 3.2. Pichler führte sowohl Zins- als auch Renditestrukturberechnungen durch. Neben Pichler veröffentlichten auch Brandner/Jaeger (1992), S. 61ff., Renditestrukturberechnungen für den österreichischen Anleihemarkt.

253 Auch Deppner (1992), S. 145, mußte feststellen, daß die Regressionsschätzung auf Basis von Daten des schweizerischen Staatsanleihemarktes häufig keine Ergebnisse liefert. Dieses Manko tritt allerdings aufgrund der regelmäßigen Emissionsintervalle für Bundesanleihen und der verbesserten Liquidität am Sekundärmarkt inzwischen kaum mehr auf, wie Kontrollrechnungen der Autorin dieser Arbeit mit neueren Daten gezeigt haben. Trotz der guten Schätzergebnisse wurde in der vorliegenden Arbeit dieses Verfahren nicht angewendet, da es im Hinblick auf unterschiedliche Zielsetzungen nicht flexibel gestaltet werden kann.

254 Siehe beispielsweise Deppner (1992), S. 141ff., anhand Daten des schweizerischen Anleihemarktes von 1986 - 1990 oder Röhrs (1994), S. 142, der unterschiedliche Einfaktormodelle anhand von deutschen Rentenmarktdaten für den Zeitraum 1981 - 1990 vergleicht. Der durchschnittliche Schätzfehler sowohl für das Vasicek - als auch das Cox/Ingersoll/Ross - Modell liegt mit 90 Basispunkten deutlich über den Schätzungen gemäß Kucera (siehe Tabelle 5.8), was in erster Linie auf den divergierenden Untersuchungszeitraum zurückzuführen sein dürfte. Ferguson/Raymar (1998), S. 21 - 30, vergleichen sechs verschiedene Verfahren hinsichtlich ihres durchschnittlichen Fehlers und differenzieren zusätzlich nach flacher, steigender und fallender Zinskurve sowie nach liquider und breiterer Datenbasis. Eine ältere vergleichende Untersuchung stammt von Bußmann (1989), S. 132f., betreffend den deutschen Anleihemarkt von 1978 bis 1984.

5.5 Zusammenfassung

Die Anforderungen an die Zinsstrukturschätzung unterscheiden sich nach dem Zweck der Berechnungen. Zinsstrukturen, die zur Echtzeit-Bewertung zinsabhängiger Instrumente eingesetzt werden, müssen anderen Kriterien genügen als Zinsstrukturen, die Simulationszwecken, der Prognose oder volkswirtschaftlichen Analysen dienen. Rekursive Methoden, Regressionsschätzung, Splineverfahren oder parametrische Modelle eignen sich für liquide und effiziente Märkte, die zudem eine gleichmäßig verteilte Fälligkeitsstruktur der Anleihen vorweisen können. Diese Anforderungen sind am österreichischen Markt nur bedingt erfüllt, weshalb das vorgestellte nichtparametrische Optimierungsverfahren in dieser Arbeit bevorzugt wird.

Grundidee der verwendeten Schätzmethode ist, daß nicht nur die Summe der Schätzfehler, sondern auch die Summe der Abweichungen aufeinanderfolgender Terminzinssätze minimiert wird. Das Verfahren weist eine Reihe von Vorteilen auf:

- Jede beliebige Form von Zinsstruktur ist möglich.

- Aufgrund der Verlagerung der Zahlungszeitpunkte auf ganzzahlige Intervalle können Zinsstrukturkurven bereits bei einer geringen Anzahl von Datenpunkten geschätzt werden.

- Das Verfahren ist flexibel hinsichtlich konkurrierender Beurteilungskriterien. Es kann einerseits eine möglichst genaue Anpassung der geschätzten Kurse an die tatsächlich beobachteten Marktkurse bewirken oder alternativ eine stark geglättete Zinsstrukturkurve generieren oder, was vermutlich in den meisten Fällen empfehlenswert ist, einen Mittelweg zwischen diesen beiden Extremen bewirken.

- Die Zielfunktion kann um (fast) beliebig viele Nebenbedingungen erweitert werden, sodaß durch die Wahl geeigneter Restriktionen auf Spezifika des jeweiligen Anleihemarktes Rücksicht genommen und/oder das Ergebnis der Schätzung dem jeweiligen Berechnungszweck optimal angepaßt werden kann.

- Es besteht die Möglichkeit, „option adjusted spreads“ zu ermitteln, wovon in Form der Schätzung von Liquiditätsaufschlägen in dieser Arbeit Gebrauch gemacht wurde.

- Bei Bedarf kann die geschätzte diskrete Zinsstruktur durch Interpolation in eine stetige Zinsstruktur übergeführt werden, wobei gezeigt wurde, daß die kubische Splineinterpolation leichte Vorteile gegenüber der linearen Interpolation aufweist (dies ist allerdings kein verfahrensspezifischer Punkt).

Die Ergebnisse der Zinsstrukturschätzungen wurden hinsichtlich Schätzfehler, Glattheit der Zinsstruktur und Liquiditätsaufschläge ausgewertet. Die Bewertungsfehler liegen im tolerierbaren Bereich. Die Analyse der Liquiditätsaufschläge gestaltete sich aufgrund des erratischen Verlaufs schwierig, weshalb abzuwarten bleibt, ob die Daten in Zukunft weniger „Rauschen“ enthalten und daher exaktere Aussagen ermöglichen.

6 Zinsprognose

In diesem Kapitel wird die Prognostizierbarkeit von Zinssätzen untersucht. Die theoretische Grundlage bilden die zu Beginn der Arbeit erläuterten Erklärungsansätze zur Zinsentwicklung, insbesondere die klassische und erweiterte Erwartungstheorie. Aus der Erwartungstheorie, welche die Terminzinssätze mit zukünftigen Kassazinssätzen gleichsetzt, läßt sich ableiten, daß in den marktmäßig gebildeten Kassazinssätzen grundsätzlich Erwartungen über die künftige Zinsentwicklung enthalten sind. Sind diese Erwartungen systematisch zutreffend, eignet sich der Informationsgehalt der jeweils aktuellen Zinsstruktur für Prognosezwecke.

Im Verlauf dieses Kapitels wird daher der Frage nachgegangen, ob Prognosen mittels der Erwartungstheorie bessere Ergebnisse erzielen als ein alternatives Modell, das eine unveränderte Zinsstruktur vorhersagt. Zur Überprüfung beider Modelle werden statistische Verfahren verwendet. Anschließend werden allfällige Differenzen zwischen prognostizierten und beobachteten Zinssätze diskutiert. Nach Abschluß der eigenen Untersuchung wird kurz auf die Ergebnisse anderer Studien zur Überprüfung der Erwartungstheorie eingegangen. Aufgrund der zahllosen Veröffentlichungen auf diesem Gebiet kann dies allerdings nur anhand einiger ausgewählter Fälle erfolgen.

6.1 Datenbasis und Prognosemodelle

6.1.1 Datenbasis

Da Erwartungen nicht meßbar sind, wird zur Durchführung der empirischen Tests ein Konzept benötigt, um ex-ante Hypothesen mit ex-post Realisierungen zu verknüpfen. Das Problem kann durch direkte Befragungen von Marktteilnehmern umgangen werden, von denen allerdings angenommen werden muß, daß sie die tatsächlichen Erwartungen der Befragten widerspiegeln[255] und repräsentativ sind.[256] Zahlreiche Untersuchungen weisen darauf hin, daß

---

[255] Siehe dazu Wolter (1996), S. 195.

dieser Weg keinen erkennbaren Vorteil aufweist gegenüber der indirekten Messung von Erwartungen auf Basis von Marktdaten. Umfragen über Zinsprognosen beinhalten eine systematische Verzerrung, da in der Regel die prognostizierten Sätze über den tatsächlich realisierten Sätzen liegen, wobei diese Differenz zeitlich variiert.[257]

Eine weitere Möglichkeit besteht in der Verwendung von Kursen von Terminkontrakten, die an organisierten Terminbörsen gehandelt werden.[258] Diese haben gegenüber der direkten Befragung den Vorteil der größeren Verläßlichkeit, da die Marktteilnehmer aufgrund unmittelbarer wirtschaftlicher Auswirkungen ihres Engagements am Terminmarkt ein hohes Eigeninteresse daran haben, daß die Prognosen ihren tatsächlichen Erwartungen entsprechen und alle verfügbaren Informationen darin eingehen.[259] Meist stehen jedoch diesbezüglich nur wenige Daten zur Verfügung. Mehrere Untersuchungen zeigen zudem, daß diese Vorgehensweise einige problematische Annahmen beinhaltet und auch Futurespreise nicht frei von Risikoprämien sind und somit keine unverzerrten Schätzer zukünftiger Kassapreise darstellen.[260]

Mangels Alternativen werden daher in der Mehrzahl der in der Literatur durchgeführten Tests zur Erwartungstheorie Erwartungen indirekt anhand der Terminzinssätze, die aus Kassazinssätzen abgeleitet werden, gemessen. Die empirische Überprüfung der Theorie erfolgt mittels ex-post Realisierungen der Kassazinssätze.

Am Beispiel der im Dezember 1993 geschätzten Kassazinssätze soll in Abbildung 6.1 die konkrete Vorgehensweise demonstriert werden. Aus den zum Dezember 1993 geschätzten

---

256 MacDonald/Macmillian (1994), S. 1073f., oder Friedman (1979), S. 966, beispielsweise verwenden Umfragen über erwartete Zinssätze als Basis für die Überprüfung der Erwartungstheorie.

257 Siehe beispielsweise Friedman (1979), S. 967f. Ders. (1980), S. 463ff., stellt fest, daß die Prognosen von Marktteilnehmern den Anforderungen von Muth hinsichtlich Rationalität (siehe Exkurs „Hypothese rationaler Erwartungen“ in dieser Arbeit) keineswegs genügen.

258 Zu Zinserwartungen auf Terminmärkten siehe Wolter (1996), S. 196f.

259 Siehe Cole/Reichenstein (1994), S. 49, zu dieser Argumentation. Allerdings ist gegen die Verwendung von Terminmarktdaten auch einzuwenden, daß bei Gültigkeit der Erwartungshypothese ein Kauf oder Verkauf von Terminkontrakten keinen Sinn machen würde, da die erwartete Rendite für Käufer und Verkäufer Null wäre.

260 Siehe auch die Ausführungen in Kapitel 4.4.2 dieser Arbeit. Beispiele für die Verwendung von Futurespreisen zur Untersuchung von Prognosen gemäß Erwartungstheorie sind die Studien von Levin/Schulte-Mattler (1994), Krehbiel/Adkins (1994) und Cole/Reichenstein (1994), jeweils mit zwiespältigen Resultaten hinsichtlich der Eignung von Terminmärkten zur Prognose.

Kassazinssätzen werden die Terminzinssätze zu den Zeitpunkten Dezember 1994 bis 2000 errechnet, die den dann jeweils geltenden Kassazinssätzen entsprechen, wenn die Erwartungstheorie gültig ist. Mit zunehmenden Prognosehorizont schwindet dabei allerdings die Möglichkeit, längerfristige Zinsstrukturen zu schätzen. Bei einer Kassazinsstruktur bis zehn Jahren erstreckt sich daher die in einem Jahr geschätzte Zinsstruktur bis neun Jahre, die in zwei Jahren nur mehr bis acht Jahre usw.

Abbildung 6.1: ***Prognose der Zinsstruktur für die Zeitpunkte Dezember 1994 bis Dezember 2000 anhand der im Dezember 1993 geschätzten Kassazinssätze***

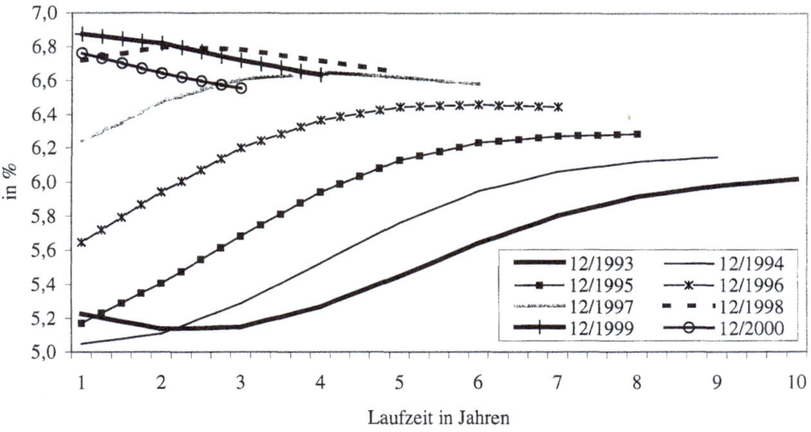

Gemäß Abbildung 6.1 war anhand der Zinsstrukturkurve von Dezember 1993 bei Gültigkeit der klassischen Erwartungstheorie (ohne Berücksichtigung von Risikoprämien) davon auszugehen, daß Ende 1993 die Marktteilnehmer bis zum Jahr 1996 Zinserhöhungen und normal verlaufende Zinsstrukturkurven erwarteten. Für die Jahre 1996 bis 1998 implizieren die Daten eine Drehung von einer ansteigenden in eine inverse Zinsstruktur und im Jahr 2000 einen Zinsrückgang bei inverser Zinsstruktur (zumindest bis zu einer Laufzeit von drei Jahren, da eine weitere Voraussicht zum Zeitpunkt Dezember 1993 aufgrund der Daten nicht möglich ist).

6.1.2 Alternative Zinsprognosemodelle

In dieser Arbeit werden zwei Zinsprognosemodelle einander gegenübergestellt: Die Prognose gemäß der Erwartungstheorie der Zinssätze und die Prognose gemäß einem naiven Modell, bei dem eine unveränderte Zinsstruktur unterstellt wird. Beide Modelle werden hinsichtlich ihrer Prognosetauglichkeit miteinander verglichen. Eine Vielzahl weiterer Prognosemodelle ist denkbar, die in dieser Untersuchung nicht eingehender diskutiert werden.[261]

Eine Möglichkeit zur Zinsprognose sind ökonometrische Strukturmodelle, die einen Kausalzusammenhang zwischen dem Zinssatz und den ihn erklärenden Faktoren herstellen. Dazu sind Hypothesen über den theoretischen Zusammenhang zwischen den Zinsdeterminanten und dem Zinssatz aufzustellen und empirisch mittels statistischer Verfahren zu überprüfen. Jede Zinssatzrealisation wird somit als Ergebnis einer bestimmten Faktorenkonstellation betrachtet. Der empirisch meßbare Zusammenhang zwischen den als relevant erachteten ökonomischen Faktoren hat sich aber als relativ schwach herausgestellt, zumal sich häufig die Zinsentwicklung von fundamentalen Faktoren abkoppelt und eher von psychologischen Aspekten beeinflußt wird.[262]

Häufig werden daher anstelle von Strukturmodellen zeitreihenanalytische Prognoseansätze gewählt, die aus vergangenen Ausprägungen der zu prognostizierenden Zinssätze Regularitäten herausfiltern und durch Fortschreiben dieses Musters zu einer Prognose gelangen. Zu dieser Gruppe gehören beispielsweise Kointegrations- und Fehlerkorrekturmodelle[263] oder ARIMA-Verfahren.[264] Im Gegensatz zu den Strukturmodellen spielt das Auffinden kausaler Zusammenhänge zwischen Zinssatz und Zinssatzdeterminanten bei diesen Modellen keine Rolle. Ihr Vorteil ist, daß sie lediglich auf vergangene und gegenwärtige Zinssatzrealisationen abstellen und die benötigten Daten somit jederzeit zur Verfügung stehen, während diese bei den Strukturmodellen erst mühsam geschätzt werden müssen. Daraus ergibt sich allerdings

---

261 Siehe beispielsweise Levin (1993), Filc (1992), S. 267, oder Matthes (1994), S. 54ff., für einen empirischen Vergleich einiger Prognoseansätze.

262 Siehe Kapitel 3.2.2.2 dieser Arbeit.

263 Siehe beispielsweise Matthes (1994), S. 42ff.

264 Siehe beispielsweise Filc (1992), S. 231ff.

gleichzeitig auch der Nachteil, daß aufgrund der Konzentration auf die Vergangenheit lediglich eine beschränkte Informationsmenge ausgewertet wird.[265] Empirischen Untersuchungen zufolge eignen sich zeitreihenanalytische Prognosemodelle eher für kurzfristige Prognosehorizonte bis maximal drei Monate, während Strukturmodelle für längerfristige Prognosehorizonte überlegen sein dürften.[266]

In jüngerer Zeit werden auch vermehrt Künstliche Neuronale Netze zur Zinsprognose herangezogen, die analog zu den zeitreihenanalytischen Modellen keine vorgegebene Modellstruktur verlangen.[267] Der Vorteil dieser Technik ist, daß sie im Gegensatz zu den Zeitreihenmethoden jede beliebige funktionale Beziehung zwischen den Zinssätzen und ihren Einflußfaktoren erfaßt, da es sich im wesentlichen um nicht-lineare Regressionsmodelle handelt. Damit ist es möglich, die auf Finanzmärkten auftretenden psychologischen Phänomene besser einzufangen, was - neben ihrer Flexibilität - einen Teil ihres Erfolgs ausmachen dürfte.

6.1.3 Datenbasis

Als Datenbasis, die sowohl der Messung von Zinserwartungen als auch -realisationen dient, wurden die im vorhergehenden Kapitel geschätzten monatlichen Zinsstrukturkurven für den Zeitraum Dezember 1990 bis Dezember 1998 verwendet. Die Daten wurden gemäß der in Kapitel 5.4.1 erläuterten Optimierungsvariante 3 geschätzt, entsprechen somit der geglätteten Zinsstruktur unter Berücksichtigung von Liquiditätsprämien. Wie bereits erläutert, existieren zahllose Varianten der Berechnung der Zinsstruktur, die sich alle mehr oder weniger stark in ihren Ergebnissen unterscheiden. Trotz sorgfältigster Auswahl der Daten ist dennoch die errechnete Zinsstruktur lediglich eine Schätzung. Es ist daher festzuhalten, daß die nachfolgenden Aussagen auf der Annahme basieren, daß die verwendeten Zinssätze keine Meßfehler aufweisen. Des weiteren ist aufgrund der Überlegungen im theoretischen Teil der Arbeit davon auszugehen, daß sich in der Zinsstruktur nicht nur Erwartungen über zukünftige Zinssät-

---

[265] Zudem widerspricht dieses Vorgehen dem Konzept von Finanzmarkteffizienz, das aus statistischer Sicht in Kapitel 6.2.1 noch behandelt werden wird.

[266] Vgl. hierzu Levin (1993), S. 656f., oder Filc (1992), S. 229.

[267] Siehe beispielsweise Anders (1996), Berndt (1995) oder Poddig/Huber (1998) zur Funktionsweise von Neuronalen Netzen. Zum Einsatz Neuronaler Netze für die Prognose der kurzfristigen Zinsentwicklung siehe Matthes (1994), S. 45ff.

ze, sondern auch andere Einflüsse äußern (insbesondere Risiko-, Liquiditäts-, Laufzeit- und Konvexitätsprämien), die von den eigentlichen Erwartungen nicht zu trennen sind.

Die Stichprobe ist relativ klein und die Testergebnisse werden mit entsprechender Vorsicht interpretiert werden müssen. Eine Erweiterung der Stichprobe ist jedoch nur solange sinnvoll, als sich die Welt inzwischen nicht so sehr verändert hat, daß ältere Daten irrelevant erscheinen. Da jedoch diverse Kennzahlen (Umsatzentwicklung, Emissionsvolumina etc.) darauf hinweisen, daß der österreichische Anleihemarkt in den letzten Jahren einen deutlichen Strukturwandel hinter sich gebracht hat, wurde auf Datenmaterial vor Dezember 1990 verzichtet.[268] Darüber hinaus war der Bundesanleihemarkt, wie die Ausführungen zu Beginn der Arbeit zeigten, bis zum Jahr 1991 stark reguliert. Die Kurse der Anleihen spiegelten daher nur in eingeschränktem Ausmaß Erwartungen über die zukünftige Zinsentwicklung wider, weshalb ihr Informationsgehalt für die vorliegende Untersuchung gering sein dürfte. Des weiteren sei daran erinnert, daß die verwendeten Daten selbst nicht direkt beobachtbar sind und daher nur Annäherungen an die tatsächlichen Sätze darstellen können (weshalb auch in einer größeren Stichprobe die Testergebnisse lediglich der Illustration dienen können).

Tabelle 6.1 zeigt, daß im Durchschnitt über den Untersuchungszeitraum eine ansteigende Zinsstrukturkurve zu beobachten war. Dies entspricht, ebenso wie die mit zunehmender Laufzeit der Zinssätze fallenden Volatilitäten den meist vorherrschenden Marktgegebenheiten. Auch die Maxima und Minima spiegeln den Umstand wider, daß kurzfristige Zinssätze stärkeren Schwankungen ausgesetzt sind als langfristige. Die Autokorrelationskoeffzienten, die bei kurzen Abständen Werte nahe 1 annehmen, verringern sich mit zunehmenden Abständen nur wenig. Daraus schließen einige Autoren, daß Zinssätze ein Verhalten aufweisen, daß einem Random Walk ähnelt.[269]

---

268 Siehe auch Kapitel 2 dieser Arbeit.

269 Siehe Wu/Zhang (1997), S. 72, oder Fama/Bliss (1987), S. 689, und die dort angeführten Quellen.

Tabelle 6.1: ***Ausgewählte Statistiken zu den geschätzten Kassazinssätzen (Optimierungsvariante 3)***

Kassazinssätze	1 Jahr	2 Jahre	3 Jahre	4 Jahre	5 Jahre	6 Jahre	7 Jahre	8 Jahre	9 Jahre	10 Jahre
Mittelwert	5,65	5,79	5,97	6,17	6,35	6,51	6,65	6,77	6,86	6,92
Maximum	9,45	9,07	8,89	8,80	8,79	8,79	8,80	8,81	8,81	8,82
Minimum	3,15	3,36	3,46	3,62	3,78	3,94	4,07	4,19	4,27	4,16
Standardabweichung	2,23	1,91	1,73	1,59	1,48	1,38	1,30	1,24	1,20	1,18
Autokorrelation (1) (*)	1,00	0,99	0,99	0,99	0,99	0,99	0,99	0,98	0,98	0,98
Autokorrelation (2) (*)	0,99	0,98	0,98	0,97	0,97	0,97	0,96	0,96	0,96	0,96
Autokorrelation (3) (*)	0,98	0,97	0,96	0,95	0,95	0,94	0,94	0,94	0,94	0,94

(*) monatliche Abstände

Tabelle 6.2: ***Korrelationsmatrix der geschätzten Kassazinssätze***

	1 Jahr	2 Jahre	3 Jahre	4 Jahre	5 Jahre	6 Jahre	7 Jahre	8 Jahre	9 Jahre	10 Jahre
1 Jahr	1,00									
2 Jahre	0,99	1,00								
3 Jahre	0,98	1,00	1,00							
4 Jahre	0,96	0,98	1,00	1,00						
5 Jahre	0,94	0,97	0,99	1,00	1,00					
6 Jahre	0,92	0,96	0,98	0,99	1,00	1,00				
7 Jahre	0,90	0,94	0,96	0,98	0,99	1,00	1,00			
8 Jahre	0,88	0,92	0,95	0,97	0,98	0,99	1,00	1,00		
9 Jahre	0,86	0,89	0,93	0,95	0,97	0,98	0,99	1,00	1,00	
10 Jahre	0,83	0,87	0,91	0,94	0,96	0,97	0,98	0,99	1,00	1,00

Tabelle 6.2 stellt schließlich die Korrelationsmatrix der geschätzten Zinssätze dar, aus der sich erkennen läßt, daß die Korrelationskoeffizienten mit zunehmendem Laufzeitunterschied abnehmen. Die Korrelationsstruktur entspricht somit nicht den Annahmen des in Kapitel 3.2.2.1 dargestellten Einfaktormodells von Vasicek, das, wie auch viele andere optionspreistheoretische Ansätze, eine perfekte Korrelation zwischen Zinssätzen mit unterschiedlicher Laufzeit impliziert. Insbesondere ist zu bedenken, daß in den Einfaktor-Modellen perfekte Korrelation zwischen dem Momentanzinssatz und allen anderen Zinssätzen postuliert wird. Der kürzeste hier analysierte Zinssatz für die einjährige Veranlagungsdauer weist zum zehnjährigen Zins-

satz eine Korrelation von 0,83 auf - die Korrelation zwischen Momentanzinssatz und zehnjährigem Satz dürfte somit um einiges unter diesem Wert liegen.[270]

6.2 Theoretische Grundlagen der Untersuchung

6.2.1 Kapitalmarkteffizienz

Die Überprüfung der Erwartungstheorie impliziert nicht nur deren Gültigkeit, sondern auch das Vohandensein informationseffizienter Märkte. Markteffizienz liegt vor, wenn in die Kursbildung öffentlich gehandelter Wertpapiere alle zu einem Zeitpunkt verfügbaren und für die zukünftige Kursentwicklung relevanten Informationen rational verarbeitet eingehen.[271] Die Kurse der Wertpapiere spiegeln somit alle verfügbaren Informationen wider. Auf neue Informationen reagieren sie mit sofortiger und vollständiger Anpassung, wobei diese im Durchschnitt korrekt ausfällt. Dies impliziert auch, daß Kursänderungen voneinander unabhängig und nicht mit Variablen aus der vorhandenen Informationsmenge korreliert sind. Zahlreiche empirische Untersuchungen zur Gültigkeit der These der Kapitalmarkteffizienz liegen vor, ergeben jedoch ein uneinheitliches Bild.[272]

Zusätzlich zur Markteffizienzhypothese wird allerdings noch ein Modell benötigt, das beschreibt, wie die Kurse in Abhängigkeit von der Informationsmenge gebildet werden. *Ein* mögliches Modell ist das der Erwartungstheorie, ein weiteres Modell ist das eines Random Walk. Beide Modelle werden im folgenden im Hinblick auf ihre Prognosefunktion erläutert.

---

[270] Bühler (1995), S. 135, stellt beispielsweise einen Korrelationskoeffizienten von 0,36 zwischen dem einmonatigen und dem zehnjährigen Zinssatz für den schweizerischen Markt fest.

[271] Dieses Konzept wurde erstmals von Fama (1970), S. 383 - 423, erläutert und hat seitdem die Vorstellungen über Informationsverarbeitung und die empirischen Tests zur Informationseffizienz von Märkten maßgeblich bestimmt. Fama unterscheidet dabei zwischen schwacher, mittelstrenger und strenger Form der Markteffizienz, je nachdem ob lediglich historische, alle öffentlich zugänglichen oder auch nicht-öffentlich zugängliche Informationen (Insiderinformationen) in den Kursen enthalten sind. Siehe auch Fama (1991), S. 1575 - 1617. Zur Kritik an der Informationseffizienzhypothese siehe LeRoy (1989), S. 1583 - 1621, oder Wolter (1996), S. 40ff., und die dort angeführte Literatur.

[272] Vgl. Elton/Gruber (1995), S. 406ff. Zur Frage der Testbarkeit der Hypothese der Kapitalmarkteffizienz siehe Schneider (1992), S. 541ff.

6.2.2 Die Erwartungstheorie als Prognosemodell

Gilt neben der Markteffizienzhypothese auch die Erwartungstheorie, so folgt, daß für zukünftige Kassazinssätze keine bessere Prognosemöglichkeit als die der aktuellen Terminzinssätze vorhanden ist. Die für die Zinsprognose gemäß der Erwartungstheorie notwendigen Informationen fließen über Käufe und Verkäufe in die Zinsstruktur ein und stehen allen Anlegern zur Verfügung. Abweichungen der errechneten Terminzinssätze von den tatsächlich eintretenden ergeben sich lediglich durch neue Informationen, deren Aufkommen einem reinen Zufallsprozeß unterliegt und sich über einen längeren Zeitraum kompensiert. Liegt keine systematische Störung der Erwartungen vor, müßte der Mittelwert der Differenzen zwischen erwarteten und tatsächlichen Zinssätzen Null betragen. Die Prognosefähigkeit ist jedoch davon abhängig, ob in die Kassakurse (und damit -zinssätze) alle kursrelevanten Informationen eingehen, also tatsächlich von Markteffizienz im vorhin definierten Sinne gesprochen werden kann.

Bei Vorliegen von Markteffizienz (und Nichtexistenz einer Risikoprämie - eine Annahme, die später noch ausführlicher behandelt werden wird) ist der Terminzinssatz ein unverzerrter Prediktor des zukünftigen Kassasatzes. Sind nämlich die Erwartungen im Durchschnitt korrekt, stimmen sie mit den realisierten Kassazinssätzen bis auf einen Zufallseinfluß überein, der wiederum einen Erwartungswert von Null aufweist. Die zugrundeliegende Prognosegleichung lautet somit:

(6.1) $$E_t({}_{t+i}R_n) = {}_{t+i}r_{n,t} + {}_t\varepsilon_n$$

Der zum Zeitpunkt t erwartete (prognostizierte) n-periodige Kassazinssatz beginnend mit dem Zeitpunkt t + i entspricht dem in Zeitpunkt t beobachteten n-periodigen Terminzinssatz beginnend mit dem Zeitpunkt t + i zuzüglich eines Störterms ${}_t\varepsilon_n$ mit Mittelwert Null und konstanter endlicher Varianz. Unter Verwendung der Theorie effizienter Märkte und der Hypothese rationaler Erwartungen ist somit eine empirische Überprüfung der Erwartungstheorie möglich, da für die Zinserwartungen die entsprechenden Terminzinssätze verwendet werden können.

6.2.3 Das Random Walk Modell

In der Literatur für Finanzmarktprognosen wird die „no-change Prognose" bei der Gegenüberstellung zu einer Vielzahl von Modellen als Basismodell genommen. Dieses von einer unveränderten Zinssituation ausgehende Modell ist im statistischen Sinne als Martingalmodell zu interpretieren.[273] Das Martingalmodell besagt, daß der bedingte Erwartungswert von Zinsänderungen bei Vorliegen einer Informationsmenge ψ_t gleich Null ist oder anders ausgedrückt, daß die beste Prognose des zukünftigen Zinssatzes auf Basis der Kenntnis von ψ_t der aktuelle Zinssatz ${}_tR_n$ ist:

(6.2) $$E_t(\Delta_{t+1}R_n \mid \psi_t) = 0 \qquad \text{oder} \qquad E_t({}_{t+1}R_n \mid \psi_t) = {}_tR_n$$

Das bedeutet auch, daß der aktuelle Zinssatz dem erwarteten Zinssatz für alle zukünftigen Zeitpunkte entspricht:

(6.3) $$E_t(\Delta_{t+k}R_n \mid \psi_t) = 0 \qquad \text{oder} \qquad E_t({}_{t+k}R_n \mid \psi_t) = {}_tR_n \qquad \forall k > 0$$

Eine spezielle, restriktivere Form des Martingalmodells ist das Random Walk Modell. Der Unterschied zwischen beiden Modellen liegt in den Eigenschaften der Störterme. Während beim Random Walk gefordert wird, daß die Störterme unkorreliert und stationär sind, also konstante Momente höherer Ordnung aufweisen, wird von den Störtermen des Martingalmodells (Martingaldifferenzen) nur Unkorreliertheit, nicht aber Stationarität gefordert.[274] Das Random Walk Modell und das Martingalmodell sind dann nicht voneinander zu unterscheiden, wenn ${}_tR_n$ identisch verteilt ist, wovon im folgenden ausgegangen wird. Daher werden Modelle gemäß Gleichung (6.2) in dieser Arbeit als Random Walk bezeichnet, auch wenn es sich im strengen statistischen Sinn um ein Martingalmodell handelt.

---

273 Eine ökonomische Interpretation der "no - change" - Prognose wäre die, daß es sich hierbei um die Liquiditätspräferenztheorie (siehe Kapitel 3.2.1.2) handelt, wonach die derzeitige Kassazinsstrukturkurve der optimale Schätzer für die zukünftige Kassazinsstrukturkurve ist, da Erwartungen über Zinssätze keine Rolle spielen.

274 Zu den unterschiedlichen Versionen der Random Walk Hypothese siehe Geyer (1992), S. 46ff.

Da das Auftauchen neuer Informationen einem Zufallsprozeß entspricht, unterliegt auch die Zinsentwicklung einem Zufallsprozeß. Zinssteigerungen und -rückgänge sind somit gleich wahrscheinlich, weshalb laut diesem Modell der beste Schätzer für den zukünftigen Zinssatz ${}_{t+1}R_n$ auf Basis der Kenntnis der gegenwärtigen Informationsmenge ψ_t der momentane Zinssatz ${}_tR_n$ für den betreffenden Laufzeitbereich n ist. Die zugrundeliegende Prognosegleichung lautet somit:

(6.4) $$E_t({}_{t+i}R_n) = {}_tR_n + {}_t\varepsilon_n$$

Der zum Zeitpunkt t für den Zeitpunkt t + i erwartete n-periodige Kassazinssatz entspricht dem in t vorherrschenden laufzeitäquivalenten Kassazinssatz. Der Fehler in dieser Erwartung ${}_t\varepsilon_n$ hat einen Erwartungswert Null und konstante Varianz. Bei Gültigkeit der Markteffizienzhypothese und der Random Walk Annahme ist für die Prognose von Zinssätzen die Kenntnis von vergangenen Zinssätzen oder Zinssatzänderungen irrelevant, da alle historischen und gegenwärtigen Informationen in den gegenwärtigen Zinssätzen beinhaltet sind.

6.3 Erwartungstheorie versus Random Walk Prognose

6.3.1 Darstellung der Vorgehensweise

Die gemäß der Erwartungstheorie prognostizierten Zinssätze sind die Kassazinssätze für ein bis neun Jahre (jeweils in ganzen Jahresabständen). Zinssätze für zehnjährige Fristigkeiten konnten nicht prognostiziert werden, da hiefür Zinsstrukturen bis elf Jahren berechnet hätten werden müssen, wovon mangels ausreichender Datenbasis abgesehen wurde. Bei den Prognosen handelt es sich um dynamische "pseudo-ex-ante" Prognosen, da bei der Prognoseerstellung keine Informationen aus dem Prognosezeitraum verwendet werden. Die Prognosesituation wird somit für einen vergangenen Zeitpunkt nachgestellt, die prognostizierten Werte mit den tatsächlichen Werten verglichen und so die Leistungsfähigkeit beider Modelle bewertet.

Die Modelle wurden jeweils rollierend zu den Zeitpunkten 12/1990 bis 12/1998 angewendet und Prognosen für jeweils drei, sechs und zwölf Monate im voraus vorgenommen. Die Wahl dieser drei Prognosehorizonte entspricht den in der Praxis meist anzutreffenden. Für jeweils drei Prognosehorizonte wird somit jeweils dieselbe Zinsstruktur zugrundegelegt und der Frage nachgegangen, inwiefern die Erwartungstheorie und die naive Variante in der Lage sind, im Zeitpunkt t (t = 12/1990 bis 12/1998) für drei, sechs und zwölf Monate im voraus die ein- bis neunjährigen Kassazinssätze zu prognostizieren. In Abhängigkeit des Prognosehorizonts lagen somit 94 überprüfbare Prognosen bei einem drei-, 91 bei einem sechs- und 85 bei einem zwölfmonatigen Prognosehorizont vor.

Um die Prognosen differenziert beurteilen zu können, wurde der Untersuchungszeitraum in Subperioden unterteilt, die den Kriterien eines gleichbleibenden, fallenden oder steigenden Zinstrends folgten. Damit kann die Prognosefähigkeit der Terminzinssätze gemäß der Erwartungstheorie gesondert nach der jeweils vorherrschenden Zinsbewegung beurteilt werden. Die Einteilung in Subperioden für Laufzeiten über drei Jahre zeigt Abbildung 6.2. Aufgrund der leicht divergierenden Zinsentwicklung im lang- und kurzfristigen (unter dreijährigen) Bereich wurden die Unterteilungen für diese beiden Kategorien jeweils separat vorgenommen. Die im Schaubild nicht eingezeichnete Unterteilung für Laufzeiten bis drei Jahre unterscheidet sich insbesondere in der ersten Hälfte 1994 und gegen Ende der Untersuchungsperiode von der Einteilung für die längeren Fristigkeiten.

Abbildung 6.2: ***Verlauf der geschätzten ein-, fünf- und zehnjährigen Kassazinssätze sowie die Einteilung in Subperioden nach Zinstrends***

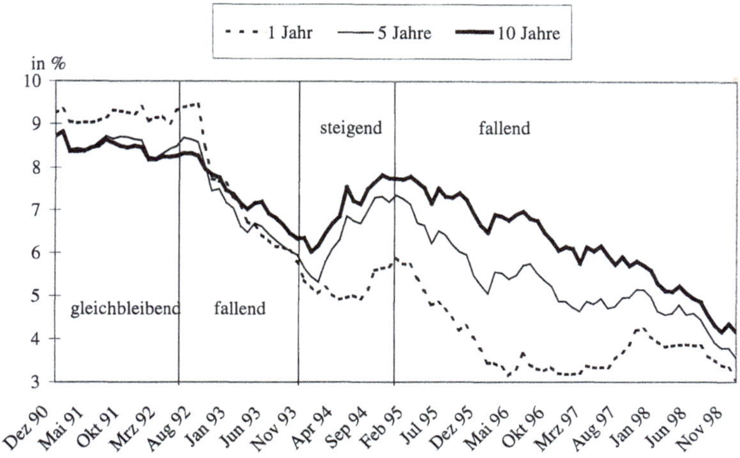

6.3.2 Das Bewertungsverfahren

Die Prognosequalität des Erwartungsmodells (im folgenden ET) und des Random Walk Modells (das in dieser Arbeit auch als naive Prognose oder „no change"-Prognose bezeichnet und im folgenden mit RW abgekürzt wird), wird mittels mehrerer Prüfmaße miteinander verglichen, die nachstehend erläutert werden.[275]

Der durchschnittliche Fehler (DF) berechnet sich gemäß folgender Formel:

(6.5) $$DF = \sum_{t=1}^{n} (ET_t - IW_t) \div n \quad \text{bzw.} \quad DF = \sum_{t=1}^{n} (RW_t - IW_t) \div n$$

wobei

---

[275] Siehe auch Breckling/Hillmer (1996), S. 300ff.

ET_t Prognosewert aufgrund ET für den in t erwarteten Zinssatz (prognostiziert zum Zeitpunkt t - 3 Monate, t - 6 Monate beziehungsweise t - 12 Monate)

RW_t Prognosewert aufgrund RW für den in t erwarteten Zinssatz (prognostiziert zum Zeitpunkt t - 3 Monate, t - 6 Monate beziehungsweise t - 12 Monate)

IW_t Istwert (tatsächlich beobachteter Zinssatz) zum Zeitpunkt t

n Anzahl der Beobachtungen

Der durchschnittliche Fehler alleine ist als Gütekriterium ungeeignet, da sich negative und positive Prognosefehler kompensieren. Um daher auch Aussagen über die Größenordnung des durchschnittlichen Prognosefehlers zuzulassen, wird der durchschnittliche absolute Fehler (DAF) wie folgt errechnet:

$$(6.6) \quad DAF = \sum_{t=1}^{n} |ET_t - IW_t| \div n \quad \text{bzw.} \quad DAF = \sum_{t=1}^{n} |RW_t - IW_t| \div n$$

Grundsätzlich wäre anstelle der absoluten Abweichung auch die Quadrierung der Differenzen denkbar. Da jedoch dieses Vorgehen gegenüber Ausreißern weit weniger robust ist, wird auf diese Kennzahl verzichtet.

Aus dem DAF wird gemäß nachstehender Formel der Informationsquotient der mittleren absoluten Abweichung (I_{DAF}) abgeleitet, der auch Theilscher Informationsquotient genannt wird:

$$(6.7) \quad I_{DAF} = \frac{\sum_{t=1}^{n} |ET_t - IW_t|}{\sum_{t=1}^{n} |RW_t - IW_t|}$$

Anstelle des Informationsquotienten I_{DAF} könnte auch der Theilsche Ungleichheitskoeffizient herangezogen werden, der im Unterschied zum Informationsquotienten auf den quadrierten anstelle den absoluten Differenzen beruht.[276] Der Quotient aus den absoluten Differenzen der Fehler der ET-Prognose zum Fehler der RW-Prognose nimmt Werte größer oder gleich Null an, wobei ein Wert von Null eine perfekte Vorhersage mittels der Erwartungstheorie bedeutet. Ein Wert von Eins wird dann erzielt, wenn die Güte der Prognose aufgrund des ET-Modells mit der Vorhersage des RW-Modells vergleichbar ist. Ein Wert größer als Eins würde bedeuten, daß das RW-Modell dem ET-Modell vorzuziehen wäre.

Als weitere Kennzahl wird errechnet, in wieviel Prozent der Fälle das ET-Modell dem RW-Modell im Hinblick auf den absoluten Fehler überlegen ist. Die Höhe der Prognosefehler geht in dieses Maß allerdings nicht ein.

Da die bisherigen Kennzahlen keine Analyse des Vorzeichens der Prognosefehler erlauben, wurde zusätzlich berechnet, wie häufig das klassische Erwartungsmodell den Zinstrend in Prozent der Gesamtzahl der Prognosen korrekt erfaßt:

$$\text{Treffer} = \frac{1}{n}\sum_{t=1}^{n} k \qquad (6.8)$$

wobei

$k = 1$ wenn $(IW_{t-\Delta t} - IW_t)(ET_t - IW_t) >= 0$ und

$k = 0$ sonst

Die Trefferquote gibt an, in wieviel Prozent aller Fälle das Vorzeichen der Zinsänderung richtig erkannt wird und nimmt Werte zwischen 0 % und 100% an. Ein Wert von 50 % entspricht einer Zufallsprognose. Die Trefferquote erlaubt allerdings kein Urteil über die Höhe der Prognosefehler. Speziell bei mittel- bis längerfristigen Prognosehorizonten (über drei Monaten) kommt es häufig jedoch eher darauf an, die Zinstrends korrekt zu erfassen als eine möglichst exakte Prognose über die Höhe des Zinssatzes zu liefern, die (wie noch zu sehen sein wird) ohnehin kaum möglich ist. Auch ist darauf zu achten, daß eine geringe Trefferquote allein betrachtet noch auf kein schlechtes Modell hinweist, da der Fall eintreten kann, daß zwar die

---

276 Gemäß Breckling/Hillmer (1996), S. 301f., liegen die Werte des gewählten Informationsquotienten näher bei Eins.

großen Zinsänderungen richtig, die vielen kleinen hingegen nicht richtig erkannt werden. Die Trefferquote ist in den folgenden Tabellen lediglich für das ET-Modell angegeben, da deren Berechnung beim RW-Modell Schwierigkeiten bereitet. Definitionsgemäß wird beim RW-Modell stets keine Änderung der Zinssätze erwartet, weshalb die Trefferquote konstant einen Wert von 100 % aufweist.

6.3.3 Diskussion der Untersuchungsergebnisse

Die Statistik der Abweichungen zwischen geschätzten und realisierten Zinssätzen ist in den nachfolgenden Tabellen 6.3 bis 6.5 für die drei genannten Prognosehorizonte dargestellt. Alle drei Tabellen gliedern die vorhin beschriebenen Prognosegüte-Kennzahlen nach den Laufzeiten der Zinssätze einerseits und nach Perioden unterschiedlicher Zinstrends andererseits. Ein gänzlich neutrales Bild kann aufgrund der Daten nicht vermittelt werden, da der Beobachtungszeitraum in weiten Strecken von fallenden Zinsen gekennzeichnet ist und somit nicht dem langfristigen Durchschnitt entspricht. In den letzten drei Spalten der folgenden drei Tabellen sind zur Erhöhung der Übersichtlichkeit jene Fälle fett gedruckt, in denen die Erwartungstheorie bessere Ergebnisse liefert als das Random Walk Modell.

Die nachfolgenden Tabellen 6.3 bis 6.5 verdeutlichen, daß in der Gesamtbilanz („alle Laufzeiten“) die Prognose gemäß der Erwartungstheorie nach den meisten Kennzahlen schlechter als gegenüber der naiven Zinssatzfortschreibung abschneidet. Alle drei Arten des durchschnittlichen Fehlers sowie der Theilsche Informationsquotient sprechen, unabhängig vom Prognosehorizont, zugunsten der naiven Prognose. Der absolute Prognosefehler gemäß der Erwartungstheorie ist für alle drei untersuchten Prognosehorizonte in jeweils 40 % der Fälle kleiner als jener der naiven Prognose.

Tabelle 6.3: ***Bewertung der Prognosegüte für einen Horizont von 3 Monaten***

Überwiegender Zinstrend	durchschn. abs. Fehler		durchschn. proz. Fehler		durchschn. Fehler		Theilscher Quotient	abs. Fehler (ET) < abs. Fehler (RW)	Treffer-quote
	ET Prozentpunkte	RW	ET	RW	ET Prozentpunkte	RW		Anzahl in %	in %
				1-jährige Kassazinssätze					
gleichbleibend	0,40	0,35	0,05	0,04	-0,03	0,18	1,14	38,10	**52,38**
steigend	0,28	0,25	0,07	0,06	0,14	-0,12	1,12	**52,38**	**66,67**
fallend	0,46	0,40	0,10	0,08	0,44	0,32	1,16	40,38	**50,00**
gesamt	0,41	0,36	0,08	0,07	0,27	0,19	1,15	42,55	**54,26**
				2-jährige Kassazinssätze					
gleichbleibend	0,39	0,37	0,05	0,05	0,05	0,17	1,05	47,62	47,62
steigend	0,34	0,29	0,08	0,07	0,20	-0,05	1,16	47,62	**57,14**
fallend	0,46	0,42	0,10	0,08	0,39	0,27	1,10	48,08	**70,27**
gesamt	0,42	0,38	0,08	0,07	0,27	0,17	1,10	47,87	**51,06**
				3-jährige Kassazinssätze					
gleichbleibend	0,39	0,36	0,05	0,04	0,01	0,17	1,09	47,62	47,62
steigend	0,31	0,27	0,08	0,06	0,17	-0,09	1,14	**52,38**	**61,90**
fallend	0,45	0,40	0,16	0,12	0,35	0,25	1,13	44,23	48,08
gesamt	0,40	0,36	0,08	0,07	0,27	0,18	1,12	46,81	**51,06**
				4-jährige Kassazinssätze					
gleichbleibend	0,36	0,35	0,04	0,04	0,09	0,15	1,03	47,62	**61,90**
steigend	0,39	0,45	0,06	0,07	-0,14	-0,33	**0,87**	**66,67**	**75,00**
fallend	0,45	0,38	0,09	0,07	0,41	0,26	1,18	27,50	35,00
gesamt	0,42	0,38	0,08	0,07	0,27	0,16	1,10	37,23	48,94
				5-jährige Kassazinssätze					
gleichbleibend	0,33	0,32	0,04	0,04	0,09	0,14	1,02	**52,38**	**57,14**
steigend	0,41	0,46	0,06	0,07	-0,17	-0,33	**0,90**	**66,67**	**75,00**
fallend	0,44	0,37	0,08	0,07	0,40	0,25	1,21	22,50	30,00
gesamt	0,41	0,37	0,07	0,06	0,26	0,15	1,12	35,11	44,68
				6-jährige Kassazinssätze					
gleichbleibend	0,30	0,29	0,04	0,04	0,09	0,13	1,02	**52,38**	**57,14**
steigend	0,41	0,44	0,06	0,06	-0,18	-0,32	**0,93**	**58,33**	**75,00**
fallend	0,43	0,35	0,08	0,06	0,39	0,24	1,23	21,31	29,51
gesamt	0,39	0,35	0,07	0,06	0,25	0,15	1,14	32,98	41,49
				7-jährige Kassazinssätze					
gleichbleibend	0,27	0,27	0,03	0,03	0,09	0,12	1,01	**57,14**	**57,14**
steigend	0,39	0,41	0,05	0,06	-0,20	-0,31	**0,95**	**58,33**	**75,00**
fallend	0,41	0,33	0,07	0,06	0,37	0,24	1,24	18,03	26,23
gesamt	0,38	0,33	0,06	0,05	0,24	0,14	1,15	31,91	39,36
				8-jährige Kassazinssätze					
gleichbleibend	0,24	0,24	0,03	0,03	0,09	0,12	1,00	**52,38**	**52,38**
steigend	0,37	0,39	0,05	0,05	-0,21	-0,31	**0,96**	**66,67**	**66,67**
fallend	0,39	0,32	0,07	0,05	0,35	0,24	1,23	18,03	24,59
gesamt	0,36	0,31	0,06	0,05	0,22	0,14	1,15	31,91	36,17
				9-jährige Kassazinssätze					
gleichbleibend	0,22	0,22	0,03	0,03	0,09	0,11	1,00	**52,38**	**52,38**
steigend	0,35	0,37	0,05	0,05	-0,23	-0,32	**0,95**	**66,67**	**75,00**
fallend	0,38	0,31	0,06	0,05	0,34	0,23	1,22	18,03	24,59
gesamt	0,34	0,30	0,05	0,05	0,21	0,14	1,14	31,91	37,23
				Alle Laufzeiten					
gleichbleibend	0,32	0,31	0,04	0,04	0,19	0,21	1,04	49,74	**53,97**
steigend	0,35	0,35	0,07	0,06	0,10	0,00	1,00	**59,52**	**69,71**
fallend	0,43	0,36	0,08	0,07	0,26	0,15	1,18	28,68	37,59
gesamt	0,39	0,35	0,07	0,06	0,22	0,14	1,13	37,59	44,92

Tabelle 6.4: Bewertung der Prognosegüte für einen Horizont von 6 Monaten

Überwiegender Zinstrend	durchschn. abs. Fehler		durchschn. proz. Fehler		durchschn. Fehler		Theilscher Quotient	abs. Fehler (ET) < abs. Fehler (RW)	Trefferquote
	ET Prozentpunkte	RW	ET	RW	ET Prozentpunkte	RW		Anzahl in %	in %
	1-jährige Kassazinssätze								
gleichbleibend	0,60	0,61	0,07	0,08	-0,03	0,42	**0,97**	38,10	**61,90**
steigend	0,67	0,43	0,17	0,10	0,50	-0,05	1,54	33,33	**50,00**
fallend	0,81	0,68	0,19	0,15	0,76	0,49	1,18	**55,77**	48,08
gesamt	0,73	0,62	0,16	0,12	0,53	0,37	1,18	41,76	**59,34**
	2-jährige Kassazinssätze								
gleichbleibend	0,53	0,60	0,07	0,08	0,13	0,40	**0,88**	**52,38**	**57,14**
steigend	0,74	0,52	0,17	0,12	0,60	0,07	1,43	33,33	44,44
fallend	0,81	0,69	0,18	0,14	0,67	0,41	1,17	44,23	**81,08**
gesamt	0,73	0,64	0,15	0,12	0,53	0,34	1,15	43,96	**54,95**
	3-jährige Kassazinssätze								
gleichbleibend	0,53	0,61	0,07	0,08	0,05	0,41	**0,88**	**52,38**	**57,14**
steigend	0,70	0,47	0,17	0,11	0,55	0,01	1,50	33,33	**50,00**
fallend	0,80	0,67	0,18	0,14	0,72	0,45	1,19	44,23	**57,69**
gesamt	0,72	0,62	0,15	0,12	0,53	0,36	1,16	43,96	**59,34**
	4-jährige Kassazinssätze								
gleichbleibend	0,49	0,56	0,06	0,08	0,23	0,37	**0,86**	**66,67**	**66,67**
steigend	0,80	0,87	0,12	0,13	0,07	-0,29	**0,92**	**66,67**	**66,67**
fallend	0,80	0,60	0,16	0,12	0,73	0,41	1,33	25,00	27,50
gesamt	0,73	0,63	0,14	0,11	0,53	0,31	1,16	39,56	45,05
	5-jährige Kassazinssätze								
gleichbleibend	0,46	0,53	0,06	0,07	0,23	0,35	**0,87**	**66,67**	**66,67**
steigend	0,75	0,80	0,11	0,12	0,03	-0,28	**0,93**	**58,33**	**66,67**
fallend	0,80	0,58	0,15	0,11	0,71	0,40	1,37	20,00	25,00
gesamt	0,72	0,60	0,13	0,10	0,51	0,30	1,19	35,16	42,86
	6-jährige Kassazinssätze								
gleichbleibend	0,42	0,48	0,06	0,06	0,23	0,33	**0,88**	**66,67**	**66,67**
steigend	0,68	0,73	0,10	0,10	-0,01	-0,28	**0,93**	**66,67**	**66,67**
fallend	0,78	0,56	0,14	0,10	0,68	0,39	1,39	15,52	27,59
gesamt	0,68	0,56	0,12	0,09	0,49	0,29	1,21	34,07	41,76
	7-jährige Kassazinssätze								
gleichbleibend	0,39	0,43	0,05	0,06	0,22	0,31	**0,89**	**66,67**	**71,43**
steigend	0,62	0,66	0,09	0,09	-0,06	-0,29	**0,93**	**66,67**	**66,67**
fallend	0,76	0,55	0,14	0,10	0,66	0,39	1,38	15,52	20,69
gesamt	0,65	0,54	0,11	0,09	0,46	0,28	1,22	34,07	38,46
	8-jährige Kassazinssätze								
gleichbleibend	0,35	0,39	0,04	0,05	0,21	0,28	**0,89**	**66,67**	**71,43**
steigend	0,57	0,62	0,08	0,08	-0,11	-0,31	**0,92**	**66,67**	**66,67**
fallend	0,73	0,54	0,13	0,09	0,63	0,39	1,35	15,52	18,97
gesamt	0,62	0,52	0,10	0,08	0,44	0,27	1,20	34,07	37,36
	9-jährige Kassazinssätze								
gleichbleibend	0,32	0,36	0,04	0,05	0,21	0,27	**0,89**	**71,43**	**71,43**
steigend	0,54	0,58	0,07	0,08	-0,17	-0,34	**0,92**	**66,67**	**66,67**
fallend	0,71	0,54	0,12	0,09	0,61	0,39	1,32	15,52	18,97
gesamt	0,60	0,50	0,10	0,08	0,42	0,27	1,19	35,16	37,36
	alle Laufzeiten								
gleichbleibend	0,45	0,51	0,06	0,07	0,16	0,35	**0,89**	**60,85**	**65,61**
steigend	0,68	0,61	0,13	0,10	0,21	-0,16	1,11	**54,63**	**60,49**
fallend	0,78	0,60	0,15	0,11	0,69	0,41	1,29	27,92	36,17
gesamt	0,69	0,58	0,13	0,10	0,49	0,31	1,18	37,97	46,28

Tabelle 6.5: ***Bewertung der Prognosegüte für einen Horizont von 12 Monaten***

Überwiegender Zinstrend	durchschn. abs. Fehler		durchschn. proz. Fehler		durchschn. Fehler		Theilscher Quotient	abs. Fehler (ET) < abs. Fehler (RW)	Treffer-quote
	ET Prozentpunkte	RW	ET	RW	ET Prozentpunkte	RW		Anzahl in %	in %
					1-jährige Kassazinssätze				
gleichbleibend	1,07	1,36	0,15	0,20	0,40	1,23	**0,79**	**57,14**	**66,67**
steigend	1,61	0,95	0,41	0,23	1,57	0,30	1,70	25,00	**50,00**
fallend	1,33	0,96	0,35	0,23	1,23	0,70	1,38	42,31	**51,92**
gesamt	1,31	1,06	0,31	0,22	1,08	0,78	1,23	43,53	**55,29**
					2-jährige Kassazinssätze				
gleichbleibend	0,98	1,22	0,14	0,18	0,68	1,14	**0,81**	**61,90**	**76,19**
steigend	1,67	0,99	0,38	0,22	1,67	0,49	1,68	25,00	41,67
fallend	1,33	0,94	0,31	0,21	1,12	0,57	1,42	38,46	**62,16**
gesamt	1,29	1,01	0,28	0,20	1,09	0,70	1,27	42,35	**51,76**
					3-jährige Kassazinssätze				
gleichbleibend	1,02	1,28	0,15	0,19	0,54	1,18	**0,80**	**61,90**	**71,43**
steigend	1,64	0,96	0,40	0,23	1,62	0,40	1,71	25,00	41,67
fallend	1,32	0,94	0,33	0,21	1,18	0,64	1,41	36,54	46,15
gesamt	1,29	1,02	0,29	0,21	1,08	0,74	1,26	41,18	**51,76**
					4-jährige Kassazinssätze				
gleichbleibend	0,91	1,07	0,14	0,16	0,81	1,05	**0,85**	**76,19**	**90,48**
steigend	1,57	1,12	0,27	0,19	1,12	0,40	1,41	25,00	33,33
fallend	1,40	0,85	0,29	0,17	1,16	0,52	1,65	21,15	34,62
gesamt	1,30	0,94	0,25	0,17	1,07	0,63	1,38	35,29	48,24
					5-jährige Kassazinssätze				
gleichbleibend	0,85	1,00	0,13	0,15	0,79	0,99	**0,84**	**85,71**	**90,48**
steigend	1,40	1,05	0,23	0,17	0,96	0,35	1,33	25,00	33,33
fallend	1,40	0,83	0,28	0,16	1,15	0,51	1,69	17,31	21,15
gesamt	1,26	0,90	0,23	0,16	1,03	0,61	1,40	35,29	40,00
					6-jährige Kassazinssätze				
gleichbleibend	0,77	0,91	0,11	0,13	0,74	0,91	**0,84**	**90,48**	**95,24**
steigend	1,22	0,95	0,19	0,15	0,80	0,27	1,29	33,33	33,33
fallend	1,38	0,83	0,26	0,15	1,13	0,52	1,67	15,38	17,31
gesamt	1,21	0,87	0,21	0,15	0,99	0,58	1,39	36,47	38,82
					7-jährige Kassazinssätze				
gleichbleibend	0,70	0,83	0,10	0,12	0,68	0,83	**0,84**	**90,48**	**90,48**
steigend	1,06	0,85	0,16	0,13	0,63	0,17	1,24	33,33	33,33
fallend	1,37	0,84	0,25	0,15	1,11	0,55	1,63	15,38	15,38
gesamt	1,16	0,84	0,20	0,14	0,94	0,56	1,38	36,47	36,47
					8-jährige Kassazinssätze				
gleichbleibend	0,65	0,77	0,09	0,11	0,64	0,77	**0,84**	**100,00**	**100,00**
steigend	0,93	0,77	0,14	0,11	0,46	0,06	1,21	33,33	50,00
fallend	1,35	0,86	0,24	0,15	1,08	0,56	1,58	15,38	15,38
gesamt	1,12	0,82	0,19	0,13	0,88	0,55	1,36	38,82	41,18
					9-jährige Kassazinssätze				
gleichbleibend	0,62	0,73	0,09	0,10	0,62	0,73	**0,85**	**100,00**	**100,00**
steigend	0,84	0,73	0,12	0,10	0,30	-0,04	1,15	41,67	50,00
fallend	1,33	0,88	0,23	0,15	1,05	0,59	1,52	15,38	15,38
gesamt	1,09	0,82	0,18	0,13	0,84	0,53	1,33	40,00	41,18
					alle Laufzeiten				
gleichbleibend	0,84	1,02	0,12	0,15	0,66	0,98	**0,82**	**80,42**	**86,77**
steigend	1,33	0,93	0,26	0,17	1,01	0,27	1,43	29,63	40,74
fallend	1,41	0,93	0,28	0,18	1,12	0,59	1,51	24,15	31,05
gesamt	1,23	0,92	0,24	0,17	1,00	0,63	1,33	38,82	44,97

Der Vorzeichenfehler der Erwartungstheorie (Spalte Trefferquote) zeigt, daß für alle drei Prognosezeiträume das Vorzeichen der Zinsänderung von der Erwartungstheorie in jeweils etwa 45 % der Fälle richtig erkannt wurde. Definitionsgemäß müßte über einen längeren Zeitraum gesehen der Vorzeichenfehler des Gegenmodells bei 50 % liegen, da Zinsauf- und Zinsabwärtsbewegungen gleich wahrscheinlich sind. Bestenfalls halten sich daher unter diesem Aspekt beide Modelle in etwa die Waage, was ein erster Hinweis darauf ist, daß sich die Erwartungstheorie nicht allzu stark vom Alternativmodell unterscheidet.

Das positive Vorzeichen des mittleren Prognosefehlers in Höhe von 0,22 Prozentpunkte für den dreimonatigen, 0,49 Prozentpunkte für den sechsmonatigen und 1,00 Prozentpunkte für den zwölfmonatigen Prognosehorizont beim Erwartungstheoriemodell besagt, daß die Prognosen die tatsächlichen Zinssätze allgemein überschätzen. Auch das naive Prognosemodell weist positive mittlere Prognosefehler für die Untersuchungsperiode auf (wenngleich er der Höhe nach geringer als beim ET-Modell ist), was darauf zurückzuführen ist, daß sich der österreichische Anleihemarkt während der Beobachtungsperiode in einer Phase eines nachhaltig fallenden Zinstrends befand. Wird ein längerer Zeitraum herangezogen, ist zu erwarten, daß diese Kennzahl für das Random Walk Modell Null ergibt.

Nach der Gesamtschau sollen nun die Prognoseergebnisse nach den jeweils vorherrschenden Zinstrends ausgewertet werden. Hier bietet sich ein differenzierteres Bild. Nimmt man die vorletzte Spalte als Kriterium, also die Anzahl der absolut kleineren Fehler, ist bei gleichbleibendem und steigendem Zinstrend die Erwartungstheorie jener der naiven Prognose in der Mehrzahl der Fälle überlegen, bei fallendem hingegen weist die naive Prognose Vorteile auf. Dies gilt allerdings lediglich für die drei- und sechsmonatige Vorausschau. Bei der 1-Jahres-Prognose ist die Erwartungstheorie nur bei gleichbleibendem Zinstrend überlegen. Dies verwundert einerseits, da in diesem Fall das RW-Modell definitionsgemäß gut abschneiden sollte. Andererseits sollte aufgrund der kurzen Zeitreihe für gleichbleibende Zinssätze kein allzu großes Gewicht auf diese Ergebnisse gelegt werden.

Auch die Trefferquote zeigt, daß bei steigenden oder gleichbleibenden Zinssätzen die Prognosen gemäß der Erwartungstheorie das Vorzeichen der Zinsänderungen in der Mehrzahl der Fälle richtig erfassen, zumindest was den drei- und sechsmonatigen Prognosehorizont betrifft.

Dies gilt im wesentlichen auch für die nach Kassazinssätzen von ein bis neun Jahren aufgegliederten Daten.

Die je nach Zinstrend stark unterschiedlichen Kennzahlen zeigen auch, daß die jeweils letzte Zeile „gesamt“ nicht allgemein interpretierbar ist, sondern nur die sehr spezifischen Ergebnisse des Beobachtungszeitraums zusammenfaßt. Die Durchschnittsbildung über den gesamten Untersuchungszeitraum verzerrt das Ergebnis aufgrund des Übergewichts fallender Zinsen, bei denen, wie bereits festgestellt, die Erwartungstheorie fast durchwegs schlechtere Prognoseergebnisse als das Alternativmodell aufweist. Unter der Annahme, daß gleichbleibende, fallende und steigende Zinsbewegungen langfristig etwa gleich häufig vorkommen, kann geschlossen werden, daß die Gesamtbeurteilung ein positiveres Bild für die Erwartungstheorie ergeben würde als es aufgrund des nicht repräsentativen Zinsverlaufs in der Beobachtungsperiode der Fall ist.

Nach den ambivalenten Ergebnissen hinsichtlich des Zinstrends fällt zumindest die Betrachtung nach Prognosehorizonten eindeutig und erwartungsgemäß aus. Die Prognosekraft nimmt bei einer Ausweitung des Prognosehorizonts ab, was aufgrund des vermehrten Auftretens nicht vorhersehbarer neuer Informationen nicht verwundert. Während für einen Horizont von drei Monaten die durchschnittlichen absoluten Fehler 0,39 Prozentpunkte im Fall der Erwartungstheorie und 0,35 Prozentpunkte im Fall des Random Walk betragen, erhöht sich diese Abweichung bei einer sechsmonatigen Vorausschau auf 0,69 beziehungsweise 0,58 Prozentpunkte und bei zwölf Monaten auf 1,23 beziehungsweise 0,92 Prozentpunkte. Mit zunehmendem Prognosehorizont nimmt die Wahrscheinlichkeit eines Prognosefehlers in der Erwartungsbildung zu. Die monetären und realwirtschaftlichen Fundamentalfaktoren lassen sich kürzerfristig vergleichsweise einfacher prognostizieren als für eine langfristigen Zeitraum, weshalb auch die daraus abgeleitete Zinsentwicklung mit größerer Unsicherheit behaftet ist. Ab einer Vorausschau von etwa zwei bis drei Jahren ist eine fundierte Aussage über Zinserwartungen, die auf empirisch quantifizierten ökonomischen Zusammenhängen beruhen, wohl unrealistisch, insbesondere wenn man bedenkt, daß selbst die Prognosen der Wirtschaftsforschungsinstitute auf maximal ein bis zwei Jahre lauten. Über diesen Zeitrahmen hinaus dürften Investoren - wenn keine nachhaltigen Strukturveränderungen erwartet werden - keine bestimmten Erwartungen hinsichtlich des Konjunkturverlaufs haben, weshalb sich die Terminzinssätze an einem langjährigen Durchschnitt orientieren dürften und der Prognose ein "mean reversion"-Modell zugrundegelegt werden könnte.

Bei gleichbleibendem Prognosehorizont nimmt der Prognosefehler mit Zunahme der Laufzeit des prognostizierten Zinssatzes leicht ab. Beispielsweise verringert sich der Fehler von 0,41 Prozentpunkte für den einjährigen Zinssatz auf 0,34 Prozentpunkte für den neunjährigen Zinssatz im Fall eines dreimonatigen Prognosehorizonts. Analog verhält es sich mit den sechs- und zwölfmonatigen Vorausschauen. Die leichtere Prognostizierbarkeit längerfristiger Zinssätze dürfte mit ihrer geringeren Schwankungsbreite zusammenhängen, die wiederum auf ihren - schon mehrmals betonten - Durchschnittscharakter zurückzuführen ist.

Als Zwischenergebnis[277] läßt sich festhalten, daß die Prognosekraft beider Modelle generell gering ist.[278] Die Prognosefehler des Erwartungstheoriemodells treten insbesondere bei fallenden Zinsen verstärkt auf und sind in einem solchen Umfeld der „no-change" Prognose unabhängig von Prognosehorizont und Laufzeit des Zinssatzes unterlegen. Bei steigenden oder gleichbleibenden Zinsbewegungen lassen sich keine eindeutigen Schlußfolgerungen zugunsten oder -ungunsten eines der beiden Modelle ziehen. Generell ist aufgrund der Tatsache, daß die Prognosen der Erwartungstheorie die tatsächlich eintretenden Zinssätze überschätzen, ihre höhere Trefferquote bei steigendem und das schlechte Abschneiden bei fallendem Zinstrend zu erklären. Für die Gültigkeit der klassischen Form der Erwartungstheorie, wonach der Prognosefehler der Terminzinssätze Null betragen müßte, liegt insgesamt wenig Evidenz vor. Allerdings ist festzuhalten, daß die in den Tabellen 6.3 bis 6.5 unterstellte Gleichsetzung der Terminzinssätze mit den zukünftigen Kassazinssätzen eine Simplifizierung darstellt, da dadurch Risikoprämien unberücksichtigt bleiben. Eine endgültige Aussage zur Erwartungstheorie, die auch Risikoprämien einschließt, ist aufgrund dieser Tabellen nicht möglich.

Die dargestellten Berechnungen wurden auch anhand der ungeglätteten Zinsstruktur gemäß dem im Kapitel 5.4.1 dargestellten Optimierungsmodell O1 durchgeführt. Die Ergebnisse un-

---

277 Die Ergebnisse stimmen im wesentlichen mit einer ähnlichen Studie von Schulte/Allendorf/Schieble (1995), S. 253ff., für den deutschen Anleihemarkt überein.

278 Die ernüchternde Prognosequalität ist allerdings zu relativieren, wenn man sich die Ergebnisse anderer Verfahren vor Augen führt. Siehe beispielsweise Filc (1992), S. 267.

terscheiden sich allerdings nicht wesentlich von den hier präsentierten, denen das Optimierungsmodell O3 zugrundeliegt. Dies läßt sich darauf zurückführen, daß die Unterschiede in den beiden Optimierungsvarianten im Vergleich zum Prognosefehler vernachlässigbar sind.

6.3.4 Gemeinsamkeiten von Erwartungstheorie und Random Walk

Abbildung 6.3 zeigt einen Vergleich zwischen prognostizierten und tatsächlich realisierten Zinssätzen für einen einjährigen Prognosehorizont. Die prognostizierten Zinssätze basieren sowohl auf der Erwartungstheorie als auch dem Random Walk Modell.

Die Gegenüberstellung erfolgt anhand fünfjähriger Zinssätze, jedoch lassen sich die daraus abzuleitenden Schlußfolgerungen auch auf andere Laufzeiten übertragen. Wie bereits festgestellt, liegt gemäß Abbildung 6.3 bei beiden Prognosemodellen der prognostizierte Zinssatz fast immer über dem tatsächlich eingetretenen. Hinsichtlich der RW-Prognose ist dafür der fallende Verlauf der Zinssätze in der Beobachtungsperiode ausschlaggebend. Schließlich ist diese Prognose so konstruiert, daß sie lediglich zeitverschoben dem tatsächlichen Zinstrend hinterherläuft. Bei einer Aufwärtsbewegung der Zinsen kommt es daher bei der RW-Prognose zu einer negativen Abweichung vom tatsächlich eingetretenen Wert, bei einer Abwärtsbewegung zeigt sich das entgegengesetzte Bild. Hinsichtlich der ET-Prognose lassen die nach oben verzerrten Zinssätze auf positive Risikoprämien (beispielsweise aufgrund von Laufzeitpräferenzen) schließen, auf die noch eingegangen werden wird.

Abbildung 6.3: ***Erwartungstheorie und Random Walk Prognose im Vergleich zu tatsächlich beobachteten fünfjährigen Zinssätzen bei einjährigem Prognosehorizont***

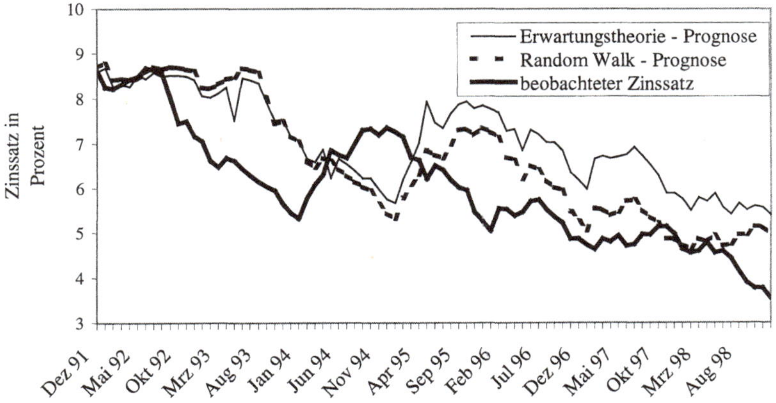

Gemäß Abbildung 6.3 scheinen sowohl der Verlauf der Zinssätze gemäß der ET-Prognose als auch jener gemäß der RW-Prognose behäbiger zu sein als der tatsächliche Zinsverlauf. Gleichzeitig ist festzustellen, daß die gemäß der Erwartungstheorie prognostizierten Zinssätze im wesentlichen der naiven Fortschreibungsmethode gemäß RW-Prognose gleichen. Die Ähnlichkeit beider Modelle ist nicht zufällig, sondern läßt sich theoretisch begründen.[279] Dazu sei hier noch einmal auf die linearisierte Version der Erwartungstheorie verwiesen:[280]

(6.9) $$(1 + {}_tR_n) = 1 / n \cdot [(1 + {}_tR_1) + (1 + {}_{t+1}r_{1,t}) + (1 + {}_{t+2}r_{1,t}) + \ldots + (1 + {}_{t+n-1}r_{1,t})]$$

Der langfristige Zinssatz ${}_tR_n$ entspricht dem arithmetischen Durchschnitt des einperiodigen gegenwärtigen Zinssatzes und der zum Zeitpunkt t erwarteten einperiodigen Zinssätze über die nächsten n - 1 Perioden.

---

279 Siehe beispielsweise Kane (1983), S. 116, oder Brandner/Jaeger (1992), S. 87f., zur nachfolgenden Argumentation.

280 Siehe Gleichung (3.8) dieser Arbeit.

Wird Gleichung (6.9) um eine Periode verzögert und die verzögerte Gleichung von (6.9) subtrahiert, erhält man folgende Beziehung:

$$(6.10) \qquad (1 + {}_tR_n) = (1 + {}_{t-1}R_n) + 1 / n\,[(1 + {}_tR_1) - (1 + {}_tr_{1,t-1})] +$$
$$+ 1 / n\,[(1 + {}_{t+1}r_{1,t}) - (1 + {}_{t+1}r_{1,t-1})] + \ldots +$$
$$+ 1 / n\,[(1 + {}_{t+n-2}r_{1,t}) - (1 + {}_{t+n-2}r_{1,t-1})] +$$
$$+ 1 / n\,[(1 + {}_{t+n-1}r_{1,t}) - (1 + {}_{t-1}R_1)]$$

Diese Gleichung hat mit dem Random Walk viel gemeinsam. Die rechte Seite von Gleichung (6.10) besteht nämlich mit Ausnahme des ersten Terms und des letzten Summanden aus unbekannten Erwartungsfehlern. Die beste Prognose für einen unbekannten Erwartungsfehler ist Null, weshalb diese in Summe mit dem Störterm der Random Walk Gleichung gleichgesetzt werden können. Der letzte Summand der Gleichung (6.10), $1 / n\,[(1 + {}_{t+n-1}r_{1,t})-(1 + {}_{t-1}R_1)]$, ist zwar prognostizierbar, hat aber relativ geringes Gewicht, insbesondere wenn n hoch ist, es sich also um Kassazinssätze mit längerer Laufzeit handelt. Übrig bleibt der erste Ausdruck, $(1 + {}_{t-1}R_n)$, also der in der Vorperiode herrschende Zinssatz mit äquivalenter Laufzeit wie der zu prognostizierende. Daraus folgt, daß der Zinssatz ${}_tR_n$ annäherungsweise mit dem laufzeitäquivalenten Zinssatz der Vorperiode gleichgesetzt werden kann. Dies entspricht der „no-change“ Prognose. Die Ähnlichkeit der empirischen Ergebnisse der beiden Modelle im Hinblick auf die hier überprüften langfristigen Zinssätze ist somit nicht überraschend.

6.4 Erwartungstheorie vs. Random Walk: Statistische Testverfahren

6.4.1 Test auf Gültigkeit der klassischen Erwartungstheorie

Im statistischen Sinn kann die Erwartungstheorie mittels eines t-Tests überprüft werden. Bei Gültigkeit der Theorie sollte der Mittelwert zwischen der Differenz von den aufgrund impliziter Terminzinssätze prognostizierter Kassazinssätze und den tatsächlich realisierten Kassazinssätzen nicht signifikant von Null verschieden sein. Getestet wird somit die Nullhypothese, daß kein Unterschied zwischen prognostizierten und realisierten Zinssätzen besteht. Die Prüfgröße t lautet:

$$t = \frac{\overline{x}}{\frac{s_x}{\sqrt{N}}} \tag{6.11}$$

$\overline{x}$ = mittlere Differenz zwischen ET-Prognosen und beobachteten Zinssätzen

s_x = Standardabweichung von x

N = Stichprobenumfang

Die Testergebnisse werden in Tabelle 6.6 aufgelistet. Aus ihr geht hervor, daß die Nullhypothese, wonach Terminzinssätze unverzerrte Schätzer zukünftiger Kassazinssätze sind, für einen sechs- und zwölfmonatigen Prognosehorizont mehrheitlich abzulehnen ist. Die Differenz zwischen den aufgrund der Erwartungstheorie impliziten Zinssätze und den tatsächlich realisierten Zinssätzen ist somit signifikant von Null verschieden. Für den dreimonatigen Prognosehorizont ist das Ergebnis vom Zinstrend abhängig. Bei fallendem Zinssatz ist die klassische Erwartungstheorie abzulehnen, für einen gleichbleibenden oder steigenden Zinstrend kann sie hingegen nicht verworfen werden. Das meist positive Vorzeichen von $\overline{x}$ entspricht den bisherigen Ausführungen, wonach die ET-Prognose in der Regel über den tatsächlichen Zinssätzen liegt. Der Verlauf der Standardabweichung s_x zeigt, daß die Schwankungen der Prognosefehler für kürzerfristige Laufzeiten höher sind als für langfristige, was die Prognose für letztere einfacher gestaltet.

Tabelle 6.6: ***Überprüfung der Erwartungstheorie: Test auf Unverzerrtheit des prognostizierten Zinssatzes als Schätzer des zukünftigen Zinssatzes***

Überwiegender Zinstrend	Prognosehorizont 3 Monate			Prognosehorizont 6 Monate			Prognosehorizont 12 Monate		
	$\overline{x}$	s_x	t - Wert	$\overline{x}$	s_x	t - Wert	$\overline{x}$	s_x	t - Wert
1-jährige Kassazinssätze									
gleichbleibend	-0,03	0,60	-0,20	-0,03	0,75	-0,18	0,40	1,21	1,53
steigend	0,14	0,34	1,89	0,50	0,66	3,24 *	1,57	1,22	4,46 *
fallend	0,44	0,32	9,87 *	0,76	0,56	9,84 *	1,23	1,01	8,83 *
gesamt	0,27	0,44	5,84 *	0,53	0,70	7,21 *	1,08	1,15	8,63 *
2-jährige Kassazinssätze									
gleichbleibend	0,05	0,57	0,40	0,13	0,71	0,84	0,68	1,06	2,93 *
steigend	0,20	0,39	2,35 *	0,60	0,69	3,72 *	1,67	1,12	5,18 *
fallend	0,39	0,39	7,25 *	0,67	0,64	7,58 *	1,12	1,07	7,56 *
gesamt	0,27	0,45	5,81 *	0,53	0,70	7,32 *	1,09	1,10	9,10 *
3-jährige Kassazinssätze									
gleichbleibend	0,01	0,58	0,09	0,05	0,73	0,32	0,54	1,13	2,19 *
steigend	0,17	0,36	2,15 *	0,55	0,67	3,50 *	1,62	1,17	4,81 *
fallend	0,35	0,36	7,01 *	0,72	0,59	8,74 *	1,18	1,03	8,24 *
gesamt	0,27	0,44	5,90 *	0,53	0,69	7,35 *	1,08	1,12	8,93 *
4-jährige Kassazinssätze									
gleichbleibend	0,09	0,48	0,86	0,23	0,64	1,60	0,81	0,90	4,15 *
steigend	-0,15	0,49	-1,04	0,07	0,94	0,27	1,11	1,43	2,69 *
fallend	0,41	0,37	8,61 *	0,73	0,57	9,76 *	1,16	0,99	8,43 *
gesamt	0,27	0,46	5,67 *	0,53	0,69	7,23 *	1,07	1,04	9,48 *
5-jährige Kassazinssätze									
gleichbleibend	0,09	0,43	0,95	0,23	0,60	1,76	0,79	0,82	4,41 *
steigend	-0,17	0,51	-1,18	0,03	0,88	0,11	0,96	1,31	2,53 *
fallend	0,40	0,36	8,80 *	0,71	0,56	9,73 *	1,15	0,96	8,61 *
gesamt	0,26	0,44	5,67 *	0,51	0,67	7,28 *	1,03	0,99	9,68 *
6-jährige Kassazinssätze									
gleichbleibend	0,09	0,39	1,06	0,23	0,55	1,91	0,74	0,72	4,67 *
steigend	-0,18	0,50	-1,25	-0,01	0,80	-0,04	0,80	1,18	2,35 *
fallend	0,39	0,34	8,96 *	0,68	0,53	9,83 *	1,13	0,93	8,77 *
gesamt	0,25	0,42	5,70 *	0,49	0,63	7,38 *	0,99	0,93	9,79 *
7-jährige Kassazinssätze									
gleichbleibend	0,09	0,34	1,17	0,22	0,49	2,06	0,68	0,63	4,96 *
steigend	-0,19	0,48	-1,41	-0,06	0,72	-0,28	0,63	1,07	2,05
fallend	0,37	0,32	9,19 *	0,66	0,51	9,94 *	1,11	0,92	8,72 *
gesamt	0,24	0,40	5,78 *	0,46	0,60	7,43 *	0,94	0,90	9,62 *
8-jährige Kassazinssätze									
gleichbleibend	0,09	0,30	1,32	0,21	0,43	2,27 *	0,64	0,55	5,32 *
steigend	-0,21	0,44	-1,63	-0,11	0,66	-0,60	0,47	0,99	1,64
fallend	0,35	0,30	9,31 *	0,63	0,48	9,99 *	1,08	0,92	8,48 *
gesamt	0,22	0,37	5,80 *	0,44	0,57	7,38 *	0,88	0,88	9,24 *
9-jährige Kassazinssätze									
gleichbleibend	0,09	0,26	1,52	0,21	0,37	2,55 *	0,62	0,50	5,73 *
steigend	-0,23	0,42	-1,88	-0,17	0,61	-0,95	0,32	0,93	1,19
fallend	0,34	0,28	9,42 *	0,61	0,47	10,00 *	1,05	0,92	8,23 *
gesamt	0,21	0,35	5,81 *	0,42	0,54	7,30 *	0,84	0,88	8,83 *
Alle Laufzeiten									
gleichbleibend	0,09	0,28	0,80	0,16	0,59	1,46	0,66	0,86	3,99 *
steigend	-0,23	0,34	-0,24	0,21	0,77	1,00	1,02	1,22	2,98 *
fallend	0,26	0,38	8,71 *	0,69	0,60	9,49 *	1,12	1,07	8,43 *
gesamt	0,22	0,36	5,78 *	0,49	0,06	7,32 *	1,00	1,05	9,26 *

*: Ablehnung der Nullhypothese auf dem 5 % - Signifikanzniveau

6.4.2 Tests auf Gültigkeit des Random Walk Verlaufs der Zinssätze

Analog zum t-Test zur Erwartungstheorie (Tabelle 6.6) wurde auch die Random Walk Hypothese mittels eines derartigen Tests überprüft. Bei Vorliegen eines Random Walk Verlaufs der Zinssätze sollte der Mittelwert zwischen dem aufgrund der no-change Annahme prognostizierten Zinssatz und dem tatsächlich beobachteten Zinssatz nicht von Null verschieden sein. Getestet wird somit die Nullhypothese, daß kein Unterschied zwischen dem solcherart prognostizierten und dem tatsächlich realisierten Zinssatz besteht. Die Prüfgröße t entspricht jener in Gleichung (6.11), wobei sich $\bar{x}$ auf die Differenz zwischen RW-Prognosen und beobachteten Zinssätzen bezieht. In Tabelle 6.7 werden die Testergebnisse dargestellt. Aus ihnen läßt sich kaum ein positiveres Bild für die RW-Prognose ableiten als beim vorhin analysierten Test für die ET-Prognose. Die Nullhypothese ist in der Mehrzahl der Fälle abzulehnen.

Das Vorzeichen von $\bar{x}$ entspricht den Erwartungen: negativ bei steigendem und positiv bei fallendem Zinstrend. Lediglich für den zwölfmonatigen Prognosehorizont stimmt diese Beobachtung nicht mehr, was aufgrund der für längerfristige Zeiträume nicht eindeutigen Zuordnung der Zinstrends zurückzuführen ist. Selbst wenn zum Zeitpunkt t eine fallende Zinsbewegung zu beobachten ist und daher der entsprechende Wert in diese Kategorie fällt, hat sich nach einem Jahr zwischenzeitlich oft ein gegensätzlicher Zinstrend eingestellt. Für die Analyse von s_x siehe die Ausführungen beim t-Test zum ET-Modell in Kapitel 6.4.1 dieser Arbeit.

Tabelle 6.7: ***Überprüfung des Random Walk Modells: Test auf Unverzerrtheit des prognostizierten Zinssatzes als Schätzer des zukünftigen Zinssatzes***

Überwiegender Zinstrend	Prognosehorizont 3 Monate			Prognosehorizont 6 Monate			Prognosehorizont 12 Monate		
	$\overline{x}$	s_x	t - Wert	$\overline{x}$	s_x	t - Wert	$\overline{x}$	s_x	t - Wert
1-jährige Kassazinssätze									
gleichbleibend	0,18	0,59	1,40	0,42	0,87	2,22 *	0,42	1,34	1,44
steigend	-0,12	0,30	-1,90	-0,05	0,55	-0,35	-0,05	1,11	-0,14
fallend	0,32	0,35	6,46 *	0,49	0,64	5,57 *	0,51	0,99	3,72 *
gesamt	0,19	0,44	4,13 *	0,37	0,71	5,00 *	0,37	1,13	3,04 *
2-jährige Kassazinssätze									
gleichbleibend	0,17	0,56	1,35	0,40	0,82	2,22 *	0,40	1,16	1,57
steigend	-0,05	0,35	-0,66	0,07	0,62	0,50	0,07	1,12	0,23
fallend	0,27	0,41	4,73 *	0,41	0,68	4,35 *	0,39	0,98	2,88 *
gesamt	0,17	0,45	3,76 *	0,34	0,71	4,59 *	0,33	1,06	2,82 *
3-jährige Kassazinssätze									
gleichbleibend	0,17	0,57	1,39	0,41	0,84	2,23 *	0,41	1,25	1,50
steigend	-0,09	0,32	-1,25	0,01	0,58	0,10	0,01	1,11	0,04
fallend	0,25	0,38	4,85 *	0,45	0,65	5,03 *	0,45	0,97	3,35 *
gesamt	0,18	0,44	4,00 *	0,36	0,70	4,85 *	0,35	1,09	2,96 *
4-jährige Kassazinssätze									
gleichbleibend	0,15	0,48	1,42	0,37	0,74	2,29 *	0,37	0,98	1,72
steigend	-0,33	0,46	-2,45 *	-0,29	0,91	-1,09	-0,28	1,29	-0,75
fallend	0,26	0,38	5,26 *	0,41	0,58	5,42 *	0,39	0,91	3,07 *
gesamt	0,16	0,45	3,40 *	0,31	0,70	4,22 *	0,29	1,01	2,65 *
5-jährige Kassazinssätze									
gleichbleibend	0,14	0,43	1,48	0,35	0,68	2,36 *	0,35	0,89	1,81
steigend	-0,33	0,49	-2,30 *	-0,28	0,87	-1,12	-0,28	1,23	-0,78
fallend	0,25	0,37	5,34 *	0,40	0,57	5,39 *	0,37	0,88	3,07 *
gesamt	0,15	0,44	3,41 *	0,30	0,67	4,27 *	0,28	0,95	2,67 *
6-jährige Kassazinssätze									
gleichbleibend	0,13	0,39	1,56	0,33	0,61	2,46 *	0,33	0,78	1,93
steigend	-0,32	0,49	-2,24 *	-0,28	0,79	-1,21	-0,27	1,13	-0,84
fallend	0,24	0,35	5,46 *	0,39	0,53	5,55 *	0,36	0,82	3,18 *
gesamt	0,15	0,42	3,44 *	0,29	0,63	4,40 *	0,26	0,88	2,78 *
7-jährige Kassazinssätze									
gleichbleibend	0,12	0,34	1,66	0,31	0,54	2,59 *	0,31	0,68	2,04
steigend	-0,31	0,46	-2,34 *	-0,29	0,72	-1,39	-0,28	1,04	-0,95
fallend	0,24	0,33	5,74 *	0,39	0,51	5,87 *	0,36	0,79	3,30 *
gesamt	0,14	0,39	3,59 *	0,28	0,58	4,59 *	0,26	0,82	2,88 *
8-jährige Kassazinssätze									
gleichbleibend	0,12	0,30	1,80	0,28	0,47	2,77 *	0,28	0,60	2,17 *
steigend	-0,31	0,42	-2,53 *	-0,31	0,66	-1,65	-0,30	0,96	-1,10
fallend	0,24	0,31	5,97 *	0,39	0,48	6,19 *	0,36	0,77	3,40 *
gesamt	0,14	0,37	3,70 *	0,27	0,55	4,74 *	0,25	0,78	2,93 *
9-jährige Kassazinssätze									
gleichbleibend	0,11	0,26	2,00	0,27	0,41	3,03 *	0,27	0,54	2,31 *
steigend	-0,32	0,39	-2,78 *	-0,34	0,61	-1,95	-0,33	0,90	-1,28
fallend	0,23	0,29	6,23 *	0,39	0,46	6,49 *	0,37	0,77	3,43 *
gesamt	0,14	0,35	3,82 *	0,27	0,53	4,87 *	0,24	0,77	2,92 *
Alle Laufzeiten									
gleichbleibend	0,21	0,27	1,56	0,35	0,67	2,46 *	0,35	0,95	1,83
steigend	0,00	0,34	-2,05 *	-0,16	0,69	-0,91	-0,16	1,08	-0,62
fallend	0,15	0,37	5,56 *	0,41	0,62	5,54 *	0,41	0,93	3,27 *
gesamt	0,14	0,35	3,69 *	0,31	0,66	4,61 *	0,29	0,99	2,85 *

*: Ablehnung der Nullhypothese auf dem 5 % - Signifikanzniveau

6.4.3 Regressionsanalyse zur erweiterten Erwartungstheorie

Die bisherigen Ergebnisse zusammenfassend kann die klassische Erwartungstheorie stark bezweifelt werden. In einer direkten Gegenüberstellung schneidet sie hinsichtlich der Prognosequalität schlechter ab als das Random Walk Modell. Die durchgeführten Tests geben keinen Anlaß, sich auf die Random Walk- oder Erwartungstheorie-Prognose zu stützen. Allerdings ist zu bedenken, daß bis dato die *klassische* Erwartungstheorie auf ihre Prognosequalität hin untersucht und damit Risikoprämien außer acht gelassen wurden. Durch das Abstrahieren von allfällig vorhandenen Prämien könnten daher die bisherigen Testergebnisse zuungunsten der Erwartungstheorie verzerrt sein.

Die *erweiterte* Erwartungstheorie hingegen berücksichtigt auch Risikoprämien und wird häufig mittels einer Regression getestet. Dabei könnten die ex-post realisierten Kassazinssätze auf die aufgrund der Terminzinssätze erwarteten Kassazinssätze wie folgt regressiert werden:

(6.12) $$_{t+i}R_n = \alpha + \beta(_{t+i}r_{n,t}) + {}_{t+i}\varepsilon_n$$

Gilt die klassische Erwartungstheorie, wäre für die Regressionskoeffizienten $\alpha = 0$ und $\beta = 1$ festzustellen. Eine wichtige Voraussetzung des klassischen Modells der linearen Regression ist die Stationaritätseigenschaft der Regressoren und der abhängigen Variable. Stationarität bedeutet im strengen Sinn, daß die Verteilungsfunktionen für je zwei gleich lange Teilfolgen des stochastischen Prozesses gleich sind. Für praktische Zwecke begnügt man sich im allgemeinen mit den Kriterien für schwache Stationarität. Ein stochastischer Prozeß ist schwach stationär, wenn sein Erwartungswert und seine Autokovarianzen (und damit auch seine Varianz) endlich und konstant, also keine Funktionen der Zeit sind. Hingegen sind die Mittelwerte von Realisationen nichtstationärer Prozesse zeitabhängig und ihre Fluktuationen unbeschränkt.

Die zahlreichen Untersuchungen hinsichtlich der Stationaritätseigenschaft von Zinssätzen[281] sprechen eher für das Vorliegen einer nichtstationären Zeitreihe.[282] Problematisch im Hinblick auf die Annahme der Nichtstationarität von Zinssätzen ist jedoch, daß die mittlere Zeitdauer, bis ein solcher Prozeß einen einmal erreichten Wert nochmals annimmt, gegen unendlich geht. Auch die Tatsache, daß nichtstationäre Zinssätze gegen unendlich streben können, erscheint realitätsfern. Schließlich widerspricht Nichtstationarität auch dem empirisch beobachtbaren mean reversion-Prozeß von Zinssätzen, der auch vielen der bereits erläuterten optionspreistheoretischen Modelle zugrundeliegt.[283]

Die Verwendung nichtstationärer Daten in einer Regression macht die Interpretation der Ergebnisse schwierig (Multikollinearitäten, unzuverlässige und instabile Koeffizientenschätzungen und Gefahr von Scheinzusammenhängen). Das Problem der Nichtstationarität der Zinssätze wird in der Regel durch die Verwendung der ersten Differenzen der jeweiligen Zeitreihen gelöst.[284] Um zu testen, ob die Terminzinssätze tatsächlich zur Prognose der Kassazinssätze geeignet sind, wird daher die ex-post Veränderung des Kassazinssatzes auf die zu Beginn der Periode zu beobachtende Differenz zwischen Termin- und Kassazinssatz regressiert:

(6.13) $${}_{t+i}R_n - {}_tR_n = \alpha + \beta({}_{t+i}r_{n,t} - {}_tR_n) + {}_{t+i}\varepsilon_n$$

Unter Außerachtlassung des Störterms besagt Gleichung (6.13), daß die Veränderung des Kassazinssatzes von der ersten auf die zweite Periode gleich ist einer Konstanten α plus dem

---

281 Die Stationaritätseigenschaft wird in der Regel mit dem Dickey-Fuller (DF-) oder dem Augmented-Dickey-Fuller (ADF-) Test überprüft. Siehe dazu, zu anderen diesbezüglichen Testverfahren und weiterführenden Literaturhinweisen Rehkugler/Jandura (1998), S. 320f.

282 Siehe beispielsweise Nautz/Wolters (1996), S. 484ff. Allerdings gibt es in jüngerer Zeit auch Stimmen, die die Annahme nichtstationärer Zinsen bezweifeln. Siehe beispielsweise Wu/Zhang (1997), S. 79.

283 Siehe Kapitel 3.2.2.1 dieser Arbeit.

284 Dies ist trotz Nicht-Stationarität jedoch in jenen Fällen nicht notwendig, wo Zinssätze kointegriert sind. Kointegration bedeutet, daß, auch wenn zwei Zeitreihen nicht-stationär sind, eine Linearkombination beider Zeitreihen existiert, die stationär ist. Da der langfristige Zinssatz als lineare Funktion von erwarteten kurzfristigen Zinssätzen angenähert werden kann, sollten kurz- und langfristige Zinssätze einen Kointegrationsgrad von 1 aufweisen, es sei denn, Erwartungsfehler oder Risikoprämien sind nicht-stationär. In der neueren Literatur wird für die Überprüfung der Erwartungstheorie daher häufig die Kointegrationsanalyse verwendet. Siehe Guest/McLean (1998), S. 84ff., Mandeno/Giles (1995), S. 276ff., oder auch Engsted/Tangaard (1994), S. 169ff., um nur einige zu nennen. Da Kointegration jedoch ein langfristiges Konzept ist, erschien es nicht ratsam, in Anbetracht der relativ kurzen Zeitreihe für die vorliegende Untersuchung darauf zurückzugreifen.

Koeffizienten β mal der Differenz zwischen dem Terminzinssatz für die zweite Periode und dem Kassazinssatz für die erste Periode.[285] Gilt die klassische Erwartungstheorie ohne Risikoprämie und die Annahme rationaler Erwartungen, wäre für $\alpha = 0$ und $\beta = 1$ festzustellen. Falls $\beta = 0$ gilt, beinhaltet der Anstieg der Zinsstrukturkurve keinerlei Vorhersagekraft. Falls β zwischen 0 und 1 liegt, kann dies als Evidenz dafür gewertet werden, daß die Zinsstruktur der erweiterten Erwartungstheorie (inklusive Risikoprämien) gehorcht. Enthält die Differenz zwischen Termin- und Kassazinssatz auch die Risikoprämie, mißt dieser Ansatz allerdings nur dann die Prognosekraft der Terminzinssätze, wenn die Risikoprämie über die Zeit stabil verläuft.[286] Die durchschnittliche Risikoprämie geht in diesem Fall in das α ein. Die Regression unterschätzt bei Vorliegen einer variablen Risikoprämie tendenziell die Prognosefähigkeit der Terminzinssätze.

In Tabelle 6.8 sind die Ergebnisse der Regression gemäß Gleichung (6.13) angeführt.[287] Die Regression wurde jeweils separat für die Zinssätze mit Laufzeiten von 1 bis 9 Jahren und die Prognosehorizonte von drei, sechs und zwölf Monate durchgeführt. Der Regressionskoeffizient β ist in Tabelle 6.8 zumindest für längere Fristigkeiten kaum signifikant von Null verschieden. Mit zunehmender Laufzeit, ausgenommen im sehr kurzfristigen Bereich, tendiert β abzunehmen. Statistisch signifikant größer als Null ist β lediglich bei einem drei-Monats-Horizont für ein- und zweijährige Zinssätze, bei einem sechs-Monats-Horizont für ein- bis vierjährige Zinssätze und bei einem einjährigen Prognosehorizont für ein- bis fünfjährige Zinssätze. In allen anderen Fällen ist β nicht statistisch signifikant von Null verschieden, was darauf hinweist, daß die Terminzinssätze in diesen Fällen kaum Hilfestellung bei der Prognose offerieren. Ist β nämlich Null, sind die erwarteten Zinsänderungen nicht mit den tatsächlichen Zinsänderungen korreliert. Dieses Ergebnis wäre somit auch zu erwarten, wenn die Zinssätze einen Random Walk Verlauf aufweisen.[288] Die häufig sogar negativen Werte für den

---

285 Vgl. Fama (1984a), S. 509 - 528. Gleichung (6.13) wird auch als Fama - Regression bezeichnet.

286 Dies ist, wie zahlreiche Studien zeigen, keineswegs der Fall. Darauf wird noch eingegangen werden.

287 Die ausgewiesen Standardfehler entsprechen der OLS - Methode. Häufig werden korrigierte Standardfehler nach Newey/West verwendet, um die Korrelation der Residuen aufgrund überlappender Schätzperioden zu berücksichtigen. Anderson et. al (1996), S. 212, zeigen jedoch, daß sich beide Methoden nicht wesentlich voneinander unterscheiden.

288 Vgl. Froot (1989), S. 287.

Koeffizienten implizieren, daß die Vorhersage gemäß der Erwartungstheorie nicht einmal den Zinstrend richtig erfaßt.[289] Sehr wohl signifikant von Null verschieden und negativ sind die hier nicht ausgewiesenen Werte für den Regressionskoeffizienten α. Gemäß Gleichung (6.13) ist α der Ausdruck für die Risikoprämie bei Gültigkeit der erweiterten Erwartungstheorie. Negativen Werte für α implizieren eine positive Risikoprämie und erhärten die bereits zuvor getroffene Aussage, daß die Terminzinssätze die tatsächlichen Kassazinssätze überschätzen. Das niedrige Bestimmtheitsmaß, R^2, in den Differenzregressionen steht im Einklang mit anderen Studien.[290] Bei einem zwölfmonatigen Prognosehorizont erklärt der Terminzinssatz 11 % bis 15 % der Varianz der Veränderung in den ein- bis dreijährigen Zinssätzen. Alle anderen Prozentsätze liegen noch darunter.

Tabelle 6.8: Test auf Gültigkeit der Erwartungstheorie mittels OLS-Regression (Verwendung von Differenzen)

Laufzeit	Beta	Standardfehler	t-Wert	R^2	Beta	Standardfehler	t-Wert	R^2	Beta	Standardfehler	t-Wert	R^2
	Prognosehorizont 3 Monate				Prognosehorizont 6 Monate				Prognosehorizont 12 Monate			
1 Jahr	0,29	0,16	1,79 *	0,03	0,46	0,16	2,91 *	0,09	0,47	0,13	3,75 *	0,15
2 Jahre	0,46	0,22	2,06 *	0,04	0,69	0,19	3,55 *	0,12	0,64	0,16	4,08 *	0,17
3 Jahre	0,32	0,25	1,28	0,02	0,52	0,22	2,38 *	0,06	0,57	0,18	3,21 *	0,11
4 Jahre	0,14	0,26	0,56	0,00	0,31	0,22	1,40	0,02	0,55	0,20	2,79 *	0,09
5 Jahre	0,00	0,24	0,01	0,00	0,14	0,21	0,66	0,00	0,48	0,21	2,25 *	0,06
6 Jahre	-0,10	0,21	-0,47	0,00	0,01	0,19	0,05	0,00	0,34	0,22	1,57	0,03
7 Jahre	-0,13	0,18	-0,70	0,01	-0,06	0,17	-0,35	0,00	0,16	0,21	0,76	0,01
8 Jahre	-0,16	0,16	-1,00	0,01	-0,12	0,15	-0,82	0,01	-0,04	0,21	-0,20	0,00
9 Jahre	-0,14	0,14	-1,03	0,01	-0,15	0,14	-1,07	0,01	-0,21	0,21	-0,99	0,01

Fazit ist, daß die Regressionsschätzung lediglich für kürzere Fristigkeiten Informationen über zukünftige Zinssätze beinhaltet, als Prognoseinstrument aber dennoch wohl kaum geeignet ist. Bei der Ursachenforschung für dieses Ergebnis ist vor allem die Risikoprämie zu nennen, welche die Regressionskoeffizienten beeinflußt. Auf diese Risikoprämie wird daher sogleich eingegangen.

---

289 Ein zumindest teilweise statistisch signifikant negatives β ist bei Froot (1989), S. 288, festzustellen, was darauf schließen läßt, daß die Erwartungstheorie systematisch die falsche Zinsrichtung anzeigt.

290 Siehe beispielsweise Bühler (1995), S. 234, Hess (1995), S. 176, oder Dhillon/Lasser (1998), S. 57.

Zunächst sei jedoch ohne nähere Erläuterung auch das Ergebnis der Regressionsgleichung gemäß (6.12) präsentiert. Der Vollständigkeit sei nochmals darauf hingewiesen, daß für dieses Modell die Annahme der Stationarität erfüllt sein oder Kointegration zwischen den Zinssätzen vorliegen muß.

Tabelle 6.9: ***Test auf Gültigkeit der Erwartungstheorie mittels OLS-Regression (ohne Verwendung von Differenzen)***

Laufzeit	Beta	Standardfehler	t-Wert	R^2	Beta	Standardfehler	t-Wert	R^2	Beta	Standardfehler	t-Wert	R^2
	Prognosehorizont 3 Monate				Prognosehorizont 6 Monate				Prognosehorizont 12 Monate			
1 Jahr	1,04	0,02	46,71 *	0,96	1,06	0,04	26,59 *	0,89	0,74	0,05	15,67 *	0,75
2 Jahre	1,02	0,03	33,94 *	0,93	1,02	0,05	22,11 *	0,85	0,89	0,09	10,23 *	0,55
3 Jahre	1,02	0,03	33,94 *	0,93	1,00	0,05	19,42 *	0,81	0,84	0,09	8,98 *	0,49
4 Jahre	1,02	0,03	31,30 *	0,91	1,00	0,06	17,98 *	0,78	0,83	0,10	8,27 *	0,45
5 Jahre	1,02	0,03	29,82 *	0,91	1,01	0,06	17,27 *	0,77	0,86	0,11	7,96 *	0,43
6 Jahre	1,02	0,03	29,38 *	0,90	1,02	0,06	17,18 *	0,77	0,88	0,11	7,82 *	0,42
7 Jahre	1,03	0,03	29,63 *	0,91	1,04	0,06	17,36 *	0,77	0,90	0,12	7,63 *	0,41
8 Jahre	1,03	0,03	30,21 *	0,91	1,05	0,06	17,57 *	0,78	0,89	0,12	7,29 *	0,39
9 Jahre	1,03	0,03	30,75 *	0,91	1,03	0,03	30,75 *	0,91	0,87	0,13	6,92 *	0,37

6.4.4 Analyse der Risikoprämie

Gemäß der erweiterten Erwartungstheorie ist die Differenz zwischen den Terminzinssätzen und den Kassazinssätzen nicht nur auf die voraussichtliche Änderung des Marktzinssatzes, sondern auch auf die erwartete Risikoprämie zurückzuführen. Unter der Annahme, daß Terminzinssätze und Kassazinssätze im langjährigen Durchschnitt keine systematischen Abweichungen aufweisen - die Marktteilnehmer also keinen systematischen Prognosefehler begehen -, kann der Prognosefehler als durchschnittliche Risikoprämie für den jeweiligen Laufzeitbereich interpretiert werden. Die Risikoprämie ist in diesem Fall identisch mit der Differenz zwischen Ist- und Prognosewert. Als die zum Zeitpunkt t vorherrschende Risikoprämie für die Laufzeit n, ${}_tRP_n$, wird daher im folgenden die Differenz zwischen dem für den Zeitpunkt t erwarteten n-periodigen Kassazinssatz (d.h. dem entsprechenden Terminzinssatz) und dem tatsächlichen Kassazinssatz zum Zeitpunkt t definiert:

(6.14) $\quad {}_tRP_n = {}_tr_{n,t-i} - {}_tR_n$

Ausmaß und Verlauf der Risikoprämie determinieren die Relation der Termin- zu den Kassazinssätzen. Wenn die Risikoprämie relativ gering oder zumindest ihr Verlauf zeitlich stabil ist, kann davon ausgegangen werden, daß Änderungen der Zinsstrukturkurve in erster Linie von geänderten Erwartungen der Marktteilnehmer über die zukünftigen Zinssätze determiniert sind. Wenn diese Voraussetzungen nicht gegeben sind, ist die Kenntnis der Bestimmungsfaktoren für die Prämie notwendig. Dann könnte eventuell die Prämie antizipiert und aus den Terminzinssätzen herausgerechnet werden. Dadurch wäre eine treffsichere Zinsprognose möglich als dies bisher der Fall war. In nachfolgender Tabelle 6.10 sind die nach Gleichung (6.14) berechneten Risikoprämien für die Laufzeiten von 1 bis 9 Jahren und die Prognosehorizonte von drei, sechs und zwölf Monaten sowie die entsprechenden Standardabweichungen als Maß für die Variabilität der Prämie ausgewiesen. Die Werte stellen Durchschnitte für den gesamten Untersuchungszeitraum dar.

Aus Tabelle 6.10 ist ersichtlich, daß die errechnete Risikoprämie mit zunehmender Laufzeit des Kassazinssatzes abnimmt, und zwar für den sechsmonatigen Horizont stärker als für den dreimonatigen und für den zwölfmonatigen wiederum stärker als für den sechsmonatigen. In anderen empirischen Untersuchungen wurde hingegen ein Verlauf festgestellt, der dem hier vorliegenden nicht entspricht.[291] Die Beobachtung widerspricht auch der Liquiditätspräferenztheorie, derzufolge in der Zinsstruktur eine Prämie enthalten ist, die mit der Laufzeit des Zinssatzes ansteigt. Auch das Verhalten der Volatilität der Risikoprämien, die hier mit zunehmender Laufzeit abnimmt, bestätigt nicht das Ergebnis anderer Untersuchungen.[292]

---

291 Ilmanen (1996) kommt zum Ergebnis, daß Risikoprämien etwa konstant sind für Laufzeiten zwischen drei und zwanzig Jahren. Hingegen verlaufen sie nach Kane (1983), S. 120, ansteigend bis zehn Jahre (allerdings untersucht er den Laufzeitbereich zwischen zwei und zehn Jahren nicht). Gemäß Lee/Maness/Tuttle (1980), S. 66, steigt die Liquiditätsprämie von der Laufzeitkategorie 1 bis 2 Jahre bis zur Kategorie 5 bis 10 und fällt anschließend bis zur Kategorie 10 bis 20 Jahre wieder ab. Allgemein wird festgestellt, daß die Bedeutung der Risikoprämie für kürzere Laufzeiten wichtiger ist als für lange. Siehe beispielsweise Froot (1989), S. 291.

292 Gemäß Longstaff (1990), S. 1312, und Fama (1984b), S. 539, nimmt die Standardabweichung der Prognosefehler - die hier als Risikoprämien definiert wurden - mit der Laufzeit zu.

Tabelle 6.10: ***Risikoprämien und deren Schwankungen gegliedert nach Laufzeiten und Prognosehorizonten***

Laufzeit	Risikoprämie in Prozentpunkten			Standardabweichung der Risikoprämie		
	3 Monate	6 Monate	12 Monate	3 Monate	6 Monate	12 Monate
1 Jahr	0,27	0,53	1,08	0,47	0,76	1,20
2 Jahre	0,27	0,53	1,09	0,47	0,75	1,16
3 Jahre	0,27	0,53	1,08	0,47	0,75	1,17
4 Jahre	0,27	0,53	1,07	0,48	0,75	1,11
5 Jahre	0,26	0,51	1,03	0,47	0,72	1,05
6 Jahre	0,25	0,49	0,99	0,44	0,67	0,98
7 Jahre	0,24	0,46	0,94	0,42	0,63	0,94
8 Jahre	0,22	0,44	0,88	0,39	0,59	0,91
9 Jahre	0,21	0,42	0,84	0,37	0,57	0,89

In nachfolgender Abbildung 6.4 wird der zeitliche Verlauf der Risikoprämien für einen einjährigen Prognosehorizont ersichtlich, wie er sich am Beispiel des ein-, fünf- und neunjährigen Zinssatzes darstellt. Die Risikoprämien verlaufen weitgehend synchron (auch jene für die nicht abgebildeten Laufzeiten und Prognosehorizonte). Eine Änderung des Prognosehorizonts auf drei oder sechs Monate bringt keine substantiellen Änderungen im Prämienverlauf, lediglich die Höhe der Prämie steigt mit dem Prognosehorizont an. Die hier vorhandene Evidenz spricht eindeutig gegen eine konstante Risikoprämie. Der relativ volatile Verlauf wird von den meisten empirischen Untersuchungen bestätigt und für das Versagen der Erwartungstheorie bei der Zinsprognose verantwortlich gemacht.[293] Des weiteren ist die Risikoprämie in Abbildung 6.4 meist positiv, was theoretisch fundiert werden kann, wenngleich auch Argumente für ein negatives Vorzeichen möglich sind. In diesem Zusammenhang ist auch auf allfällige Interdependenzen zwischen der Volatilität und der Höhe der Risikoprämie hinzuweisen. Insbesondere geht die Bedeutung der Risikoprämie im Vergleich zu den Zinserwartungen zurück, wenn die Volatilität gering ist.[294] Ein statistischer Zusammenhang zwischen der Volatilität und der Risikoprämie konnte mit den vorliegenden Daten allerdings nicht bestätigt werden.[295]

---

[293] Beispiele liefern die Untersuchungen von Brandner/Jaeger (1992), S. 80, für österreichische Geldmarktzinssätze sowie die Studien von Froot (1989), S. 302, Lee/Joo (1996), S. 153ff., Mankiw (1986), S. 91, Startz (1982), S. 327, Engle/Ng (1993), S. 342ff., für kurzfristige ausländische und die Untersuchung für langfristige ausländische Zinssätze von Fama/Bliss (1987), S. 683ff.

[294] Siehe Engle/Ng (1993), S. 347f., die ihre Untersuchung anhand von Daten des US-Schatzscheinmarkt für den Zeitraum 1964 bis 1989 durchführten. Engle/Ng (1993), S. 344, untersuchen auch die Zusammenhänge

Abbildung 6.4: ***Risikoprämien für ein- fünf- und neunjährige Zinssätze bei einjährigem Prognosehorizont***

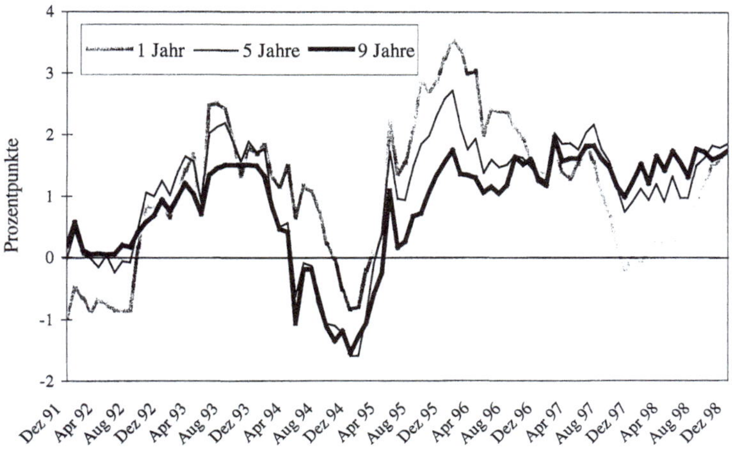

6.4.5 Untersuchungen zur Erwartungstheorie in der Literatur

Der Überprüfung der Erwartungstheorie sind in der Literatur zahlreiche Studien gewidmet. Dabei variieren nicht nur die Märkte und Methoden, sondern auch Zeiträume, Laufzeiten und Datenfrequenzen sowie vor allem die Ergebnisse. Ein einheitliches Bild der Untersuchungen oder der daraus abzuleitenden Schlußfolgerungen läßt sich damit nicht zeichnen.

Generell wurde jedoch in älteren Untersuchungen die Erwartungstheorie fast einhellig abgelehnt, während jüngere Studien ein differenzierteres Bild von deren Gültigkeit vermitteln. Ein Grund dafür liegt darin, daß in älteren Studien entweder die klassische Erwartungstheorie (ohne Risikoprämie) oder die erweiterte Erwartungstheorie mit konstanter Risikoprämie getestet wurde. In jüngerer Zeit ist man dazu übergegangen, die Risikoprämie als zeitvariabel an-

zwischen Risikoprämie und Volatilität und kommen auf unterschiedliche Prämienfunktionen, die vom Volatilitätsniveau determiniert werden. Grundsätzlich schätzen sie die Bedeutung der Prämie bei niedrigem Volatilitätsniveau geringer ein als bei hoher Volatilität.

295 Auch Maniw (1986), S. 81ff., konnte keinen statistischen Zusammenhang zwischen der Volatilität und der Risikoprämie finden. Auch konnten weder Veränderungen des Ertrags von Aktien oder der Veränderungen im Konsum noch Veränderungen im Angebot von kurz- und langfristigen Anleihen die Varianz der Risikoprämie erklären.

zunehmen, was bewirkt, daß die Theorie anhand statistischer Verfahren kaum abgelehnt werden kann. Ein weiterer Grund ist der Umstand, daß neben den USA nunmehr auch andere Märkte für die Tests herangezogen werden und diese eher für die Erwartungstheorie sprechen als die USA. Die Resultate für die USA differieren nämlich häufig von allen anderen Ländern, was von mehreren Autoren mit der Zinspolitik der Notenbank erklärt wurde.[296] Die nachstehende Tabelle 6.11 listet einen Teil dieser Studien auf und soll einen Eindruck von deren Vielzahl und widersprüchlichen Ergebnissen vermitteln.

Tabelle 6.11: Übersicht zu jüngeren Studien zur Überprüfung der Erwartungstheorie[297]

Studie	**Mark t**	**Zeitraum**	**Lauf- zeiten (*)**	**Ergeb- nis**	**Bemerkung**
Anderson et. al (1996)	UK	1982 - 95	k, m	pro	als Basis dienen Nullkuponrenditen nach Svensson unter Berücksichtigung von Steuer-effekten
Campbell/Shiller (1991)	USA	1952 - 87	k, m	kontra	Nullkuponrenditen nach McCulloch als Basis
Choi/Wohar 1991)	USA	1910 - 89	k		Ergebnisse hängen von Datenfrequenz und Untersuchungszeitraum ab
Cuthbertson (1996)	GB	1981 - 92	k		keine eindeutigen Resultate
Engle/Lilien/ Robins (1987)	USA	1959 - 84	k	pro	variable Risikoprämie angenommen
Engle/Ng (1993)	USA	1964 - 89	k		variable Risikoprämie (abhängig von der Volatilität) erhöht die Vorhersagekraft
Engsted/ Tanggard (1994)	Däne- mark	1976 - 91	k, m, l	pro	Basis: Nullkuponrenditen nach kubischer Splineschätzung, Kointegrationsanalyse
Fama (1984)	USA	1959 - 82	k	kontra	
Fama/Bliss (1987)	USA	1964 - 84	m	kontra	Mean-Reversion Verhalten von Zinssätzen festgestellt

Fortsetzung nächste Seite

---

296 Siehe beispielsweise Gerlach/Smets (1997), S. 310, Hardouvelis (1994), S. 281f., oder Gerlach (1996), S. 4, und die dort angeführten weiteren Quellen sowie derselbe, S. 14.

297 Weitere Studien siehe Tabelle in Anderson u.a. (1996), S. 198, sowie Shiller (1990), S. 656, Tabelle 13.2.

Fortsetzung Tabelle 6.11

Studie	Markt	Zeitraum	Lauf-zeiten (*)	Ergebnis	Bemerkung
Froot (1989)	USA	1969 - 86	k, l	kontra	Verwendung von Umfragedaten. Mißerfolg im kurzfristigen Bereich aufgrund einer variablen Risikoprämie, im langfristigen Bereich aufgrund Erwartungsfehler
Gerlach (1996)	Australien	1981 - 91	k	pro	
	Österreich	1983 - 91		kontra	
	Belgien	1966 - 91		kontra	
	Canada	1957 - 91		pro	
	Frankreich	1971 - 91		pro	
	Deutschland	1971 - 91		pro	
	Italien	1981 - 91		pro	
	Japan	1981 - 91		pro	
	Niederlande	1980 - 91		pro	
	Spanien	1989 - 93		pro	
	Schweden	1985 - 91		kontra	
	Schweiz	1963 - 91		pro	
	Großbritannien	1965 - 91		pro	
	USA	1954 - 91		kontra	
Hardouvelis (1994)	Kanada	1951 - 92	l	pro	
	Frankreich	1969 - 92	l	pro	
	Deutschland	1968 - 92	l	pro	
	Italien	1972 - 92	l	pro	
	Japan	1963 - 92	l	pro	
	UK	1962 - 92	l	pro	
	USA	1954 - 92	l	kontra	
Jorion/ Mishkin (1991)	Großbritannien	1973 - 89	m	pro	
	Deutschland	1973 - 89		pro	
	Schweiz	1973 - 89		pro	
	USA	1973 - 89		kontra	
Kugler (1994)	Canada	1979 - 1991	k	pro	Die Erwartungstheorie mit zeitvariabler Risikoprämie brachte ungünstigere Ergebnisse
	Frankreich			pro	
	Deutschland			kontra	
	Italien			pro	
	Japan			pro	
	Niederlande			kontra	
	Schweiz			kontra	
	Großbritannien			pro	
	USA			kontra	
Mandeno/ Giles (1995)	USA	1950 - 82	k, l	pro	Kointegrationsanalyse, Berücksichtigung von Saisonalitäten

Fortsetzung nächste Seite

Fortsetzung Tabelle 6.11

Studie	Markt	Zeitraum	Lauf-zeiten (*)	Ergebnis	Bemerkung
Mankiw (1986)	Kanada Deutschland UK USA	1961 - 84 1961 - 84 1961 - 84 1961 - 84	k k k k	pro pro pro kontra	ähnliche Ergebnisse für alle Märkte, lediglich für USA war die Ablehnung statistisch signifikant
Mankiw/ Miron (1986)	USA	1890 - 79	k	kontra	lediglich die Subperiode 1890 - 1914 führt zur Annahme der Erwartungstheorie
Mankiw/ Summers (1984)	USA	1963 - 83	l	kontra	
MacDonald/ Macmillan (1994)	UK	1989 - 92	k		Verwendung von Umfragedaten
Mills (1991)	UK	1870 - 1920 1919 - 39 1952 - 88	k k k	kontra kontra pro	bis 2. Weltkrieg Ablehnung der Erwartungstheorie, danach Annahme
Prats Albentosa/ Beyaert (1998)	Spanien	1986 - 92	k	pro	sehr kurzfristig (einmonatig) schlechtere Prognosen als z.B. sechmonatige Sätze, wegen höherer Volatilität bei den sehr kurzfristigen Zinsen
Rossi (1996)	Großbritannien	1992 - 1994 1992 - 1995	k k	pro kontra	Kassazinsstruktur für Gilts im Gegensatz zu den LIMEAN-Sätzen nicht direkt beobachtbar, Ablehnung daher ev. aufgrund des Schätzverfahrens
Schulte/ Allendorf/ Schieble (1995)	Deutschland	1967 - 92	l	kontra	naives Prognosemodell ist Erwartungs-theorie überlegen (ohne Berücksichtigung von Risikoprämien)
Shiller (1979) Shiller (1986)	USA UK USA	1966 - 77 1919 - 85 1956 - 77 1953 - 86	l l l k	kontra kontra kontra pro	
Taylor (1992)	UK	1985 - 89	k	kontra	variable Risikoprämie angenommen

(*): k = kurzfristig bis 1 Jahr, m = mittelfristig bis 5 Jahre, l = langfristig über 5 Jahre

Als Grund für das Versagen der klassischen Erwartungstheorie wird fast von allen Autoren die Existenz von zeitlich variierenden Risikoprämien verantwortlich gemacht.[298] In weiterer Folge beschäftigte man sich daher vermehrt mit den Einflußfaktoren auf die Höhe und Varianz der Risikoprämie. Auch diese Untersuchungen brachten allerdings bis dato nur widersprüchliche Ergebnisse.

6.5 Zusammenfassung

In diesem Kapitel wurde die Prognoseleistung des Modells der klassischen Erwartungstheorie mit einem Random Walk Modell betreffend Zinssätze für ein bis neun Jahre auf Sicht von drei, sechs und zwölf Monaten verglichen. Anhand mehrerer Kennzahlen und Verfahren konnte festgestellt werden, daß erstens die Unterschiede in der Prognosegüte der beiden Modelle gering sind und zweitens die Prognoseleistung bescheiden ist. Im Hinblick auf die Prognosegenauigkeit schneidet die Random Walk Prognose bei fallendem Zinstrend besser ab als die Erwartungstheorie. Bei gleichbleibender und steigender Zinsbewegung ist die Erwartungstheorie der naiven Prognose leicht überlegen. Problematisch bei der Beurteilung der Ergebnisse ist, daß die Untersuchungsperiode kein Abbild eines durchschnittlichen Zinsverlaufs liefert, sondern von fallenden Zinstrends dominiert wird. Eine generelle Übertragung auf andere Zeiträume ist daher nicht zulässig.

Die Gültigkeit der Erwartungstheorie ohne Berücksichtigung von Risikoprämien ist aufgrund dieser Untersuchung abzulehnen. Gemäß der erweiterten Form, die Prämien miteinschließt, wird das Verhalten der Zinssätze auf zwei Ursachen zurückgeführt, der erwarteten Änderung des Kassazinssatzes und der erwarteten Risikoprämie. Die Aufspaltung der Differenz in diese beiden Komponenten ist die Hauptschwierigkeit beim Testen der Theorie, da beide erwarteten Werte nicht beobachtbar sind.

Unterstellt man das Vorliegen rationaler Erwartungen und grundsätzlich die Gültigkeit der Erwartungstheorie, kann der Prognosefehler zwischen den theoretischen Werten und den Istwerten als Risikoprämie interpretiert werden. Ursache für die Differenzen zwischen Ist- und

[298] Vgl. beispielsweise Lee/Jo (1996), S. 158 oder Kugler (1994), S. 129.

Prognosewerten können jedoch auch systematische Erwartungsfehler, die in der vorliegenden Untersuchung nicht berücksichtigt werden oder Meßungenauigkeiten bei der Zinsstrukturschätzung sein.

Zahlreiche Untersuchungen existieren über die Eignung der Erwartungstheorie hinsichtlich ihrer Prognosetauglichkeit für zukünftige Zinsentwicklungen. Das relative Versagen der Erwartungstheorie wird von der Mehrzahl der Autoren primär auf die Variabilität der Risikoprämie zurückgeführt. Allerdings ist auch auf andere Ursachen hinzuweisen. Es sei daran erinnert, daß rationale Erwartungsbildung unterstellt wurde und daher psychologische und soziologische Aspekte nicht berücksichtigt wurden.[299] Weiters ergeben sich Zinssätze als eine Aggregation über viele Marktteilnehmer, wodurch ein Rauschen in den Daten enthalten sein kann, das es erschwert, Informationen zu extrahieren. Die Annahme, daß die Anleihekurse der Markteffizienzhypothese gehorchen, ist ebenfalls zu hinterfragen. Somit dürfte die Schwierigkeit, aus der Erwartungstheorie gute Prognosen abzuleiten, wohl aus einer Summe von Einzelfaktoren (Risikoprämien, nicht-rationale Erwartungsbildung und informationsineffiziente Märkte) resultieren.

---

[299] Siehe Kapitel 3.2.2.2 dieser Arbeit (Herdenverhalten u. dgl.).

7 Resümee

Zu Beginn stand die Beschreibung des österreichischen Anleihemarkts hinsichtlich seiner Hauptmerkmale im Mittelpunkt. Die Effizienz der Preisbildung hat sich in den letzten Jahren, vor allem auf dem Bundesanleihensegment, erhöht. Dennoch existieren Lücken im Marktangebot, die mit einem hochentwickelten Anleihemarkt kaum in Einklang zu bringen sind. Dies betrifft insbesondere die Unvollständigkeit des Kassamarktes im Hinblick auf seine ihn ergänzenden Segmente (Wertpapierpensionsmarkt, Stripsmarkt, when - issued Markt, etc.).

Im theoretischen Teil der Arbeit wurden die wichtigsten Erklärungsansätze der Zinsstruktur dargestellt. Die klassischen Zinsstrukturtheorien - obwohl in ihrer empirischen Überprüfung häufig kritisiert - genießen die größte Akzeptanz. Auf die wichtigste, die Erwartungstheorie, stützen sich auch die zahlreichen Optionspreismodelle, die nicht nur zur Bewertung von Optionen, sondern auch zur Schätzung und Analyse der Zinsstruktur dienen. Ein wichtiger Baustein der Erwartungstheorie, das Konzept von rational agierenden Anlegern, wurde mit Elementen aus der Verhaltenswissenschaft ergänzt. Überreaktionen auf Informationen, Modeströmungen, die zu einer Über- oder Unternachfrage nach bestimmten Anleihenmärkten und zu Herdenverhalten der Investoren führen, lassen sich mit ihr besser erklären als mit den traditionellen Ansätzen, die Finanzmarkteffizenz und Rationalität in den Verhaltensweisen unterstellen. Nicht zuletzt sind auch die Implikationen der derivativen Märkte zu beachten. Dies zusammenfassend ergibt folgende Punktation der Einflußfaktoren auf die Zinsstruktur:

- Erwartungen der Marktteilnehmer über zukünftige Zinssätze spielen eine zentrale Rolle bei der Entstehung bestimmter Formen der Zinsstruktur (Erwartungstheorie).

- Diese Erwartungen sind durch Laufzeitprämien zu ergänzen, deren Verlauf nach der Liquiditätspräferenztheorie mit zunehmender Laufzeit ansteigt, nach Allgemeiner Präferenztheorie jedoch keine eindeutige Ausrichtung aufweist.

- Einzelne Investorengruppen beeinflussen die Zinsstruktur durch spezifisches Nachfragen bestimmter Laufzeitkategorien (Marktsegmentierungstheorie).

- Soziale Imitation und die Kurzfristorientierung institutioneller Investoren beeinflussen in zunehmenden Ausmaß die Zinsstruktur (verhaltenstheoretischer Ansatz).

- Der Konvexitätseffekt verursacht eine negative Prämie insbesondere in den langfristigen Zinssätzen.

- Entwickelte Wertpapierpensions- und Terminmärkte beeinflussen die Zinsstruktur in einzelnen Laufzeitbereichen.

Nach dieser theoretischen Analyse stand die Schätzung der Zinsstruktur für österreichische Bundesanleihen während des Zeitraums Jänner 1991 bis Dezember 1998 im Mittelpunkt. Welches Verfahren tatsächlich angewendet wird, ist eine empirische Frage und von der Struktur des Anleihemarktes und der Zielsetzung der Schätzung abhängig. Den meisten Verfahren liegt als Gütekriterium eine möglichst geringe Abweichung zwischen Marktkursen und Schätzkursen zugrunde. Mit dem in dieser Arbeit verwendeten nicht-parametrischen Optimierungsverfahren wurde hingegen versucht, eine Balance zwischen den beiden Zielen „Schätzgenauigkeit“ und „Glattheit der Zinsstruktur“ herzustellen. Zusätzliche Nebenbedingungen, die in die Optimierungsfunktion aufgenommen werden können, erlauben eine flexible Handhabung des Verfahrens, das dadurch für unterschiedliche Zielsetzungen geeignet ist.

Eine von vielen Anwendungsmöglichkeiten von Zinsstrukturkurven ist die Berechnung impliziter Terminzinssatzfunktionen. Mittels dieser Terminzinssätze läßt sich (unter der Voraussetzung von Finanzmarkteffizienz und rationalen Erwartungen) bei Gültigkeit der Erwartungstheorie die Aussage ableiten, daß Zinssätze prognostizierbar sind. Mit der empirischen Überprüfung der Erwartungstheorie beschäftigte sich daher auch der verbleibende Teil der Arbeit.

Ausgehend von den geschätzten Zinsstrukturkurven am österreichischen Anleihemarkt von Anfang 1991 bis Ende 1998 wurde die Frage untersucht, wie sich die tatsächlichen Zinssätze gemessen an den erwarteten darstellen. Die Ergebnisse der Gegenüberstellung des Erwartungsmodells und einem alternativen Prognosemodell, das ein Random Walk Verhalten der Zinssätze unterstellt, lassen sich wie folgt zusammenfassen:

- Die Gültigkeit der klassischen Erwartungstheorie, wonach Terminzinssätze unverzerrte Schätzer für zukünftige Kassazinssätze sind, ist abzulehnen.

- Die Gültigkeit der erweiterten Erwartungstheorie, die auch Risikoprämien berücksichtigt, läßt sich kaum überprüfen, da die Entflechtung der Einflußfaktoren Zinserwartungen, Laufzeit- und Risikoprämien fast unmöglich ist.

- Die Risikoprämie ist vermutlich nicht konstant. Dadurch werden die Ergebnisse in den Regressionsschätzungen zuungunsten der Erwartungstheorie verzerrt. Zudem läßt sich damit die Zinsstruktur kaum mehr interpretieren. Eine ansteigende Zinsstruktur kann somit auch auf fallende Zinsen deuten, wenn die Erwartungen steigender Zinssätze von einem Rückgang der Risikoprämie überkompensiert werden.

- Die Regressionskoeffizienten in den OLS-Schätzungen zur Erwartungstheorie zeigen ein uneinheitliches Bild und sind als Prognoseinstrument kaum geeignet. Zwar kann in bestimmten Fällen (bei eher kürzerfristigen Zinssätzen) zumindest die Richtung der Zinsänderung vorausgesagt werden, jedoch wird häufig nicht einmal der Zinstrend korrekt erfaßt.

- Für das Vorliegen einer positiven Risikoprämie gibt es zahlreiche Hinweise. Allerdings kann anhand der vorliegenden Daten nicht bestätigt werden, daß die Risikoprämie mit der Laufzeit zunimmt und somit der Argumentation der Liquiditätspräferenztheorie folgt.

- Die Prognosekraft nimmt zwar zunächst bei einer Ausweitung des Prognosehorizonts ab, jedoch gewinnen aufgrund der mean – reversion Eigenschaft die über einen mittelfristigen Horizont hinausgehenden Prognosen wieder an Genauigkeit. Zudem sind langfristige Zinssätze aufgrund ihrer geringeren Volatilität leichter zu prognostizieren als kurzfristige.

Der Nachweis der Prognoseeigenschaft der Erwartungstheorie ist somit statistisch gesehen nicht gelungen. Das Testen der Theorie ist jedoch problematisch, da nicht nur Höhe und Verlauf der Risikoprämie unbekannt sind, sondern auch nichtrationale Erwartungen die Koeffizienten in den beiden Regressionsgleichungen beeinflussen. Solange diese Faktoren nicht quantifiziert werden können, wird es nicht möglich sein, zu einem abschließendem Urteil pro oder kontra Erwartungstheorie zu kommen.

Anhang 1: Kassazinssätze von 1 bis 10 Jahren für 12/1990 bis 12/1998 (Ungeglättete Zinsstruktur)

	1	2	3	4	5	6	7	8	9	10
12/1990	9,28	8,85	8,74	8,73	8,73	8,74	8,75	8,77	8,76	8,75
1/1991	9,61	10,40	7,40	9,01	8,68	8,01	9,24	8,87	8,81	8,87
2/1991	9,15	9,28	8,13	8,48	8,39	8,98	8,05	8,40	8,31	8,41
3/1991	9,24	8,50	8,67	8,41	8,46	8,35	8,51	8,33	8,34	8,43
4/1991	9,24	8,58	8,55	8,44	8,43	8,57	8,19	8,38	8,36	8,41
5/1991	9,24	8,62	8,50	8,42	8,44	8,57	8,28	8,38	8,38	8,49
6/1991	9,21	8,81	8,50	8,61	8,62	8,55	8,51	8,51	8,47	8,54
7/1991	9,40	8,69	8,81	8,78	8,75	8,60	8,67	8,66	8,64	8,65
8/1991	9,50	9,22	8,67	8,67	8,66	8,66	8,62	8,55	8,56	8,57
9/1991	9,50	8,97	8,74	8,72	8,78	8,61	8,63	8,52	8,53	8,47
10/1991	9,50	8,48	8,78	8,77	8,73	8,62	8,62	8,52	8,51	8,42
11/1991	9,48	8,50	8,78	8,67	8,66	8,62	8,63	8,53	8,52	8,48
12/1991	9,63	8,80	8,71	8,67	8,65	8,61	8,53	8,48	8,47	8,49
1/1992	9,47	8,22	8,35	8,31	8,21	8,12	8,28	8,19	8,21	8,19
2/1992	9,43	8,19	8,38	8,27	8,23	8,68	7,96	8,18	8,18	8,17
3/1992	9,48	8,55	8,36	8,40	8,37	8,65	8,02	8,25	8,24	8,25
4/1992	9,24	8,44	8,50	8,43	8,52	8,52	8,17	8,26	8,26	8,25
5/1992	9,52	9,30	8,53	8,56	8,46	8,51	8,37	8,44	8,37	8,22
6/1992	9,61	8,96	8,89	8,88	8,63	8,59	8,63	8,51	8,46	8,25
7/1992	9,63	8,87	8,90	8,76	8,62	8,56	8,57	8,51	8,46	8,26
8/1992	9,70	8,94	8,77	8,69	8,50	8,54	8,51	8,40	8,38	8,12
9/1992	8,60	8,19	8,11	8,03	8,05	8,00	8,00	8,02	7,99	7,96
10/1992	7,95	7,43	7,38	7,41	7,46	7,49	7,67	7,85	7,85	7,80
11/1992	7,90	7,42	7,44	7,50	7,54	7,50	7,62	7,85	7,83	7,71
12/1992	7,88	7,44	7,14	7,31	7,08	7,24	7,45	7,49	7,53	7,41
1/1993	7,43	7,26	7,05	7,17	6,95	7,13	7,26	7,45	7,43	7,22
2/1993	7,25	6,83	6,72	6,63	6,55	6,61	6,83	7,12	7,18	7,10
3/1993	6,90	6,95	6,40	6,50	6,52	6,48	6,86	7,16	7,08	6,94
4/1993	6,73	6,94	6,66	6,67	6,63	6,80	7,09	7,32	7,27	7,07
5/1993	6,44	6,68	6,53	6,62	6,54	6,87	7,09	7,36	7,32	7,11
6/1993	6,36	6,46	6,44	6,46	6,46	6,55	6,98	7,14	7,04	6,80
7/1993	6,23	6,25	6,28	6,32	6,27	6,41	6,90	6,99	6,97	6,72
8/1993	6,20	6,06	6,14	6,01	6,12	6,04	6,69	6,76	6,69	6,42
9/1993	6,12	6,12	6,08	6,00	6,08	6,12	6,67	6,64	6,55	6,35
10/1993	5,90	5,78	5,87	5,81	5,90	5,93	6,61	6,49	6,40	6,17
11/1993	5,48	5,60	5,46	5,57	5,70	5,96	6,34	6,50	6,45	6,15
12/1993	5,23	5,63	5,32	5,39	5,47	6,03	5,79	6,26	6,18	5,80
1/1994	5,02	5,46	5,06	5,18	5,31	5,67	5,58	6,18	6,13	5,82
2/1994	5,19	5,72	5,72	5,72	5,82	6,20	6,19	6,72	6,54	6,32
3/1994	5,11	5,58	5,55	5,98	6,14	6,67	6,18	7,05	6,78	6,57
4/1994	5,03	5,67	5,61	5,98	6,37	7,20	7,54	7,26	6,96	6,66
5/1994	4,91	5,76	6,03	6,53	6,90	7,28	7,27	7,73	7,47	7,51
6/1994	4,93	5,82	6,08	6,45	6,76	6,63	7,34	7,48	7,13	7,22
7/1994	4,92	5,56	6,12	6,34	6,80	7,13	6,82	7,44	7,10	7,06
8/1994	4,95	6,21	6,16	6,77	7,16	6,99	7,27	7,67	7,54	7,40
9/1994	5,42	6,23	6,86	7,17	7,30	7,33	7,61	7,70	7,66	7,59
10/1994	5,51	6,27	6,75	7,18	7,36	7,46	7,62	7,86	7,79	7,80
11/1994	5,52	8,57	6,48	6,99	7,10	7,24	7,72	7,81	7,57	7,73
12/1994	5,76	6,76	6,60	7,24	7,44	7,45	7,45	7,67	7,67	7,79

Fortsetzung Anhang 1:

	1	2	3	4	5	6	7	8	9	10
1/1995	5,60	6,42	6,58	7,20	7,37	7,26	7,76	7,59	7,60	7,79
2/1995	5,60	6,41	6,57	7,05	7,13	7,19	7,76	7,65	7,69	7,78
3/1995	5,28	6,96	5,96	6,50	6,76	6,70	7,73	7,43	7,45	7,67
4/1995	5,03	5,75	6,04	6,41	6,62	6,86	7,52	7,32	7,39	7,58
5/1995	4,76	5,29	5,49	5,98	6,16	6,40	7,35	6,87	7,03	7,15
6/1995	4,60	5,70	5,79	6,24	6,56	6,55	7,26	7,18	7,55	7,48
7/1995	4,58	5,44	5,54	6,25	6,25	6,49	7,45	7,03	7,34	7,28
8/1995	4,40	6,06	5,26	6,06	6,03	6,41	6,76	6,98	7,28	7,15
9/1995	4,15	5,23	5,11	5,81	5,84	6,42	6,78	6,92	7,37	7,24
10/1995	4,30	5,07	5,03	5,76	5,86	6,21	6,67	6,72	7,19	7,17
11/1995	4,04	4,60	4,78	5,37	5,35	6,05	6,30	6,40	6,97	6,89
12/1995	3,75	4,38	4,53	5,05	5,20	5,90	5,99	6,27	6,79	6,57
1/1996	3,35	4,12	4,36	4,89	5,05	5,45	5,93	6,04	6,57	6,35
2/1996	3,36	4,05	4,80	5,38	5,58	6,02	6,35	6,56	7,06	6,77
3/1996	3,36	4,07	4,69	5,23	5,57	6,07	5,00	6,80	7,02	6,75
4/1996	3,16	3,90	4,37	4,95	5,37	5,78	5,63	6,58	6,71	6,58
5/1996	3,16	4,05	4,62	5,04	5,44	5,90	6,16	6,62	6,85	6,67
6/1996	3,56	4,33	5,03	5,35	5,72	6,17	6,28	6,72	6,89	6,94
7/1996	3,44	4,00	5,03	5,24	5,74	6,13	6,20	6,69	6,73	6,68
8/1996	3,37	4,01	4,70	5,05	5,57	6,02	6,15	6,68	6,69	6,67
9/1996	3,33	3,82	4,53	4,79	5,44	5,68	5,94	6,39	6,34	6,34
10/1996	3,35	3,24	4,47	4,64	5,41	5,57	5,76	6,31	6,27	6,27
11/1996	3,35	3,27	4,23	4,34	5,03	5,20	5,77	5,98	5,93	6,00
12/1996	3,30	3,78	4,15	4,34	5,09	5,14	5,73	6,05	6,00	6,09
1/1997	3,30	3,82	3,98	4,22	4,88	5,03	5,76	5,84	5,94	6,04
2/1997	3,30	3,78	3,94	4,26	4,73	4,90	5,53	5,52	5,64	5,67
3/1997	3,40	3,89	4,27	4,48	4,92	5,21	5,81	5,91	5,99	6,01
4/1997	3,40	3,81	4,22	4,42	4,89	5,15	5,86	5,82	5,94	5,99
5/1997	3,40	4,10	4,20	4,59	4,99	5,27	5,78	5,95	6,07	6,11
6/1997	3,41	3,78	4,09	4,37	4,73	5,01	5,60	5,69	5,81	5,89
7/1997	3,47	4,02	4,30	4,49	4,76	4,96	5,69	5,48	5,63	5,69
8/1997	3,55	4,34	4,43	4,65	4,94	5,23	5,79	5,66	5,80	5,87
9/1997	3,70	4,41	4,48	4,73	4,97	5,17	5,56	5,49	5,61	5,69
10/1997	4,14	4,52	4,85	4,95	5,15	5,36	5,63	5,60	5,70	5,88
11/1997	4,10	4,64	4,74	4,98	5,14	5,25	5,58	5,55	5,62	5,75
12/1997	3,95	4,45	4,68	4,84	4,97	5,18	5,43	5,45	5,50	5,67
1/1998	3,82	4,33	4,34	4,49	4,63	4,81	4,98	5,11	5,24	5,28
2/1998	3,75	4,13	4,26	4,41	4,60	4,67	5,07	4,96	5,10	5,12
3/1998	3,74	4,21	4,38	4,46	4,70	4,50	5,01	4,99	5,11	5,10
4/1998	3,83	4,33	4,48	4,68	4,68	5,02	5,14	5,12	5,23	5,23
5/1998	3,84	4,23	4,29	4,47	4,60	4,51	4,96	4,93	5,07	5,03
6/1998	3,79	4,21	4,28	4,44	4,53	4,85	4,84	4,84	4,96	4,93
7/1998	3,75	4,13	4,15	4,33	4,42	4,64	4,70	4,77	4,82	4,87
8/1998	3,64	3,72	3,85	4,03	4,12	4,31	4,43	4,48	4,51	4,57
9/1998	3,50	3,61	3,69	3,77	3,87	4,07	4,06	4,25	4,28	4,12
10/1998	3,39	3,45	3,61	3,78	3,80	4,16	4,12	4,41	4,46	4,17
11/1998	3,39	3,48	3,54	3,66	3,79	4,08	4,01	4,35	4,33	4,10
12/1998	3,07	3,33	3,32	3,50	3,53	3,88	3,71	4,17	4,12	4,22

Anhang 2: Kassazinssätze von 1 bis 10 Jahren für 12/1990 bis 12/1998 (Geglättete Zinsstruktur)

	1	2	3	4	5	6	7	8	9	10
12/1990	9,26	8,82	8,73	8,72	8,71	8,70	8,70	8,71	8,72	8,72
1/1991	9,34	8,95	8,84	8,80	8,79	8,79	8,80	8,81	8,81	8,82
2/1991	9,06	8,76	8,57	8,46	8,42	8,39	8,38	8,36	8,36	8,37
3/1991	9,02	8,66	8,52	8,46	8,44	8,42	8,40	8,38	8,37	8,37
4/1991	9,03	8,67	8,53	8,46	8,42	8,39	8,38	8,37	8,37	8,38
5/1991	9,03	8,66	8,51	8,45	8,43	8,43	8,42	8,42	8,43	8,45
6/1991	9,07	8,79	8,67	8,61	8,58	8,54	8,52	8,50	8,50	8,50
7/1991	9,15	8,85	8,79	8,76	8,71	8,67	8,65	8,64	8,64	8,64
8/1991	9,31	8,95	8,78	8,69	8,66	8,63	8,60	8,58	8,57	8,56
9/1991	9,30	8,95	8,80	8,75	8,70	8,64	8,59	8,55	8,52	8,49
10/1991	9,26	8,90	8,79	8,74	8,69	8,63	8,58	8,53	8,49	8,45
11/1991	9,23	8,85	8,73	8,68	8,65	8,61	8,58	8,55	8,52	8,49
12/1991	9,39	8,95	8,76	8,67	8,62	8,57	8,53	8,50	8,48	8,47
1/1992	9,07	8,49	8,34	8,28	8,25	8,23	8,21	8,20	8,19	8,19
2/1992	9,14	8,59	8,36	8,26	8,22	8,20	8,19	8,18	8,18	8,18
3/1992	9,17	8,65	8,44	8,37	8,32	8,29	8,27	8,25	8,25	8,25
4/1992	9,01	8,64	8,51	8,46	8,43	8,37	8,31	8,27	8,25	8,24
5/1992	9,31	8,86	8,63	8,53	8,48	8,45	8,42	8,38	8,32	8,27
6/1992	9,39	9,07	8,89	8,78	8,68	8,60	8,53	8,46	8,39	8,33
7/1992	9,43	9,04	8,85	8,73	8,64	8,57	8,51	8,45	8,39	8,33
8/1992	9,45	8,99	8,78	8,66	8,58	8,52	8,46	8,39	8,32	8,26
9/1992	8,46	8,21	8,10	8,05	8,03	8,02	8,01	8,00	7,99	7,97
10/1992	7,73	7,42	7,34	7,38	7,45	7,55	7,65	7,73	7,79	7,83
11/1992	7,68	7,43	7,39	7,44	7,50	7,56	7,63	7,69	7,73	7,76
12/1992	7,64	7,27	7,15	7,15	7,17	7,24	7,31	7,38	7,43	7,48
1/1993	7,30	7,09	7,03	7,02	7,05	7,12	7,20	7,27	7,33	7,38
2/1993	7,09	6,78	6,64	6,59	6,63	6,73	6,87	7,00	7,10	7,18
3/1993	6,74	6,46	6,36	6,39	6,47	6,60	6,75	6,87	6,95	7,02
4/1993	6,62	6,52	6,52	6,58	6,68	6,82	6,96	7,06	7,12	7,16
5/1993	6,42	6,40	6,40	6,47	6,61	6,79	6,94	7,06	7,14	7,20
6/1993	6,30	6,25	6,25	6,32	6,44	6,59	6,72	6,82	6,88	6,92
7/1993	6,15	6,08	6,10	6,17	6,29	6,46	6,61	6,71	6,77	6,81
8/1993	6,13	6,03	6,01	6,04	6,16	6,34	6,50	6,60	6,64	6,65
9/1993	6,05	5,93	5,90	5,94	6,05	6,19	6,31	6,38	6,42	6,45
10/1993	5,80	5,71	5,73	5,81	5,96	6,14	6,27	6,34	6,35	6,34
11/1993	5,38	5,26	5,32	5,47	5,65	5,85	6,02	6,17	6,27	6,35
12/1993	5,23	5,14	5,15	5,27	5,45	5,64	5,80	5,92	5,98	6,02
1/1994	5,07	5,01	5,03	5,15	5,33	5,54	5,76	5,95	6,08	6,17
2/1994	5,20	5,36	5,48	5,61	5,79	6,00	6,19	6,32	6,40	6,45
3/1994	5,04	5,26	5,52	5,84	6,09	6,28	6,42	6,53	6,62	6,68
4/1994	4,93	5,18	5,53	5,96	6,31	6,56	6,71	6,79	6,83	6,85
5/1994	4,96	5,54	6,04	6,50	6,86	7,11	7,29	7,40	7,48	7,54
6/1994	5,02	5,58	6,04	6,45	6,75	6,96	7,10	7,17	7,20	7,22
7/1994	4,94	5,55	6,04	6,41	6,68	6,86	6,97	7,06	7,11	7,15
8/1994	5,15	5,81	6,31	6,73	6,99	7,16	7,30	7,40	7,46	7,51
9/1994	5,59	6,30	6,80	7,12	7,30	7,43	7,52	7,59	7,63	7,66
10/1994	5,64	6,29	6,76	7,11	7,33	7,49	7,61	7,71	7,77	7,83
11/1994	5,69	6,26	6,67	6,98	7,20	7,38	7,52	7,62	7,70	7,76
12/1994	5,89	6,43	6,84	7,17	7,36	7,48	7,56	7,64	7,69	7,74

Fortsetzung Anhang 2:

	1	2	3	4	5	6	7	8	9	10
1/1995	5,75	6,33	6,76	7,09	7,27	7,38	7,48	7,57	7,65	7,73
2/1995	5,73	6,26	6,65	6,95	7,15	7,32	7,47	7,60	7,70	7,79
3/1995	5,41	5,85	6,16	6,45	6,70	6,92	7,14	7,34	7,52	7,67
4/1995	5,13	5,64	6,03	6,36	6,64	6,88	7,09	7,27	7,41	7,53
5/1995	4,80	5,20	5,55	5,91	6,21	6,48	6,72	6,90	7,04	7,16
6/1995	4,85	5,43	5,82	6,19	6,52	6,79	7,02	7,22	7,38	7,52
7/1995	4,69	5,21	5,66	6,08	6,42	6,67	6,88	7,06	7,21	7,33
8/1995	4,48	5,04	5,48	5,88	6,19	6,49	6,76	6,99	7,17	7,31
9/1995	4,20	4,75	5,22	5,65	6,02	6,39	6,71	6,99	7,22	7,41
10/1995	4,30	4,77	5,21	5,62	5,96	6,28	6,58	6,84	7,06	7,25
11/1995	4,03	4,40	4,78	5,15	5,48	5,83	6,15	6,44	6,70	6,93
12/1995	3,77	4,15	4,51	4,89	5,27	5,62	5,93	6,20	6,44	6,65
1/1996	3,44	3,93	4,34	4,71	5,05	5,39	5,71	6,00	6,25	6,47
2/1996	3,44	4,13	4,70	5,17	5,56	5,91	6,22	6,49	6,72	6,90
3/1996	3,34	3,99	4,58	5,10	5,53	5,91	6,22	6,48	6,68	6,85
4/1996	3,15	3,82	4,41	4,93	5,39	5,79	6,13	6,40	6,61	6,76
5/1996	3,29	4,00	4,56	5,04	5,48	5,88	6,23	6,51	6,73	6,90
6/1996	3,66	4,35	4,89	5,33	5,71	6,05	6,34	6,59	6,80	6,97
7/1996	3,40	4,16	4,81	5,32	5,74	6,09	6,36	6,57	6,71	6,80
8/1996	3,31	3,96	4,56	5,08	5,53	5,90	6,20	6,43	6,61	6,75
9/1996	3,26	3,87	4,42	4,92	5,36	5,73	6,03	6,24	6,37	6,47
10/1996	3,35	3,82	4,27	4,73	5,23	5,56	5,85	6,13	6,27	6,29
11/1996	3,20	3,59	4,04	4,48	4,88	5,23	5,52	5,74	5,92	6,06
12/1996	3,18	3,59	4,03	4,47	4,88	5,23	5,53	5,77	5,97	6,14
1/1997	3,17	3,51	3,90	4,32	4,74	5,11	5,43	5,70	5,92	6,10
2/1997	3,21	3,54	3,91	4,28	4,64	4,95	5,22	5,44	5,61	5,76
3/1997	3,37	3,76	4,14	4,51	4,88	5,22	5,52	5,76	5,96	6,13
4/1997	3,33	3,69	4,07	4,44	4,81	5,14	5,43	5,67	5,88	6,04
5/1997	3,34	3,76	4,17	4,58	4,95	5,28	5,57	5,81	6,01	6,17
6/1997	3,34	3,66	4,01	4,37	4,72	5,04	5,33	5,57	5,77	5,94
7/1997	3,53	3,91	4,22	4,49	4,76	5,01	5,24	5,44	5,60	5,73
8/1997	3,69	4,08	4,39	4,69	4,97	5,23	5,46	5,64	5,79	5,91
9/1997	3,87	4,26	4,50	4,74	4,98	5,18	5,36	5,49	5,61	5,70
10/1997	4,20	4,53	4,77	4,97	5,16	5,33	5,48	5,61	5,71	5,80
11/1997	4,23	4,55	4,78	4,97	5,15	5,31	5,45	5,55	5,64	5,71
12/1997	4,06	4,40	4,63	4,82	4,98	5,15	5,29	5,41	5,51	5,59
1/1998	3,95	4,18	4,32	4,48	4,65	4,82	4,97	5,10	5,21	5,29
2/1998	3,81	4,06	4,23	4,41	4,57	4,72	4,85	4,96	5,05	5,13
3/1998	3,83	4,11	4,30	4,45	4,60	4,73	4,84	4,94	5,03	5,11
4/1998	3,86	4,23	4,42	4,60	4,80	4,95	5,03	5,10	5,17	5,23
5/1998	3,87	4,13	4,27	4,41	4,57	4,70	4,81	4,90	4,99	5,07
6/1998	3,85	4,14	4,27	4,44	4,60	4,73	4,81	4,88	4,92	4,94
7/1998	3,83	4,04	4,17	4,31	4,45	4,58	4,67	4,75	4,81	4,86
8/1998	3,61	3,72	3,86	4,02	4,17	4,30	4,40	4,47	4,52	4,57
9/1998	3,50	3,58	3,67	3,78	3,90	4,02	4,13	4,21	4,27	4,31
10/1998	3,39	3,43	3,59	3,77	3,78	4,14	4,12	4,38	4,45	4,16
11/1998	3,33	3,36	3,46	3,62	3,79	3,94	4,07	4,19	4,28	4,35
12/1998	3,06	3,14	3,26	3,40	3,55	3,70	3,84	3,97	4,08	4,17

Literaturverzeichnis

Abken, Peter A., Innovations in Modeling the Term Structure of Interest Rates, in: Financial Derivatives. New Instruments and their Uses, Federal Reserve Bank of Atlanta, 1993.

Acker, Georg, Repos - Die moderne Variante der Wertpapierpensionsgeschäfte. Eine Dokumentation, Kalon Verlag, Bad Orb 1992.

Adams, Kenneth J.; Deventer van, Donald R., Fitting Yield Curves and Forward Rate Curves with Maximum Smoothness, in: Journal of Fixed Income, Juni 1994, S. 52 - 62.

Adler, Michael; Dumas Bernard, International Portfolio Choice and Corporation Finance: A Synthesis, in: Journal of Finance, Vol. 38, Nr. 3, Juni 1983, S. 925 - 984.

Allen, Bill, Recent yield curve behaviour - an analysis, in: Bank of England, Quarterly Bulletin, Jg. 37, Februar 1997, 43 - 48.

Anders, Ulrich, Was neuronale Netze wirklich leisten, in: Die Bank, Nr. 3, 1996, S. 162 - 165.

Anderson, Nicola u.a., Estimating and Interpreting the Yield Curve, Series in Financial Economics and Quantitative Analysis, John Wiley & Sons Ltd., Chichester 1996.

Anker, Peter, Zinsstruktur und Zinsprognose: theoretische Beziehungen und empirische Evidenzen für die Bundesrepublik Deutschland, Centaurus, Giessen 1993.

Ayres, Frank Jr., Schaum's Outline of Theory and Problems of Differential Equations, McGraw-Hill Book Company, New York 1952.

Bagus, Erich, Computergestützte Zeitreihenprognose mit linear-rekursiven Modellen, Schulz-Kirchner, Idstein 1994.

Barber, Joel R.; Copper Mark L., Is Bond Convexity a Free Lunch?, in: Journal of Portfolio Management, Herbst 1997, S. 113 - 119.

Bartetzky, Peter, Das kurzfristige Verhalten des deutschen Rentenmarktes, Gabler, Deutscher Universitätsverlag, Wiesbaden 1996.

Bedna, Heinz et al., Österreichs Kapitalmarkt im ... Quartal 199., in: Österreichisches Bank-Archiv, diverse Ausgaben.

Beenstock, Michael; Longbottom, J. Andrew, The Term Structure of Interest Rates in a Small Open Economy, in: Journal of Money, Credit, and Banking, Vol. 13, Nr. 1, Februar 1981, S. 44 - 59.

Beirat für Kapitalmarktpolitik, Bericht des Arbeitskreises Titrierter Geldmarkt, Dezember 1996 (unveröffentlicht).

Bekaert, Geert; Hodrick, Robert J.; Marshall, David A., On biases in tests of the expectations hypothesis of the term structure of interest rates, in: Journal of Financial Economics, Nr. 4, 1997, S. 309 - 348.

Berger, Manfred, Hedging: Effiziente Kursabsicherung festverzinslicher Wertpapiere mit Finanzterminkontrakten, Verlag Gabler, Wiesbaden 1990.

Bergmann, Barbara R., An experiment on the formation of expectations, in: Journal of Economic Behavior and Organization, Nr. 9, 1988, S. 137 - 151.

Berndt, Michael, Kapitalmarktprognosen mit neuronalen Netzen, in: Die Bank, Nr. 4, April 1995, S. 226 - 230.

Bikhchandani, Sushil; Hirshleifer, David; Welch, Ivo, A Theory of Fads, Fashion, Custom, and Cultural Change as Informational Cascades, in: Journal of Political Economy, Vol. 100, Nr. 5, 1992, S. 992 - 1046.

Bitz, Michael; Oehler, Andreas, Überlegungen zu einer verhaltenswissenschaftlich fundierten Kapitalmarktforschung (Teil I). Ein Erklärungsansatz zum Anlegerverhalten, in: Kredit und Kapital, Nr. 2, 1993, S. 246 - 273.

Bohn, Andreas, Der Einsatz der Wertpapierleihe, Repo- und Sell/Buy-Back-Geschäfte, in: Kleeberg J.M., Rehkugler H. (Hrsg.), Handbuch Portfoliomanagement. Strukturierte Ansätze für ein modernes Portfoliomanagement, Uhlenbruch Verlag, Bad Soden 1998, S. 773 - 791.

Bolder, David; Stréliski, David, Yield Curve Modelling at the Bank of Canada, Technical Report No. 84, Bank of Canada, Februar 1999.

Borio, Claudio E.; McCauley, Robert N., The Economics of Recent Bond Yield Volatility, BIS Economic Paper Nr. 45, Juli 1996.

Braasch, Bernd, Zur Professionalisierung des Anlageverhaltens und ihren Auswirkungen auf den internationalen Zinszusammenhang und die Geldpolitik. in: Gahlen B., Hesse H. und Ramser H. J. (Hrsg.), Finanzmärkte, Mohr Siebeck, Tübingen 1997, S. 332 - 352.

Brandner, Peter; Jaeger, Albert, Zinsniveau und Zinsstruktur in Österreich, Studie des österreichischen Instituts für Wirtschaftsforschung, Wien, September 1992.

Breckling, Jens; Dal Dossa, Luca, A Non-parametric Approach to Term Structure Estimation, in: Bol G., Nakhaeizadeh G. und Vollmer K.-H. (Hrsg.), Finanzmarktanwendungen neuronaler Netze und ökonometrischer Verfahren, Physica-Verlag, Heidelberg 1994, S. 95 - 106.

Breckling, Jens; Hillmer, Matthias, Verschiedene Verfahren zur Zinsprognose: Ein methodischer Prognosegütervergleich, in: Bol G., Nakhaeizadeh G. und Vollmer K.-H. (Hrsg.), Finanzmarktanalyse und -prognose mit innovativen quantitativen Verfahren, Physica-Verlag, Heidelberg 1996, S. 299 - 307.

Brown, Patrick J., Bond Markets. Structures and Yield Calculations, ISMA Publikation, Gilmour Drummond Publishing, Cambridge, Edinburgh 1998.

Bühler, Alfred, Bewertung, Preischarakteristika und Risikomanagement von zinsderivativen Wertpapieren im Rahmen eines Einfaktormodells, in: Finanzmarkt und Portfolio Management, Jg. 8, Nr. 4, 1994, S. 468 - 498.

Bühler, Alfred, Einfaktormodelle der Fristenstruktur der Zinssätze. Theoretische und empirische Betrachtungen, Verlag Paul Haupt, Bern et al. 1995.

Bühler, Alfred; Hies, Michael, Zinsrisiken und Key-Rate-Duration, in: Die Bank, Nr. 2, 1995, S. 112 - 118.

Bundesministerium für Finanzen, Richtlinien zur Erhebung der Kapitalertragsteuer von Kapitalerträgen aus Einlagen und Forderungswertpapieren, 20. Jänner 1993.

Burghardt, Galen; Hoskins, Bill, A question of bias, in: Risk, Vol. 8, Nr. 3, März 1995, S. 63 - 70.

Buser, Stehpan A.; Karolyi G. Andrew; Sanders Anthony B., Adjusted Forward Rates as Predictors of Future Spot Rates, in: Journal of Fixed Income, Vol. 6, Nr. 3, Dezember 1996, S. 29 - 42.

Bußmann, Johann, Die Bestimmung der Zinsstruktur am deutschen Kapitalmarkt: Eine empirische Untersuchung für den Zeitraum 1978 bis 1986, in: Kredit und Kapital, Jg. 22, Jänner 1989, S. 117 -137.

Buono, Mark; Gregory-Allen, Russel B.; Yaari, Uzi, The Efficacy of Term Structure Estimation Techniques: A Monte Carlo Study, in: Journal of Fixed Income, März 1992, S. 52 - 63.

Campbell, John Y., A Defense of Traditional Hypotheses about the Term Structure of Interest Rates, in: Journal of Finance, Vol. 41, Nr. 1, März 1986, S. 183 - 193.

Campbell, John Y.; Shiller, Robert J., Yield Spreads and Interest Rate Movements: A Bird's Eye View, in: Review of Economic Studies, Vol. 58, 1991, S. 495 - 514.

Carleton, Willard T.; Cooper, Ian A., Estimation and Uses of the Term Structure of Interest Rates, in: Journal of Finance, Vol. 31, Nr. 4, September 1976, S. 1067 - 1083.

Chambers, Donald R.; Carleton, Willard T.; Waldman Donald W., A New Approach to Estimation of the Term Structure of Interest Rates, in: Journal of Financial and Quantitative Analysis, Vol. 19, Nr. 3, September 1984, S. 233 - 252.

Chang, Eric C.; Pinegar, J. Michael, Return seasonality and tax-loss selling in the market for long-term government bonds and corporate bonds, in: Journal of Financial Economics, Vol. 17, 1986, S. 391 - 415.

Choi, Seungmook; Wohar, Mark E., New Evidence Concerning the Expectations Theory for the Short End of the Maturity Spectrum, in: Journal of Financial Research, Vol. 14, Nr. 1, Frühling 1991, S. 83 - 92.

Chow, Gregory C., Rational versus adaptive expectations in present value models, in: Review of Economics and Statistics, Vol. 71, Nr. 3, August 1989, S. 376 - 384.

Cole, C. Steven; Impson, Michael; Reichenstein, William, Do Treasury Bill Futures Rates Satisfy Rational Expectation Properties?, in: Journal of Futures Markets, Vol. 11, Nr. 5, Oktober 1991, S. 591 - 601.

Cole, C. Steven; Reichenstein, William, Forecasting Interest Rates with Eurodollar Futures Rates, in: Journal of Futures Markets, Vol. 14, Nr. 1, 1994, S. 37 - 50.

Cornell, Bradford; Shapiro, Alan C., The Mispricing of U.S. Treasury Bonds: A Case Study, in: Review of Financial Studies, Vol. 2, Nr. 3, 1989, S. 297 - 310.

Cox, John C.; Ingersoll, Jonathan E., Jr.; Ross, Stephen A., A Re-examination of Traditional Hypotheses about the Term Structure of Interest Notes, in: Journal of Finance, Vol. 36, Nr. 4, September 1981, S. 769 - 799.

Culbertson, John M., The Term Structure of Interest Rates, in: Quarterly Journal of Economics, Vol. 71, November 1957, S. 485 - 517.

Cuthbertson, Keith, The Expectations Hypothesis of the Term Structure: The UK Interbank Market, in: Economic Journal, Vol. 106, Mai 1996, S. 578 - 592.

Daves, Phillip R.; Ehrhardt, Michael C., Liquidity, reconstitution and the value of U.S. Treasury STRIPS, in: Journal of Finance, Vol. 48, Nr.1, März 1993, S. 315 - 329.

De Bondt, Werner F.M.; Thaler, Richard, Does the Stock Market Overreact?, in: Journal of Finance, Vol. 40, Nr. 3, Juli 1985, S. 793 - 895.

Deacon, Mark; Derry, Andrew, Estimating the Term Structure of Interest Rates, Bank of England, Working Paper Series Nr. 24, Juli 1994.

Deppner, Christoph, Die Schätzung der Zinsstruktur und deren Bedeutung in der Kapitalmarkttheorie. Eine empirische Untersuchung auf Basis von multiplen Regressions- und linearen Optimierungsmodellen mit Daten des schweizerischen Anleihemarktes, St. Gallen 1992.

Deppner, Christoph; Kischka, Peter, Schätzungen der Zinsstruktur, in: Heilmann W. - R. u.a. (Hrsg.), Geld, Banken und Versicherungen, Band 1, Karlsruhe 1990, S. 349 - 374.

Deutsche Bundesbank, Die Bedeutung internationaler Einflüsse auf die Zinsentwicklung am Kapitalmarkt, Monatsbericht Juli 1997, S. 23 - 40.

Deutsche Bundesbank, Die Entwicklung der Kapitalmarktzinsen seit Anfang der neunziger Jahre, Monatsbericht November 1996, S. 17 - 32.

Deutsche Bundesbank, Die Zinsentwicklung seit 1978, Monatsbericht Januar 1983, S. 14 - 26.

Deutsche Bundesbank, Entwicklung der Repogeschäfte am deutschen Finanzplatz nach der Freistellung von der Mindestreserve, Pressenotiz vom 26. Februar 1998.

Deutsche Bundesbank, Schätzung von Zinsstrukturkurven, Monatsbericht Oktober 1997, S. 61 - 66.

Deutsche Bundesbank, Strukturveränderungen am deutschen Kapitalmarkt im Vorfeld der Europäischen Währungsunion, Monatsbericht April 1998, S. 55 - 70.

Dhillon, Upinder S.; Lasser, Dennis J., Term Premium Estimates from Zero-Coupon Bonds: New Evidence on the Expectations Hypothesis, in: Journal of Fixed Income, Juni 1998, S. 52 - 58.

Dobson, Steven W.; Sutch, Richard C.; Vanderford, David E., An evaluation of alternative empirical models of the term structure of interest rates, in: Journal of Finance, September 1976, S. 1035 - 1065.

Domian, Dale L.; Maness, Terry S.; Reichenstein William, Rewards to Extending Maturity, in: Journal of Portfolio Management, Vol. 24, Nr. 3, Frühling 1998, S. 77 - 92.

Duffee, Gregory R., Idiosyncratic Variation of Treasury Bill Yields, in: Journal of Finance, Vol. 51, Nr. 2, Juni 1996, S. 527 - 550.

Duffie, Darrell, Special Repo Rates, in: Journal of Finance, Juni 1996, S. 493 - 526.

Dziwura, Joseph R.; Green, Eric M., Interest Rate Expectations and the Shape of the Yield Curve, Federal Reserve Bank of New York, Research Paper Nr. 9631, September 1996.

Easton, Malcolm C., Binary Tree Interest Rate Models with Risk Premiums, in; Journal of Fixed Income, Vol. 8, Nr. 2, September 1998, S. 53 - 59.

Elliott, Jan Walter; Echols, Michael E., Market Segmentation, Speculative Behavior and the Term Structure of Interest Rates, in: Review of Economics and Statistics, Vol. 58, Februar 1976, S. 40 - 49.

Elton, Edwin J.; Gruber, Martin J., Modern Portfolio Theory and Investment Analysis, 5. Auflage, John Wiley and Sons, New York et al. 1995.

Engle, Robert F.; Lilien, D., Robins, R., Estimating time-varying premia in the term structure: The Arch-M model, in: Econometrica, Vol. 55, 1987, S. 251 - 277.

Engle, Robert F.; Ng, Victor K., Time -Varying Volatility and the Dynamic Behavior of the Term Structure, in: Journal of Money, Credit, and Banking, Vol. 25, Nr. 3, August 1993, S. 336 - 349.

Engsted, Tom; Tangaard, Carsten, A cointegration analysis of Danish zero-coupon bond yields, in: Applied Financial Economics, Vol. 24, 1994, S. 265 - 278.

Engsted, Tom; Tangaard, Carsten, Cointegration and the US term structure, in: Journal of Banking and Finance, Vol. 18, 1994, S. 167 - 181.

Eom, Young Ho; Subrahmanyam, Marti G., Uno, Jun: Coupon Effects and the Pricing of Japanese Government Bonds: An Empirical Analysis, in: Journal of Fixed Income, September 1998, S. 69 - 86.

Fabozzi, Frank J., Fixed Income Mathematics: Analytical & Statistical Techniques, 3. Auflage, Irwin Professional Publishing, Chicago 1997.

Fabozzi, Frank.J.; Fabozzi, T. Dessa (Hrsg.), The Handbook of Fixed Income Securities, 5. Auflage, Irwin Professional Publishing, Chicago et al. 1997.

Fama, Eugene F., Efficient Capital Markets: A Review of Theory and Empirical Work, in: Journal of Finance, Vol. 25, Nr. 2, Mai 1970, S. 383 - 417.

Fama, Eugene F., Efficient Capital Markets: II, in: Journal of Finance, Vol. 46, Nr. 5, Dezember 1991, S. 1575 - 1617.

Fama, Eugene F., Forward Rates as Predictors of Future Spot Rates, in: Journal of Financial Economics, Vol. 3, Oktober 1976, S. 361 - 377.

Fama, Eugene F., Term Premiums in Bond Returns, in: Journal of Financial Economics, Vol. 13, Dezember 1984b, S. 529 - 546.

Fama, Eugene F., The Information in the Term Structure, in: Journal of Financial Economics, Vol. 13, Dezember 1984a, S. 509 - 528.

Fama, Eugene F.; Bliss, Robert R., The Information in Long-Maturity Forward Rates, in: American Economic Review, Vol. 77, Nr. 4, September 1987, S. 680 - 692.

Faßbender, Heino, Zur Theorie und Empirie der Fristigkeitsstruktur der Zinssätze, in: Voigt F. (Hrsg.), Schriften des Instituts für das Spar-, Giro und Kreditwesen an der Universität Bonn, Band 72, Berlin 1973.

Fast u.a., The European Bond Markets. An Overview and Analysis for Issuers and Investors, in: Battley N. (Hrsg.), The EFFAS-European Bond Commission in Zusammenarbeit mit International Securities Market Associaton, McGraw-Hill, 1997, S. 147 - 214.

Feldman, Robert A.; Mehra, Rajnish, Auctions. Theory and Applications. IMF Staff Papers, Vol. 40, Nr. 3, September 1993, S. 485 - 511.

Ferguson, Robert; Raymar, Steven, A Comparative Analysis of Several Popular Term Structure Estimation Models, in: Journal of Fixed Income, März 1998, S. 17 - 33.

Filc, Wolfgang, Theorie und Empirie des Kapitalmarktzinses, Deutscher Sparkassenverlag, Stuttgart 1992.

Fisher, Irving, The Theory of Interest, New York 1930.

Fisher, Mark; Gilles, Christian, Around and Around: The Expectations Hypothesis, in: Journal of Finance, Vol. 53, Nr. 1, Februar 1998, S. 365 - 383.

Fisher, Mark E.; Nychka, Douglas; Zervos, David, Fitting the Term Structure of Interest Rates with Smoothing Splines, Working Paper, Board of Governors of the Federal Reserve System, 1994.

Flannery, Mark J.; Protopapadakis, Aris A., From T-Bills to Common Stocks: Investigating the Generality of Intra-Week Return Seasonality, in: Journal of Finance, Vol. 43, Nr. 2, Juni 1988, S. 431 - 450.

Focardi, Sergio, A Seam of Knowledge, in: Risk, Nr. 10, 1997, S. 97 - 99.

Fong, H. Gifford; Vasicek Oldrich A., Fixed-income volatility management, in: Journal of Portfoliomanagement, Sommer 1991, S. 41 - 46.

Frantzmann, Hans-Jörg, Saisonalitäten und Bewertung am deutschen Aktien- und Rentenmarkt, Fritz Knapp Verlag, Frankfurt am Main 1989.

Friedman, Benjamin M., Survey evidence on the "rationality" of interest rate expectations, in: Journal of Monetary Economics, Vol. 6, 1980, S. 453 - 465.

Friedman, Benjamin M., Interest Rate Expectations versus Forward Rates: Evidence from an Expectations Survey, in: Journal of Finance, Vol. 34, Nr. 4, September 1979, S. 965 - 973.

Froot, Kenneth A., New Hope for the Expectations Hypothesis of the Term Structure of Interest Rates, in: Journal of Finance, Vol. 44, Juni 1989, S. 283 - 305.

Gerlach, Stefan, Monetary policy and the behaviour of interest rates: are long rates excessively volatile?, Bank for International Settlement, Working Paper Nr. 34, Basel, Jänner 1996.

Gerlach, Stefan, The information content of the term structure: evidence for Germany, Bank for International Settlement, Working Paper Nr. 29, Basel, September 1995.

Gerlach, Stefan; Smets, Frank, The term structure of Euro-rates: some evidence in support of the expectations hypothesis, in: Journal of International Money and Finance, Vol. 16, Nr. 2, 1997, S. 305 - 321.

Geyer, Alois, Information, Erwartung und Risiko : Aspekte der Verteilung, Abhängigkeit und Varianz von finanzwirtschaftlichen Zeitreihen, Verlag Florentz, München, 1992.

Gibson, Rajna; Zimmermann, Heinz, The Benefits and Risks of Derivative Instruments: An Economic Perspective, in: Finanzmarkt und Portfolio Management, Nr. 1, 1996, S. 12 - 44.

Gong, Frank F.; Remolona, Eli, A Three-Factor Econometric Model of the U.S. Term Structure, Federal Reserve Bank of New York, Research Paper Nr. 9619, Juli 1996.

Gruber, Walter; Overbeck, Ludger, Nie mehr Bootstrapping, in: Finanzmarkt und Portfoliomanagement, Jg. 12, Nr. 1, 1998, S. 59 – 73.

Grünbichler, Andreas, Wie rational sind die Kapitalmärkte?, in: Neue Zürcher Zeitung, Nr. 183 vom 11. August 1998, S. 27.

Gschiegl, Franz, Investmentfondsboom nun auch in Österreich, in: Österreichische Sparkassenzeitung, 87. Jg., Heft 5, 1998, S. 138 - 142.

Gudikunst, Arthur; McCarthy, Joseph, High-Yield Bond Mutual Funds: Performance, January Effects, and other Surprises, in: Journal of Fixed Income, September 1997, S. 35 - 46.

Guest, Ross; McLean, Alan, New evidence on the expectations theory of the term structure of Australian Commonwealth Government Treasury yields, in: Applied Financial Economics, Vol. 8, Nr. 1, Februar 1998, S. 81 - 87.

Hakkio, Craig S.; Rush, Mark, Cointegration: how short is the long run?, in: Journal of International Money and Finance, Vol. 10, 1991, S. 571 - 581.

Hardouvelis, Gika A., The term structure spread and future changes in long and short rates in the G7 countries. Is there a puzzle?, in: Journal of Monetary Economics, Vol. 33, 1994, S. 255 - 283.

Harris, Lawrence E., Liquidity, Trading Rules and Electronic Trading Systems, Monograph Series in Finance and Economics, 1990-4.

Haschek, Helmut H., Der österreichische Rentenmarkt, Juli 1985 (unveröffentlicht).

Haschek, Helmut H.; Pozniak, Gregor; Weiss, Erich, Die Entwicklung des Kapitalmarktes im ... Quartal 199., in: Österreichisches Bank-Archiv, diverse Ausgaben.

Haugen, Robert A., Modern Investment Theory, 4. Auflage, Prentice Hall, New Jersey et al. 1997, S. 367 - 406.

Hedge, Shantaram P., On the value of the implicit delivery options, in: Journal of Futures Markets, Vol. 9, Nr. 5, 1989, S. 421 - 437.

Heitmann, Frank, Arbitragefreie Bewertung von Zinsderivaten, Gabler Verlag, Deutscher Universitäts-Verlag, Wiesbaden 1997.

Heitmann, Frank, Bewertung von Zinsfutures, Fritz Knapp Verlag, Frankfurt am Main 1992.

Helmstädter, Ernst, Zur Professionalisierung des Anlageverhaltens und ihren Auswirkungen auf den internationalen Zinszusammenhang und die Geldpolitik, in: Gahlen B., Hesse H. und Ramser H. J. (Hrsg.), Finanzmärkte, Mohr Siebeck, Tübingen 1997, S. 353 - 356.

Hess, Dieter E., Die Dynamik der Zinsstruktur. Modelle zur Erfassung des Zinsrisikos und deren Schätzung, Gabler, Wiesbaden 1995.

Hey, John D., Expectations formation: Rational or adaptive or ...?, in: Journal of Economic Behavior and Organization, Vol. 25, 1994, S. 329 - 349.

Hicks, John R., Value and Capital, An Inquiry into Some Fundamental Principles of Economic Theory, 2. Auflage, Clarendon, Oxford 1946.

Ho, Thomas S.Y., Strategic Fixed Income Investment, Dow Jones-Irwin, Homewood, Illionis 1990.

Holmes, Mark J.; Pentecost, Eric J., The Term Structure of Interest Rates and Financial Integration in the ERM, in: International Journal of Finance & Economics, 2, 1997, S. 237 - 247.

Hsin, Chin-Wen, An Empirical Investigation of the Two-Factor Brennan-Schwartz Term Structure Model, in: Review of Quantitative Finance and Accounting, Vol. 5, 1995, S. 71 - 92.

Huang, Chao-Hsi; Ederington, Louis H., Variance Bound Tests of Bond Market Efficiency, in: Journal of Financial Research, Vol. 16, Nr. 2, Sommer 1993, S. 89 - 106.

Hughston, Lane (Hrsg.), Vasicek and Beyond. Approaches to Building and Applying Interest Rate Models, Risk Publications, London 1996.

Hull, John, Options, Futures and Other Derivative Securities, 3. Auflage, Prentice-Hall, Englewood Cliffs, New Jersey 1997.

Ilmanen, Antti, A Framework for Analyzing Yield Curve Trades: Understanding the Yield Curve: Part 6, Salomon Brothers, New York, November 1995.

Ilmanen, Antti, Overview of Forward Rate Analysis. Understanding the Yield Curve: Part 1, Salomon Brothers, New York, Mai 1995.

Ilmanen, Antti, Convexity Bias and the Yield Curve. Understanding the Yield Curve: Part 5, Salomon Brothers, New York, September 1995.

Ilmanen, Antti, Does Duration Extension Enhance Long-Term Expected Returns?: Understanding the Yield Curve: Part 3, Salomon Brothers, New York, Juli 1995. Auch erschienen in: Journal of Fixed Income, September 1996, S. 23 - 36.

Ilmanen, Antti, Market's Rate Expectations and Forward Rates. Understanding the Yield Curve: Part 2, Salomon Brothers, New York, Juni 1995. Unter dem Titel: Market Rate Expectations and Forward Rates, auch erschienen in: Journal of Fixed Income, September 1996, S. 8 - 22.

Ilmanen, Antti; Iwanowski, Raymond, The Dynamics of the Shape of the Yield Curve: Empirical Evidence, Economic Interpretations and Theoretical Foundations: Understanding the Yield Curve: Part 7, Salomon Brothers, New York, 1996. Kurzfassung unter dem Titel: Dynamics of the Shape of the Yield Curve, erschienen in: Journal of Fixed Income, September 1997, S. 47 - 60.

Jones, Charles P.; Pearce, Douglas K.; Wilson, Jack W., Can Tax-Loss Selling Explain the January Effect? A Note, in: Journal of Finance, Vol. 42, Nr. 2, Juni 1987, S. 453 - 461.

Jordan, Bradford D.; Jordan Susan, D., Special Repo Rates: An Empirical Analysis, in: Journal of Finance, Vol. 52, Nr. 5, Dezember 1997, S. 2051 - 2072.

Jordan, Susan D.; Jordan Bradford, D., Seasonality in Daily Bond Returns, in: Journal of Financial and Quantitative Analysis, 1991, S. 269 - 285.

Jorion, Philippe, Mishkin, Frederic, A multicountry comparison of term-structure forecasts at long horizons, in: Journal of Financial Economics, Vol. 29, 1991, S. 50 - 80.

Kahn, Ronald N.; Lochoff, Roland, Convexity and exceptional return, in: Journal of Portfolio Management, Winter 1990, S. 43 - 47.

Kaiser, Helmut; Krämer, Werner, Die Auslandsabhängigkeit des deutschen Rentenmarktes, in: Die Bank, Nr. 3, 1997, S. 172 - 174.

Kamara, Avraham, Forecasting accuracy and development of a financial market: The treasury bill futures market, in: Journal of Futures Markets, Vol. 10, Nr. 4, 1990, S. 397 - 405.

Kane, Edward J., Nested tests of alternative term-structure theories, in: Review of Economics and Statistics, Vol. 65, Nr. 1, Februar 1983, S. 115 - 123.

Keane, Frank, Repo Rate Patterns for New Treasury Notes, in: Current Issues in Economics and Finance, Vol. 2, Nr. 10, Federal Reserve Bank of New York, September 1996.

Kobold, Klaus, Interest Rate Futures Markets and Capital Market Theory: Theoretical Concepts and Empirical Evidence, de Gruyter, Berlin, New York 1986.

Kotas, Carsten, Mikro- und makroökonomische Auswirkungen von Terminmärkten: zur Synthese zwischen Portfoliotheorie, Kapitalmarkttheorie, Optionspreistheorie und Futurebewertungstheorie, Peter Lang Verlag, Frankfurt am Main 1996.

Krehbiel, Tim; Adkins, Lee C., Interest Rate Futues: Evidence on Forecast Power, Expected Premiums, and the Unbiased Expectations Hypothesis, in: Journal of Futures Markets, Vol. 14, Nr. 5, 1994, S. 531 - 543.

Kugler, Peter, The Expectations Hypothesis and Interest Rate Volatility on the Euromarket: Some empirical Results, in: Kaehler J. und Kugler P. (Hrsg.), Econometric analysis of financial markets, Physica-Verlag, Heidelberg 1994, S. 129 - 138.

Kucera, Maria, Vergleich von Zinsstrukturschätzmethoden, Unterlage für einen Vortrag am 7. April 1998 vor der Austrian Bond Commission (unveröffentlicht).

Lachs, Thomas, Die letzte Etappe der Devisenliberalisierung, in: Österreichisches Bank-Archiv, 39. Jg., Nr. 10, 1991, S. 700 - 701.

Lassak, Günter; Bewertung festverzinslicher Wertpapiere am deutschen Rentenmarkt, Physica-Verlag, Heidelberg 1993.

Langetieg, Terence C.; Smoot, J. Stephen, Estimation of the Term Structure of Interest Rates, in: Research in Financial Services, Vol. 1, 1989, S. 181 - 222.

Langewand, Jens; Nielsen, Frank, Ein Mehrfaktorenmodell zur Analyse des Risikos, in: Kleeberg J.M., Rehkugler H. (Hrsg.), Handbuch Portfoliomanagement. Strukturierte Ansätze für ein modernes Portfoliomanagement, Uhlenbruch Verlag, Bad Soden 1998, S. 653 - 672.

Lee, Jae Ha; Jo, Hoje, Time-Varying Term Premium in T-Bill Futures Rate and the Expectations Hypothesis, in: Review of Quantitative Finance and Accounting, Vol. 6, 1996, S. 149 - 160.

Lee, Wayne L.; Maness, Terry S.; Tuttle, Donald L., Nonspeculative behavior and the term structure, in: Journal of Financial and Quantitative Analysis, Vol. 15, Nr. 1, März 1980, S. 53 - 83.

LeRoy, Stephen F., Efficient Capital Markets and Martingales, in: Journal of Economic Literature, Vol. 27, Dezember 1989, S. 1583 - 1621.

Levin, Frank, Die Erwartungstheorie der Zinsstruktur: Eine empirische Untersuchung für die Bundesrepublik Deutschland im Zeitraum von 1974 bis 1988, Verlag Peter Lang, Frankfurt am Main 1996.

Levin, Frank, Zinsprognosemodelle auf dem Prüfstand, in: Die Bank, Nr. 11, 1993, S. 651 - 657.

Levin, Frank; Schulte-Mattler, Hermann, Zur Effizienz des Zins-Futuresmarktes in der Bundesrepublik Deutschland, in: Finanzmarkt und Portfolio Management, Jg. 8, Nr. 1, 1994, S. 63 - 76.

Loistl, Otto; Betz, Iro, Chaostheorie. Zur Theorie nichtlinearer dynamischer Elemente. 3. Auflage, Oldenburg Verlag, München, Wien 1996.

Longstaff, Francis A., Time Varying Term Premia and Traditional Hypotheses of Interest Rates, in: Journal of Finance, Vol. 45, September 1990, S. 1307 - 1314.

Lutz, Frederick A., The Structure of Interest Rates, in: Quarterly Journal of Economics, Vol. 55, November 1940, S. 636 - 663.

MacDonald, Ronald, Macmillan, Peter, On the Expectations View of the Term Structure, Term Premia and Survey-Based Expectations, in: Economic Journal, Vol. 104, September 1994, S. 1070 - 1089.

MacDonald, S. Scott; Hein Scott E., Futures Rates and Forward Rates as Predictors of Near Term Treasury Bill Rates, in: Journal of Futures Markets, Vol. 9, Juni 1989, S. 249 - 262.

Mackintosh, Ian, Liquidity ratings for bonds. Centre for the Study of Financial Innovation, Nr. 12, Jänner 1995.

Mandeno, Robert J.; Giles, David E.A., The expectations theory of the term structure: a cointegration/causality analysis of US interest rates, in: Applied Financial Economics, Vol. 5, 1995, S. 273 - 283.

Mankiw, N. Gregory, Miron, Jeffrey A., The Changing Behaviour of the Term Structure of Interest Rates, in: Quarterly Journal of Economics, Vol. 101, 1986, S. 211 - 242.

Mankiw, N. Gregory, The Term Structure of Interest Rates Revisited, in: Brookings Papers on Economic Activity, Nr. 1, 1986, S. 61 - 96.

Mankiw, N. Gregory; Summers, Lawrence H., Do Long-Term Interest Overreact to Short-Term Interest Rates?, in: Brookings Papers on Economic Activity, 1984, S. 223 - 242.

Matthes, Rainer, Zinsprognosen: Fehlerkorrekturmodelle vs. Neuronale Netze, in: Bol G., Nakhaeizadeh G., Vollmer K.-H. (Hrsg.), Finanzmarktanwendungen neuronaler Netze und ökonometrischer Verfahren, Physica-Verlag, Heidelberg 1994, S. 41 - 60.

McCulloch, J. Huston, A Reexamination of Traditional Hypotheses about the Term Structure: A Comment, in: Journal of Finance, Vol. 48, Nr. 2, Juni 1993, S. 779 - 789.

McCulloch, J. Huston, The Tax-Adjusted Yield Curve, in: Journal of Finance, Vol. 30, Nr. 3, Juni 1975, S. 811 - 830.

McCulloch, J. Huston, The Monotonicity of the Term Tremium: A Closer Look, in: Journal of Financial Economics, Vol. 18, März 1987, S. 185 - 192.

McCulloch, J. Huston, Measuring the Term Structure of Interest Rates, in: Journal of Business, Vol. 44, 1971, S. 19 - 31.

McEnally, Richard W.; Jordan, James V., The Term Structure of Interest Rates, in: Fabozzi F. J. (Hrsg.), The Handbook of Fixed Income Securities, 5. Auflage, Singapore Professional Publishing, 1997, S. 818 - 864.

Meiselmann, David, The Term Structure of Interest Rates, Prentice Hall, Englewood Cliffs, New Jersey 1962.

Melino, Angelo, The term structure of interest rates: Evidence and theory, in: Journal of Economic Surveys, Vol. 2, S. 335 - 366.

Merrill Lynch, Size and Structure of the World Bond Market: 1997, September 1997.

Mills, Terence C., The Term Structure of UK interest rates: tests of the expectations hypothesis, in: Applied Economics, Vol. 23, 1991, S. 599 - 606.

Modigliani, Franco; Sutch, Richard, Innovations in Interest Rate Policy, in: American Economic Review (Papers and Proceedings), Vol. 56, Mai 1966, S. 178 - 179.

Mooslechner, Peter, Die Geldvermögensposition privater Haushalte in Österreich. Studie des Österreichischen Instituts für Wirtschaftsforschung, November 1997.

Mustafa, Muhammad, Rahman, Matiur, Cointegration between US short-term and long-term interest rates (both nominal and real), in: Applied Financial Economics, Vol. 5, 1995, S. 323 - 327.

Muth, John F., Rational Expectations and the Theory of Price Movements, in: Econometrica, Vol. 29, Juli 1961, S. 315 - 335.

Mutkin, Laurence, The broader relevance of repo to the bond markets, in: International Securities Lending, Nr. 3, Euromoney Publications, 1996, S. 23 - 27.

Nautz, Dieter; Wolters, Jürgen, Die Entwicklung langfristiger Kreditzinssätze: Eine empirische Analyse, in: Kredit und Kapital, Jg. 29, Nr. 4, 1996, S. 481 - 510.

Nelson, Charles R., Estimation of term premiums from average yield differentials in the term structure of interest rates, in: Econometrica, Vol. 40, Nr. 2, März 1972, S. 277 - 287.

Nelson, Charles R.; Siegel, Andrew, F., Parsimonious Modeling of Yield Curves, in: Journal of Business, Vol. 60, Nr. 4, Oktober 1987, S. 473 - 489.

o.V., Anleihemärkte und Währungsunion, in: Finanznachrichten, Heft 20, 14. Mai 1998.

o.V., Börsen-Zeitung, 8. September 1994, S. 1.

o. V., Der österreichische Aktienmarkt, in: Finanznachrichten, Heft 9, 26. Februar 1998.

o. V., The first year of the gilt repo market, in: Bank of England - Quarterly Bulletin, Jg. 37, Februar 1997, S. 187 - 197.

o.V., The Impact of Institutional Investors on OECD Financial Markets, in: Financial Market Trends, Nr. 68, November 1997, S. 15 - 45.

o.V. Freistellung von Repogeschäften von der Mindestreserve, in: Zeitschrift für das gesamte Kreditwesen, Nr. 24, 1996, S. 1209.

Oberlechner, Thomas; Hocking, Sam, Market Psychology and the Dynamics of Information. An Interdisciplinary View of the Foreign Exchange Market, Webster University, Wien 1997.

Oehler, Andreas, Analyse des Verhaltens privater Anleger, in: Kleeberg J.M., Rehkugler H. (Hrsg.), Handbuch Portfoliomanagement. Strukturierte Ansätze für ein modernes Portfoliomanagement, Uhlenbruch Verlag, Bad Soden 1998, S. 71 - 110.

Oehler, Andreas, Empirische Untersuchungen zum Verhalten institutioneller Investoren, in: Kleeberg J.M., Rehkugler H. (Hrsg.), Handbuch Portfoliomanagement. Strukturierte Ansätze für ein modernes Portfoliomanagement, Uhlenbruch Verlag, Bad Soden 1998, S. 111 - 125.

Oesterreichische Nationalbank, Statistisches Monatsheft, diverse Ausgaben.

Oesterreichische Kontrollbank AG, Quartalsbericht der Geschäftsstelle für Bundesanleihen, diverse Ausgaben.

Park, SangYong; Reinganum, Marc R., The puzzling price behavior of treasury bills that mature at the turn of calendar months, in: Journal of Financial Economics, Vol. 16, 1986, S. 267 - 283.

Perridon, Louis; Steiner, Manfred, Finanzwirtschaft der Unternehmung, 8. Auflage, Vahlen, München 1995.

Phoa, Wesley, Can you derive market volatility forecasts from the observed yield curve convexity bias?, in: Journal of Fixed Income, Juni 1997, S. 43 - 54.

Pichler, Stefan, Aktienmarktanomalien in Österreich, in: Österreichisches Bank-Archiv, Nr. 2, 1993, S. 117 - 123.

Pichler, Stefan, Ermittlung der Zinsstruktur: Evaluierung alternativer Verfahren für den österreichischen Rentenmarkt, Gabler, Wiesbaden 1995.

Pingle, Mark; Day, Richard H., Modes of economizing behavior: Experimental evidence, in: Journal of Economic Behavior and Organization, Vol. 29, 1996, S. 191 - 209.

Poddig, Thorsten, Analyse und Prognose von Finanzmärkten, Uhlenbruch Verlag, Bad Soden 1996.

Poddig, Thorsten; Huber, Claus, Renditeprognose mit Neuronalen Netzen, in: Kleeberg J.M., Rehkugler H. (Hrsg.), Handbuch Portfoliomanagement. Strukturierte Ansätze für ein modernes Portfoliomanagement, Uhlenbruch Verlag, Bad Soden 1998, S. 347 - 384.

Prats Albentosa, María Asunción; Beyaert, Arielle, Testing the expectations theory in a market of short-term financial assets, in: Applied Financial Economics, Vol. 8, Nr. 2, April 1998, S. 101 - 109.

Rapp, Heinz-Werner, Der tägliche Wahnsinn hat Methode. Behavioral Finance: Paradigmenwechsel in der Kapitalmarktforschung, in: Jünemann B., Schellenberger, D. (Hrsg.), Psychologie für Börsenprofis. Die Macht der Gefühle bei der Geldanlage, Schäffer-Poeschel, Stuttgart 1997.

Rebonato, Riccardo, Interest-rate option models: understanding, analysing, and using models for exotic interest rate options, John Wiley & Sons Ltd., Chichester 1996.

Rehkugler, Heinz; Jandura, Dirk, Kointegration und Fehlerkorrektur zur Finanzmarktprognose, in: Kleeberg J.M., Rehkugler H. (Hrsg.), Handbuch Portfoliomanagement. Strukturierte Ansätze für ein modernes Portfoliomanagement, Uhlenbruch Verlag, Bad Soden 1998, S. 315 - 348.

Röhrs, Michael, Empirische Untersuchung der Zeitstruktur des Zinssatzes, Verlag Josef Eul, Bergisch Gladbach, Köln 1994.

Röhrs, Michael, Empirischer Vergleich von Zinsstrukturfunktionen anhand öffentlicher Anleihen der Bundesrepublick Deutschland, in: Zeitschrift für Betriebswirtschaft, Jg. 61, Nr. 8, 1991, S. 919 - 940.

Rose, Michael E., The Effective Cash Flow Method, in: Journal of Fixed Income, September 1994, S. 66 - 78.

Rossi, Marco, The Information Content of the Short End of the Term Structure of Interest Rates, Bank of England, Working Paper Series Nr. 55, Oktober 1996.

Rzepczynski, Mark S., Risk premiums in financial futures markets: The case of treasury bond futures, in: Journal of Futures Markets, Vol. 7, Nr. 6, 1987, S. 653 - 662.

Sachs, Lothar, Angewandte Statistik, 7. Auflage, Springer Verlag, Berlin et. al., 1992.

Sapusek, Annemarie, Informationseffizienz auf Kapitalmärkten: Konzepte und empirische Ergebnisse, Gabler Verlag, Wiesbaden 1998.

Schaefer, Stephen M., Measuring a Tax-Specific Term Structure of Interest Rates in the Market for British Government Securities, in: Economic Journal, Vol. 91, Juni 1981, S. 415 - 438.

Schich, Sebastian T., Alternative Spezifikationen der deutschen Zinsstrukturkurve und ihr Informationsgehalt hinsichtlich der Inflation, Diskussionspapier 8/96, Volkswirtschaftliche Forschungsgruppe der Deutschen Bundesbank, Oktober 1996.

Schich, Sebastian T., Schätzung der deutschen Zinsstrukturkurve, Diskussionspapier 4/97, Volkswirtschaftliche Forschungsgruppe der Deutschen Bundesbank, Oktober 1997.

Schmidt, Klaus J. W., Geldpolitische Strategien, Zinsstruktur und Inflationsentwicklung: eine Untersuchung auf Basis des LSE-Ansatzes, Haag und Herchen, Frankfurt am Main 1997.

Schmidt-von Rhein, Andreas, Analyse der Ziele privater Kapitalanleger, in: Kleeberg J.M., Rehkugler H. (Hrsg.), Handbuch Portfoliomanagement. Strukturierte Ansätze für ein modernes Portfoliomanagement, Uhlenbruch Verlag, Bad Soden 1998, S. 36 - 69.

Schmitz, Elmar; Pesch, Andre, Abweichungsanalyse für Zinsstrukturkurven, in: Die Bank, Nr. 4, 1994, S. 550 - 553.

Schneeweis, Thomas; Woolridge, J. Randall, Capital market seasonality: The case of bond returns, in: Journal of Financial and Quantitative Analysis, Vol. 14, Nr. 5, Dezember 1979, S. 938 - 958.

Schneider, Dieter, Investition, Finanzierung und Besteuerung, 7. Auflage, Gabler, Wiesbaden 1992.

Schulte, Karl-Werner; Allendorf, Georg; Schieble, Michael, Terminzinssätze als Prognosewerte für zukünftige Kassazinssätze - eine empirische Untersuchung des deutschen Rentenmarktes, in: Finanzmarkt und Portfolio Management, Jg. 9, Nr. 2, 1995, S. 250 - 261.

Sharpe, William F.; Alexander, Gordon J.; Bailey, Jeffery V., Investments, 5. Auflage, Prentice Hall, Princeton, New Jersey 1995.

Shea, Gary S., Interest Rate Term Structure Estimation with Exponential Splines: A Note, in: Journal of Finance, Vol. 40, Nr. 1, März 1985, S. 319 - 348.

Shea, Gary S., Pitfalls in Smoothing Interest Rate Term Structure Data: Equilibrium Models and Spline Approximations, in: Journal of Financial and Quantitative Analysis, Vol. 19, Nr. 3, September 1984, S. 253 - 269.

Shiller, Robert J., The Term Structure of Interest Rates, in: Friedman B. M., Hahn F. H. (Hrsg.), Handbook of Monetary Economics, Vol. 1, Elsevier, 1990, S. 627 - 722.

Shiller, Robert J., The Volatility of Long-Term Interest Rates and Expectations Models of the Term Structure, in: Journal of Political Economy, Vol. 87, Dezember 1979, S. 1190 - 1219.

Shiller, Robert J., Alternative Tests of Rational Expectations Models: The Case of the Term Structure, in: Journal of Econometrics, Vol. 16, Mai 1981, S. 71 - 87.

Shiller, Robert J.; Campbell, John Y.; Schoenholtz, Kermit L., Forward Rates and Future Policy: Interpreting the Term Structure of Interest Rates, in: Brookings Papers on Economic Activity, 1983, S. 173 - 217.

Shiller, Robert J., Comments and discussion, in: Brookings Papers on Economic Activity, Vol. 1, 1986, S. 100 - 107.

Selby, Michael J.P.; Strickland, Chris, Computing the Fong and Vasicek Pure Discount Bond Price Formula, in: Journal of Fixed Income, September 1995, S. 78 - 84.

Simon, David P., Further evidence on segmentation in the treasury bill market, in: Journal of Banking and Finance, Vol. 18, 1994, S. 139 - 151.

Singleton, J. Clay; Wingender, John R., The Nonparallel Weekend Effect in the Stock and Bond Markets, in: Journal of Financial Research, Vol. 17, Nr. 4, Winter 1994, S. 531 - 538.

Smithson, Charles, Extended Models, in: Risk, Dezember 1997, 158 - 163.

Staatsschuldenausschuß, Bericht über die Finanzschuld des Bundes 1997, Wien 1998.

Startz, Richard, Do Forecast Errors or Term Premia Really Make the Difference between Long and Short Rates?, in: Journal of Financial Economics, Vol. 10, November 1982, S. 323 - 329.

Steeley, James M., Estimating the gilt-edged term structure: Basis splines and confidence intervals, in: Journal of Business Finance & Accounting, Vol. 18, Nr. 4, Juni 1991, S. 513 - 529.

Steinbach, Uta; Wainig, Wolfgang, Der Bond-Future der ÖTOB, in: Österreichisches Bank-Archiv, Nr. 6, 1993, S. 468 - 472.

Steinbring, Richard, Die Fristigkeitsstruktur der Zinssätze: Ein portfoliotheoretischer Ansatz für inflationsfreie und inflationäre Wirtschaften, Verlag Peter Lang, Frankfurt am Main 1985.

Stigum, Marcia, The Repo und Reverse Markets, Homewood, Illinois, 1989.

Sundaresan, Suresh M., Fixed Income Markets and Their Derivatives, South-Western College Publishing, Cincinnati, Ohio, 1996.

Sundaresan, Suresh, An Empirical Analysis of U.S. Treasury Auctions: Implications for Auction and Term Structure Theories, in: Journal of Fixed Income, September 1994, S. 35 - 49.

Svensson, Lars E. O., Estimating and interpreting forward interest rates: Sweden 1992-1994, National Bureau of Economic Research, Working Paper Nr. 4871,, Cambridge, Mass. September 1994.

Tanggaard, Carsten, Nonparametric Smoothing of Yield Curves, in: Review of Quantitative Finance and Accounting, Vol. 9, 1997, S. 251 - 267.

Taylor, Mark P., Modelling the Yield Curve, in: Economic Journal, Vol. 102, Mai 1992, S. 524 - 537.

Trueman, Brett, Analyst Forecasts and Herding Behavior, in: Review of Financial Studies, Vol. 7, Nr. 1, Frühjahr 1994, 97 - 124.

Tschernig, Markus, Eine konsistente Bewertung von Zinsswaps und ihren Risiken durch Berücksichtigung der modernen Zinsstrukturtheorie, Verlag Peter Lang, Frankfurt am Main 1996.

Tuckman, Bruce, Fixed Income Securities: Tools for Today´s Markets, John Wiley & Sons, 1995

Tvede, Lars, The Psychology of Finance, Norwegian University Press, 1990.

Uhlir, Helmut, Organisierte Terminmärkte: Eine notwendige Ergänzung der Kassamärkte, in: Österreichisches Bank-Archiv, Nr. 10, 1990, S. 746 - 751.

Uhlir, Helmut; Steiner, Peter, Wertpapieranalyse, 3. Auflage, Physica-Verlag, Heidelberg 1994.

Uhrig, Marliese; Walter, Ulrich, Ein neuer Ansatz zur Bestimmung der Zinsstruktur. Theorie und empirische Ergebnisse für den deutschen Rentenmarkt. in: Kredit und Kapital, Jg. 30, Nr. 1, 1997, S. 116 - 139.

Varnholt, Burkhard, Systemrisiken auf Finanzmärkten: unter besonderer Berücksichtigung der Märkte für Derivate, Verlag Haupt, Bern et al. 1995.

Vasicek, Oldrich A., An equilibrium characterization of the term structure, in: Journal of Financial Economics, Vol. 5, Nr. 2, 1977, S. 177 - 188.

Vasicek, Oldrich A.; Fong, H. Gifford, Term Structure Modeling Using Exponential Splines, in: Journal of Financial Economics, Vol. 37, Nr. 2, Mai 1982, S. 339 - 348.

Vassal, Vladimir de, Time and Seasonal Patterns in the Fixed-Income Markets, in: Journal of Fixed Income, März 1998, S. 7 - 16.

Wagner, Yves; Toussing, Pascale, Die Laufzeitstruktur der belgischen Zinsen, in: Notes Financiéres der Banque Générale du Luxembourg, Nr. 40, Juli/August 1993, S. 7 - 22.

Weiss, Erich; Paar, Marianne, Die Emissionstechnik bei der Begebung österreichischer Bundesanleihen, in: Österreichisches Bank-Archiv, Nr. 7, 1991, S. 514 - 520.

Weninger, Johannes, Wertpapierleihe in Österreich, in: Österreichisches Bank-Archiv, Nr. 11, 1994, S. 859 - 867.

Wenko, Irmgard, Subventionierte Bankkredite in Österreich. Ergebnisse und Folgerungen aus der Sondererhebung per 31. Dezember 1991, in: Berichte und Studien der Oesterreichischen Nationalbank, Heft 2, 1993, S. 97 - 109.

Wertpapiersammelbank (Hrsg.), Bedingungen und Abwicklung des Strip-Programms für Bundesanleihen.

Wilhelm Jochen, Zinsstruktur, in: Gerke W., Steiner M. (Hrsg.), Handwörterbuch des Bank- und Finanzwesens, 2. Auflage, Stuttgart 1995, Sp. 2051 - 2060.

Wilhelm, Jochen; Brüning, Lars, Die Fristigkeitsstruktur der Zinssätze: Theoretisches Konstrukt und empirische Evaluierung. Untersuchung mit Daten des Kapitalmarktes der Bundesrepublik Deutschland, in: Kredit und Kapital, Nr. 2, 1992, S. 259 - 293.

Wolter, Stefan C., Erwartungsbildung in der Ökonomie: Eine theoretisch-empirische Analyse der Erwartungsbildung, Berner Beiträge zur Nationalökonomie, Band 77, Verlag Haupt, Bern u.a. 1996.

Wu, Yangru; Zhang, Hua, Do Interest Rates Follow Unit-Root Processes? Evidence from Cross-Maturity Treasury Bill Yields, in: Review of Quantitative Finance and Accounting, Vol. 8, 1997, S. 69 - 81.

Wu, Yangru; Zhang, Hua, Mean Reversion in Interest Rates: New Evidence from a Panel of OECD Countries, in: Journal of Money, Credit and Banking, Vol. 28, Nr. 4, November 1996, S. 604 - 621.

Zaretsky, Michael, Generation of a smooth forward curve for U.S. Treasuries, in: Journal of Fixed Income, September 1995, S. 65 - 69.

Bremer Gesellschaft für Wirtschaftsforschung e.V. (Hrsg.)

Der Euro und die Folgen

Probleme und Perspektiven

Konzeption und Koordination: Alfons Lemper

Frankfurt/M., Berlin, Bern, New York, Paris, Wien, 1998. 215 S.
ISBN 3-631-34021-4 · br. DM 38.–*

Die Einführung des Euro zum 1.1.1999 bringt nicht nur eine Fülle schwieriger und kostspieliger technischer Probleme mit sich, an deren Bewältigung allseits gearbeitet wird, sondern auch eine Reihe von Konsequenzen, die auf den ersten Blick nicht in Erscheinung treten, die gleichwohl für die Beurteilung des Gesamtprojektes „Europäische Währungsunion" (EWU) äußerst wichtig sind. Sie betreffen neben der prospektiven Stabilität der künftigen Währung und den Konsequenzen für die Kapitalanleger etwa Fragen nach den verbleibenden wirtschaftlichen Gestaltungsspielräumen für nationale Regierungen oder Tarifpartner, die Wahrscheinlichkeit eines innergemeinschaftlichen Finanzausgleichs oder Folgen für die Sozialstandards. Tiefgreifende Probleme ergeben sich auch für künftige Unternehmensmärkte. Die Lösung dieser – großenteils politischen – Probleme auf längere Sicht dürften für den Erfolg des Projektes EWU entscheidender werden als die bank- und bilanztechnischen Probleme, die derzeit meist im Vordergrund stehen.

Aus dem Inhalt: Prospektive Stabilität des Euro und seine internationale Position · Eingeschränkte Spielräume nationaler Wirtschaftspolitik · Finanzausgleich und Sozialstandards · Konsequenzen für Unternehmensmärkte

FSC
www.fsc.org
MIX
Papier | Fördert gute Waldnutzung
FSC® C083411

Kolibri 360 GmbH
Ferdinand-Jühlke-Straße 7
99095 Erfurt, Deutschland
produktsicherheit@kolibri360.de

Druck:
CPI Druckdienstleistungen GmbH
im Auftrag der
Kolibri 360 GmbH
Ferdinand-Jühlke-Str. 7
99095 Erfurt